크레이빙 마인드

THE CRAVING MIND

크레이빙 마인드

중독과 산만함, 몰입과 회복력의 비밀

저드슨 브루어 지음 | **안진이** 옮김

어크로스

⊙ 일러두기

1. 본문 하단의 주석은 모두 옮긴이주로 본문에서 * 기호로 표기했으며 저자주는 번호를 붙여 후주로 처리했다.
2. 본문에서 괄호 ( ) 와 줄표 — — 안에 쓰인 내용은 모두 저자가 덧붙인 것이다.

삶을 바꾸기 위한
단순하고 실용적인 방법들

대학 4학년 때였다. 나의 소화기관에 '문제'가 생겼다. 늘 속이 더부룩하고, 가스가 차고, 경련이 나는가 하면 대장 운동이 너무 잦아져서 수시로 가까운 화장실을 찾아야 했다. 심지어는 속이 불편할 때 얼른 화장실에 가기 위해 조깅 코스를 바꾸기도 했다. 나름 영리했던 나는 내 증세가 람블 편모충Giardia lamblia이라는 기생충에 의한 세균성 감염이라고 진단했다. 람블 편모충 감염의 증상이 나의 증상과 비슷했기 때문이다. 진단은 논리적으로 잘 들어맞는 것 같았다. 일반적으로 람블 편모충은 여행지에서 제대로 거르지 않은 물을 마신 사람에게 감염된다. 나는 대학 4년 동안 배낭여행을 자주 다니지 않았던가. 아마 캠핑을 하던 중에 물을 잘못 마셨던 것이리라.

학내 보건소를 찾아간 나는 의사에게 내가 내린 진단에 대해 얘기했다. 그러자 의사는 이렇게 되물었다. "학생, 혹시 스트레스를 많이 받나요?" 나는 이런 식으로 대답했던 것 같다. "아닌데요! 저는 조깅을 하고, 몸에 좋은 음식을 먹고, 오케스트라에서 활동하는걸요. 스트레스를 받을 이유가 없지요. 스트레스를 받지 않으려고 이 모든 건전한 활동을 하고 있는 겁니다!" 의사는 씩 웃으며 기생충을 제거하는 항생제를 처방해주었다. 하지만 증세는 나아지지 않았다.

나중에 가서야 알았지만, 나의 증세는 전형적인 과민대장증후군IBS이었다. 과민대장증후군은 '장기에 문제가 없는(즉 신체적 원인이 없는)' 상태에서 증상만 나타나는 병이다. 다시 말해 나는 정신적 원인에서 비롯된 육체적 질병을 앓고 있었던 것이다. 원래 나는 "마음의 문제를 먼저 해결하세요. 그러면 싹 나을 겁니다"라는 충고를 좋아하지 않는 사람이었다. 그런데 집안의 중요한 행사를 거치면서 이러한 생각이 바뀌었다.

당시 나의 예비 형수는 두 가지 행사를 한꺼번에 계획하느라 골머리를 앓고 있었다. 한 해의 마지막 날인 12월 31일을 기념하는 대규모 파티이자 형수의 결혼 피로연. 두 행사를 마친 다음 날 신혼여행을 떠나자마자 형수는 심하게 앓았다(샴페인을 진탕 마셔서는 아니었다). 그 일을 지켜보며 나는 정신과 육체가 정말로 연결되어 있을지도 모른다고 생각하게 되었다. 지금이야 그럴듯하게 받아들여지지만 수십 년 전만 해도 이런 분석은 두 손을 모아 쥐고 "주님, 여기에 임하시옵소서"라고 간구하는 행동과 비슷한 취급을 받았다. 더욱이 다른 사람도 아닌 내가 그런 생각에 도달한 것은 정말이지 뜻밖의 일이었다. 나는 생화학 전공자로서 분자에 대해 공부하는, 뉴 에이지 추종자들의 가짜 만병통치약과는 저 멀리 떨어져 있는 사람이었으니 말이다. 그런데도 형과 형수의 결혼식이 끝난 뒤 나는 간단한 질문에 사로잡혔다. '왜 스트레스를 받을 때 몸이 아픈 걸까?'

그리고 그 질문과 함께 나의 인생행로가 바뀌었다.

나는 그 질문을 간직한 채 의학을 공부했다. 프린스턴 대학을 졸업한 뒤에는 워싱턴 대학의 의학-생명과학 복합과정MD-PhD에 입학했다. 의사들이 날마다 목격하는 현실의 문제를 찾아 실험실에서 집중적으로 연구하고 치료법 개선 방안을 모색하는 일로, 의학과 과학의 훌륭한 결합이었다. 나의 목표는 스트레스가 사람의 면역 체계에 미치는 영향, 다시 말하면 우리 형수가 중요한 행사를 치르고 난 직후에 병에 걸렸던 것과 같은 일들이 왜 생기는가를 알아내는 것이었다. 나는 루이스 머글리아Louis Muglia 교수의 실험실에 들어갔다. 머글리아 교수는 내분비내과와 신경과학 양쪽 분야의 전문지식을 다 가진 사람이었고, 우리는 스트레스가 병을 유발하는 과정을 이해한다는 목표를 공유하고 있었기에 처음부터 대화가 잘 통했다. 그때부터 나는 본격적으로 실험에 착수했다. 생쥐의 스트레스 호르몬 형질발현을 조작해 생쥐의 면역 체계에 어떤 변화가 일어나는가를 관찰하는 실험이었는데, 이 실험을 통해 우리는 (다른 과학자들과 마찬가지로) 매혹적인 사실을 많이 발견할 수 있었다.

하지만 의과대학에 입학했을 때 나는 여전히 스트레스에 짓눌려 있는 상태였다. 과민대장증후군(다행히 이건 조금 나아졌다)으로도 모자라 생전 처음 불면증에 시달렸다. 왜냐고? 의과대학 첫 학기가 시작되기 직전에 대학 시절 몇 년 동안 사귀었던 약혼녀와 이별했기 때문이다. 원래 나는 그녀와 함께하는 장기적인 인생 계획을 세워둔 터였다. 이별은 나의 계획표에 없었다.

인생의 중요한 새 단계로 넘어가기 직전의 나는 불면증에 시달리는 외로운 남자였다. 그 무렵 존 카밧진Jon Kabat-Zinn이 1990년에 출간한 《삶이 망가진 사람에게: 몸과 마음의 지혜로 스트레스, 고통, 질병 이겨내기Full Catastrophe Living: Using the Wisdom of Your Body and Mind to Face Stress, Pain, and Illness》*라는 책을 실험실에서 우연히 접했다. 제목의 "삶이 망가진"이라는 부분은 바로 내 이야기였으므로 곧바로 책을 정독했고, 의과대학 입학 첫날부터 명상을 시작했다. 정확히 20년이 흐른 지금에 와서 보면 그 책을 우연히 만난 것이야말로 내 인생의 가장 중요한 사건 중 하나였다. 《삶이 망가진 사람에게》를 읽은 뒤 직업과 나의 정체성, 그리고 지금도 유효한 인생의 목표가 완전히 달라졌으니 말이다.

당시 나는 "뭘 하려면 끝장을 봐야 한다"는 주의였기 때문에 다른 새로운 일을 접했을 때와 똑같은 열정으로 명상에 달려들었다. 아침마다 명상을 했고, 의과대학의 지루한 수업 시간에도 명상을 했다. 명상 수련회에도 참가하기 시작했다. 명상 강사에게서 명상법을 배웠다. 나는 내 스트레스의 원인을 알아냈으며 나 자신이 그

* 국내에서는 《마음챙김 명상과 자기치유》라는 제목으로 출판되었다.

스트레스를 늘리고 있다는 사실도 발견했다. 고대 불교의 가르침과 현대 과학의 성과가 교차하는 지점들이 보이기 시작했다. 내 마음이 작동하는 원리를 조금씩 이해하기 시작했다.

8년 뒤 복합과정을 마친 나는 정신의학과 임상 수련을 선택했다. 정신과가 돈을 잘 벌어서도 아니었고(정신과 의사는 의사들 가운데 연봉이 가장 낮다) 평판이 좋아서도 아니었다(할리우드 영화는 정신과 의사를 무능한 돌팔이 아니면 악의적으로 타인의 마음을 조종하는 사람으로 묘사한다). 고대 심리학과 현대 심리학이 인간의 행동, 특히 중독을 설명하는 지점에서 연결 고리를 가진다고 생각했기 때문이다. 정신의학과 수련이 절반쯤 진행된 시점에는 분자생물학과 면역학에서 마음챙김으로 연구의 무게중심을 옮겼다. 마음챙김이 뇌에 어떤 영향을 미치는지, 그리고 사람의 심리 상태를 개선하는 데 어떤 작용을 하는지 알아보고 싶었다.

개인적으로나, 임상 측면에서나, 과학적으로나, 지난 20년은 흥미진진한 모험이 가득한 시간이었다. 처음 10년간은 나의 마음챙김 수행을 임상이나 과학 연구에 적용할 생각을 미처 못 했다. 그저 명상만 했을 뿐이다. 그것도 정말 많이. 이러한 개인적인 탐색은 나중에 심리 치료사로서, 그리고 과학자로서 내가 하는 일에 중요한 토대를 제공했다. 심리 치료 실습을 하는 동안 내가 개념적으로 배운 내용과 마음챙김 수행을 통해 경험적으로 얻은 내용이 자연스럽게 연결되기 시작했다. 내가 마음챙김을 실천하고 있을 때와 그렇지 않을 때 환자 치료에 뚜렷한 차이가 생긴다는 점도 확인했다. 병원에서 밤새워 당직을 선 뒤 잠이 부족할 때의 나는 동료들에게 버럭 화를 내는 경우가 많지만, 마음챙김 명상 덕분에 그 횟수를 줄일 수 있었다. 또한 환자들의 말에 진짜로 귀를 기울이며 마음챙김을 하는 동안에는 성급하게 진단을 내리거나 내 멋대로 뭔가를 추측하는 일 없이 그들과 더 깊은 관계를 맺을 수 있었다.

과학적인 사고를 좋아했던 나는 나의 사적 생활과 임상에서 관찰한 것들 모두에 매력을 느꼈다. 명상에서 강조하는 '주의를 기울이는 태도'가 내 고질적인 습관을 고치는 데 어떻게 도움을 줄까? 환자들과의 소통에는 어떤 도움이 될까? 마음챙김 상태일 때 우리의 뇌에서는 어떤 일이 벌어질까? 이런 지식이 환자들의 삶을 개선하는 데 어떻게 적용될 수 있을까? 그 답을 찾기 위해 나는 기초적인 과학적 · 임상적 연구 계획을 세웠다. 그리고 그 연구의 결과를 바탕으로 금연, 스트레스, 감정적 폭식과 같은 증상에 대한 치료법을 최적화하는 동시에 우리가 개발 중이던 증거 기반evidence-based 훈련 도구를 개선할 수 있었다.

과학적 실험의 결과, 환자들과의 만남, 그리고 나 자신의 마음에서 관찰한 것들을 결합하자 세상이 더욱 명료하게 이해되는 것 같았다. 연구와 임상 치료에서 목격한 사람들의 행동이, 그리고 내 마음의 작용이 전에는 무질서하게 움직이는 것처럼 보였는데, 이제는 보다 질서 있고 예측 가능한 것으로 바뀌었다. 이는 일련의 규칙 또는 가설에 근거하여 관찰한 것을 재현하고 결과를 예측할 수 있다는 과학적 발견의 기본 원리에 부합하는 깨달음이었다.

나의 연구는 비교적 간단한 하나의 원칙으로 수렴된다. 그리고 그 원칙은 우리 조상들의 생존에 필요했기 때문에 인류 진화의 과정에서 보존된 학습 과정에 기초한다. 어떤 의미에서 이 과정은 몽상, 주의 분산, 스트레스, 중독을 비롯한 다양한 행동을 강화하는 데 이용되기도 했다.

이러한 원칙이 머릿속에서 구체화되는 가운데 나의 과학적 예측도 함께 발전했다. 그러자 나는 환자들에게 더 깊이 공감하고 그들을 더 잘 도와줄 수 있게 되었다. 집중력은 향상된 반면 스트레스는 줄어들었다. 주변의 세계와 더 활발하게 교류하게 되었다. 내가 알게 된 것을 나의 부모님, 제자들 그리고 일반 대중에게 알리자 그들도 나에게 피드백을 보냈다. 그 전까지는 심리학과 신경생물학의 기본적인 법칙들을 개인의 삶에 적용할 수 있다고 생각하지 못했다는 반응이었다. 다들 마음챙김을 활용해 한발 물러나 자신의 행동을 관찰하는 방법을 학습하니 세상을 더 잘 이해하게 되었다고 입을 모았다. 그들은 과거와 다른 방식으로 자기 자신과 세계에 접근했으며, 행동의 지속 가능한 변화를 이끌어내는 방법을 배웠다. 그들의 삶이 달라지고 있었다. 그리고 그들은 이 모든 것을 쉬운 글로 써달라고 나에게 요구했다. 마음챙김으로 삶이 변화하는 원리를 알고 싶고, 앞으로도 학습을 계속하고 싶다고.

이 책은 현재 연구 중인—그리고 아직 연구 초기 단계인—과학적 지식들을 일상생활과 임상에 적용한다. 이 책은 진화론적으로 유리한 학습 과정이 왜곡되거나 현대 문화(첨단 기술도 포함된다)에 의해 교묘하게 위협받는 다양한 사례를 소개한다. 이 책의 목표는 휴대전화에 주의를 빼앗기는 행동처럼 사소한 것부터 사랑에 빠지는 것처럼 유의미한 경험에 이르기까지, 우리의 여러 가지 행동을 만드는 근본적인 원리를 이해하는 것이다. 의학에서 진단은 첫 번째 단계이자 가장 중요한 단계다. 나는 지금까지 설명한 이론적 견해를 출발점으로 삼고 전문가로서의 경험과 개인적인 경험을 통해 알게 된 사실들을 이용해 행동의 핵심 기제를 바꾸기 위한 단순하고 실용적인 방법들을 제시하려 한다. 이를 일상생활에 적용함으로써 모두가 나쁜 습관에서 벗어나기를, 스트레스를 완화하기를, 혹은 삶을 더 충만하게 만들기를 바란다.

차례

종의 기원

내가 당신의 상사라고 가정하자. 당신이 나의 뇌를 가리켜 해삼의 뇌와 비슷하다고 말한다면, 나는 모욕적인 언사라는 이유로 당신을 해고할까? 아니면 인간의 사고와 행동을 깊이 있게 이해하고 있다고 판단해서 당신을 마케팅 부서 책임자로 승진시킬까?

인류의 진화에 대한 신념이 어떻든 간에, "오랜 세월에 걸쳐 입증된 바에 따르면 인간의 학습 과정은 불과 2만 개의 뉴런을 가진 해삼의 학습 과정과 비슷하다"는 말이 썩 유쾌하게 들리지 않을 것이다. "인간의 학습 패턴은 세균류 같은 단세포생물의 학습 패턴과 비슷하다"는 설명은 또 어떤가?

단세포생물은 단순하고 이분법적인 생존 메커니즘을 가지고 있다. 영양분이 있는 곳으로 나아가고 독성이 있는 곳에서는 멀어지는 것. 다른 어떤 동물보다도 단순한 신경계를 지니고 있지만, 해삼은 이 이분법적 접근법을 활용해 정보를 저장한다. 이것은 2000년 노벨 생리학상 수상자였던 에릭 캔들Eric Kandel이 발견한 사실이다. 그러면 우리 인간은 어떨까?

인간이 해삼처럼 단순한 존재라는 얘기는 아니다. 그러나 어쩌면 우리는 진화 과정에서 우리의 조상이기도 했던 생물들을 지나치게 무시하고 있는 것 아닐까? 그 '열등한' 생물들을 하찮게 여기지 않는다면 그들에게서 많은 단서를 얻을 수 있지 않을까? 우리의 행동 가운데 일부(혹은 대부분)는 우리의 본능 속에 깊이 새겨진 패턴에 기인한 것이 아닐까? 우리에게는 매력적으로 보이거나 유쾌해 보이는 것에는 접근하고, 불쾌감이나 혐오감이 드는 것은 회피하는 패턴이 있다. 그렇다면 이런 지식을 활용하여 사소한 행동에서부터 만성적인 중독 증상에 이르기까지 우리의 일상적인 습관의 패턴을 바꿀 수 있지 않을까? 어쩌면 이로써 타인은 물론 우리 자신과 관계를 맺는 새로운 방법을 발견할지도 모른다. 이는 우리의 원초적인 본성을 뛰어넘는 새로운 방법이자, 역설적이게도 현생인류인 호모사피엔스사피엔스('생각하는 사람')라는 종에게 항상 열려 있었던 방법이다. 이것은 인류의 고유한 특징이기도 하다.

뭔가에 빠져드는 사람들

최신 스마트폰 게임에 열중하거나 벤 앤드 제리스Ben & Jerry's 아이스크림의 가장 좋아하는 맛에 푹 빠져들 때, 우리는 진화 과정 중에 보존된 학습법의 하나를 체험하는 셈이다. 과학이 밝혀낸 이 학습법은 수없이 많은 종에게 공통된 것으로 '보상에 의한 학습'이라 불린다. 그 역사는 인류가 가장 원시적인 신경계를 가지고 있었던 시절로 거슬러 올라간다. 보상에 의한 학습은 대강 다음과 같은 과정으로 진행된다. 맛있어 보이는 어떤 음식을 본다. 우리의 뇌가 말한다. "칼로리! 생존!" 그러면 우리는 그 음식을 먹는다. 맛이 좋다. 특히 설탕을 섭취할 때 우리의 몸은 뇌에 신호를 보낸다. "지금 먹고 있는 걸 기억해. 그게 어디에 있는지도 기억하고." 우리는 경험과 장소에 의존해서 이 기억을 저장한다(전문용어로는 '맥락 의존적 기억'이라고 한다). 그런 뒤 다음번에도 같은 과정을 되풀이한다. 음식을 본다. 먹는다. 기분이 좋다. 그러면 다시 한 번. 계기trigger, 행동behavior, 보상reward. 간단하지 않은가?

얼마 뒤 우리의 창의적인 뇌는 이렇게 말한다. "어이! 음식 있는 장소를 기억하는 것 말고도 할 수 있는 일이 있어. 다음번에 기분이 안 좋을 때는 뭔가 맛있는 걸 먹어보지그래? 그럼 기분이 좋아질 테니까." 우리는 멋진 아이디어를 제공한 뇌에 감사하면서 그런 시도를 해보고, 화가 나거나 슬플 때 아이스크림 또는 초콜릿을 먹으면 정말로 기분이 좋아진다는 사실을 금방 습득한다. 이것은 계기만 다를 뿐 동일한 학습 과정이다. 우리의 배 속에서 오는 공복의 신호 대신 감정의 신호('지금 슬프다')가 계기로 작용해 음식을 먹게 만드는 것이다.

다른 예를 들어, 학창 시절 반항적인 친구들이 학교 바깥에서 담배를 피우며 폼을 잡는 모습을 보고 당신은 이렇게 생각했을지도 모른다. '와, 나도 쟤들처럼 폼 잡고 싶어.' 그래서 당신도 담배를 피우기 시작한다. 멋진 것을 본다. 멋있어지려고 담배를 피운다. 기분이 좋아진다. 한 번 더. 계기, 행동, 보상. 그리고 우리가 그 행동을 되풀이할 때마다 뇌에서는 경로가 강화된다. 당신의 뇌는 말한다. "좋았어, 다음에 또 하자." 그래서 흡연을 반복하고, 그 행동은 습관이 된다. 이른바 습관 고리habit loop가 형성되는 과정이다.

나중에는 심한 스트레스가 계기로 작용해 단것을 먹거나 담배를 피우라고 재촉한다. 뇌의 메커니즘은 동일한데 과거의 인류는 그것으로 생존 기술을 학습한 반면, 지금의 우리는 나쁜 습관을 형성해 스스로를 죽이고 있다. 세계적으로 비만과 흡연은 '예방 가능한 질병과 사망'의 가장 흔한 원인이다.

우리는 어쩌다 이렇게 엉망이 됐을까?

보상에 의한 학습 모델

계기-행동-보상이라는 습관 고리에 대한 앞의 설명은 19세기 후반 에드워드 손다이크Edward Thorndike라는 한 신사가 논문으로 발표한 내용이다.[1] 손다이크는 동물의 신비에 관한 이야기들이 끝없이 쏟아져 나오는 것이 신경에 거슬렸다. 이를테면 개를 잃어버렸는데 그 개가 온갖 역경을 뚫고 매번 집을 찾아온다는 이야기들 있지 않은가. 이런 현상과 관련해 과학적으로 검증된 설명이 없다고 생각한 그는 동물들이 실제로 어떻게 학습하는가를 밝혀내기 위해 연구를 시작했고, 〈동물의 지능Animal Intelligence〉이라는 제목의 논문을 통해 동료 학자들에게 도전장을 내밀었다. "쏟아져 나오는 책들 대부분은 심리학 지식이 아니라 동물들에 대한 찬사를 제공할 뿐이다." 손다이크는 당대의 과학자들이 "똑똑하고 희귀한 것을 찾다가 쉽고 보편적인 것을 놓쳤다"고 단언했다. 그가 말한 '보편적인 것'이란 일상생활에서 관찰할 수 있고 개들만이 아니라 인간에게서도 흔히 발견되는 '학습된 연상learned association'들의 집합을 의미한다. 예컨대 아침에 앞뜰에서 유리가 덜거덕거리는 소리가 희미하게 들리면 집주인은 우유 배달부가 그날의 우유를 놓고 갔다고 추론하는 식이다.

손다이크는 희귀한 것과 보편적인 것의 간극을 메우기 위해 개와 고양이와 병아리(병아리 실험은 그다지 성공적이지 못했지만) 들을 데려다가 얼마간 굶긴 뒤 여러 형태의 우리에 넣었다. 우리에는 각양각색의 단순한 탈출 장치가 있었다. 예컨대 '밧줄로 만든 고리를 잡아당기거나', '손잡이를 누르거나', '단 위에 올라서는' 행동을 하면 탈출이 가능했다. 우리를 탈출한 동물은 보상으로 먹을 것을 받았다. 손다이크는 동물들이 어떻게 탈출에 성공했으며, 성공하기까지 시간이 얼마나 걸렸는가를 기록했다. 그러고 나서는 실험을 여러 번 반복하여 동물들이 우리에서 탈출하게 해주는 특정한 행동과 그에 뒤따르는 먹이(보상)의 연결 고리를 학습하기까지 몇 번이나 같은 행동을 되풀이해야 하는지 알아보았다. 손다이크가 남긴 기록은 다음과 같다. "당연한 말이지만 그 연결 고리가 완성되면 탈출에 소요되는 시간은 단축되고 거의 일정해진다."

손다이크는 동물들이 보상(먹이)을 받기 위해 단순한 행동(밧줄을 잡아당긴다)을 학습할 수 있다는 사실을 입증했다. 보상에 의한 학습이라는 개념을 세밀하게 설계한 것이다! 중요한 것은, 그가 실험에 혼선을 초래할 관찰자의 영향력 및 다른 요인들의 영향을 감소시키는 방법을 선택했다는 점이다. "따라서 한 연구자가 수행한 실험을 다른 연구자가 반복하거나 확인하거나 변경해서 수행할 수 있다." 이것으로 과학은 x라는 일을 해낸 놀라운 개에 관한 이야기를 기록하는 영역에서 사람이 개(고양이, 새, 코끼리까지)를 훈련시켜 x, y, z라는 행동을 하게 만드는 방법을 탐구하는 영역으로 옮겨갔다.

20세기 중반, 스키너B. F. Skinner는 손다이크의 실험 결과를 보완하기 위해 비둘기와 생쥐로 실험을 몇 차례 더 실시했다. 여기서 스키너는 환경(그가 사용한 동물 우리는 나중에 '스키너 상자Skinner box'라는 이름으로 불리게 된다)에서 단 한 가지, 이를테면 벽의 색깔 따위에 변화를 준 다음 동물들의 반응을 세심하게 측정했다.[2] 예컨대 스키너는 어떤 동물이 흰색 방보다 검은색 방을 더 좋아하도록 훈련시킬 수 있었다. 검은색 방에서는 먹이를 주고 흰색 방에서는 약한 전기충격을 주면 그렇게 된다. 스키너를 비롯한 여러 과학자들은 이 결과를 확장하여 동물들이 반드시 보상을 얻기 위해서가 아니라 처벌을 피하기 위해 특정한 행동을 수행하도록 훈련시킬 수도 있음을 증명했다. 머지않아 이런 접근/회피 반응을 각각 긍정 강화positive reinforcement와 부정 강화negative reinforcement라고 부르게 되었고, 이는 다시 '조작적 조건형성'이라는 더 넓은 개념의 일부가 된다. 보상에 의한 학습을 조금 더 과학적인 언어로 표현한 셈이다.

이러한 통찰을 바탕으로 스키너는 복제 가능할 뿐 아니라 사람의 행동을 단순하게 설명하는 데 유용한 설명 모델explanatory model을 만들었다. 우리는 기분이 좋았던 과거의 어떤 것(보상)과 연결된 자극에는 가까이 가고, 불쾌했던 어떤 것(처벌)과 연결된 자극을 만나면 회피한다. 스키너는 보상에 의한 학습을 부차적 개념에서 중심 개념으로 바꾸어놓았다. 긍정 강화와 부정 강화라는 개념들(보상에 의한 학습)은 이제 전 세계 대학의 심리학 개론 수업에서 다뤄진다. 그만큼 획기적인 변화였다.

보상에 의한 학습(조작적 조건형성)의 아버지로 불리는 스키너는 단순한 생존 메커니즘을 넘어서는 복잡한 인간 행동의 상당 부분이 이 이론으로 설명된다고 확신했다. 사실 1948년 스키너는 소로Henry Da Thoreau의 《월든Walden》을 인용한 《월든 투Walden Two》라는 소설을 집필한 바 있다. 이 책에서 그는 모든 분야에서 보상에 의한 학습의 원리로 사람들을 훈련시켜 모두가 조화롭게 살아가는 유토피아 사회를 묘사했다. 일종의 철학적 픽션인 셈이다. 프레이저라는 주인공(스키너 자신의 대역이 분명하다)이 소크라테스 문답법을 써가며 한 무리의 손님들(이들은 다양한 반대 의견을 내놓는다)에게 '월든 투'에 대해 설명하는데, 인류의 본성인 보상에 의한 학습을 효과적으로 활용하면

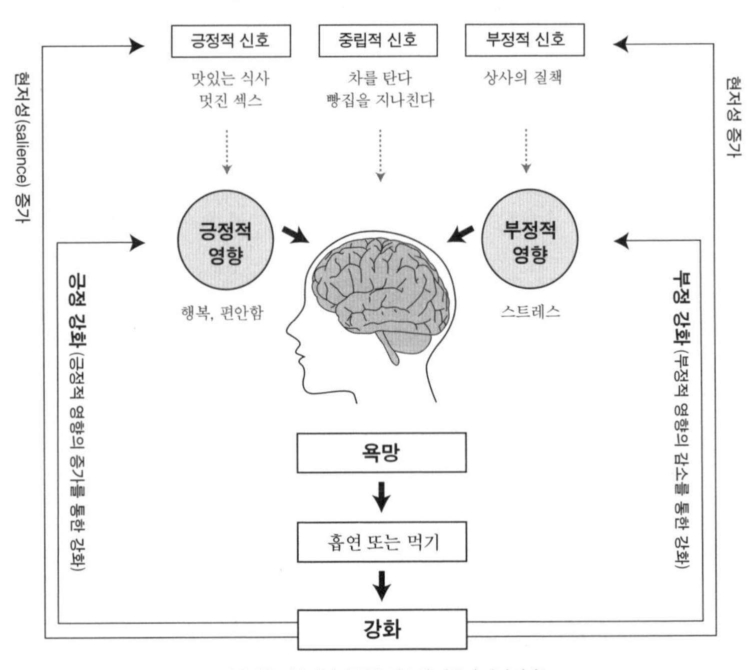

〈그림 1〉 '보상에 의한 학습' 과정

어리석은 행동을 미연에 방지하고 행복하게 살 수 있다는 것이 그의 설득 논리이다.

《월든 투》에서 가상의 이상 사회에서는 '행동 엔지니어링behavioral engineering', 즉 보상에 의한 학습을 이용하여 시민들을 교육하는데 이 과정은 사람이 태어나는 순간부터 시작된다. 예컨대 어린아이들은 서로 경쟁하지 않고 협력할 때 보상을 받고, 그로써 이후 둘 중

하나를 선택해야 하는 상황에 처하더라도 습관적으로 경쟁보다 협력을 선호하게 된다. 이런 방법으로 사회 전체가 조작되어 개인과 사회 모두에 유리한 방향의 조화롭고 효율적인 행동이 장려된다. 모든 사람은 불가피하게 서로 연결되기 때문이다. 《월든 투》가 사회 통합의 조건으로 제시한 방법 중 하나는, 사회적 규범과 주관적 편견subjective biases들을 과학적으로 조사한 뒤 보상에 의한 학습의 원리로 개개인의 환경을 설정하는 것이다.

여기서 잠깐, 주관적 편견을 내려놓자. 그것이야말로 이 책의 핵심 내용이기 때문이다. 요컨대 우리는 어떤 행동을 반복할수록 특정한 시각으로 세계를 바라보기 마련이다. 과거의 행동에 대한 보상과 처벌을 통해 얻은 편견이 우리의 렌즈에 새겨진다. 우리는 일종의 습관을 형성하고, 렌즈는 세상을 바라보는 습관적인 눈이 된다. 다음과 같이 단순화해보자. 만약 누군가 초콜릿을 먹었는데 만족스럽다면, 다음번에 초콜릿과 그다지 좋아하지 않는 다른 달콤한 음식 가운데 하나를 선택해야 하는 상황에서 그 사람은 초콜릿 쪽으로 기울 확률이 높다. '초콜릿은 좋은 것'이라는 안경을 쓰는 법을 학습한 것이다. 그 사람에게는 초콜릿에 대한 편견이 생겼고, 이는 그의 입맛을 기준으로 한 것이니 주관적인 편견이다. 같은 원리에 따르면 다른 누군가는 초콜릿보다 아이스크림이 더 좋다는 편견을 가지고 있을 수 있다. 시간이 흘러 특정한 안경을 착용하고 특정한 세계관을 적용하는 일에 익숙해지면, 우리는 스스로 그 안경을 착용하고 있다는 사실마저 잊어버린다. 그 안경이 우리 자신의 연장延

長이—하나의 습관, 아니 하나의 진실이—되어버리는 셈이다. 주관적 편견은 보상에 의한 학습 과정에서 얻어진 편견이기 때문에 음식에 대한 선호도 말고도 다양한 영역에 걸쳐 존재한다.

예컨대 1930년대에 성장한 미국인들 대부분은 여성의 자리는 가정이라고 학습했다. 그들은 전업주부 어머니의 손에서 자랐으며, "왜 엄마는 집에 있고 아빠만 일하러 가요?"라고 물으면 꾸지람을 듣거나 '교육을 받았을' 것이다("아이고, 얘야, 너희 아빠가 돈을 벌어 오니까 우리가 먹고사는 거란다"). 이것은 부정 강화에 해당한다. 이렇게 시간이 흐르면 우리의 견해는 습관으로 굳어진다. 이것은 무릎반사와도 비슷하다. "여자는 당연히 가정을 지켜야지!" '무릎반사'는 본래 의학 용어였다. 어느 의사가 무릎과 정강이를 잇는 힘줄을 망치로 두드린다면, 그녀("그녀"라는 대목에서 주저하거나 머뭇거렸는가? 의사는 다 남성이어야 한다는 주관적 편견의 작용이다)는 뇌까지 가지 않고 척수까지만 도달하는 신경계의 작용을 시험하고 있는 것이다. 무릎반사의 회로는 단 세 가지 요소로 완성된다(망치의 두드림을 지각하고 그 신호를 척수에 전달하는 세포, 척수 안에서 신호를 중계하는 세포, 마지막으로 신호를 근육에 전달해 수축하라고 지시하는 세포). 이와 마찬가지로 우리는 일상에서 별생각 없이 주관적 편견에 따라 반사적으로 행동하는 경우가 많다. 우리 자신도 달라지고 주변 환경도 달라져서 습관적인 행동이 더 이상 유리하지 않은데도 그 변화를 감지하지 못한 채 말이다. 바로 그럴 때 문제가 발생한다. 만약 우리가 주관적 편견이 형성되고 작동하는 원리를 이해할 수 있다면, 그 편견의 효용을 최대한으로 키우는 동시에 손해는 최소화하는 방법도 알아낼 수 있을 것이다.

예컨대 《월든 투》에 묘사된 이상 사회에서는 여성이 전통적인 역할인 주부라든가 초등학교 교사(스키너가 이 소설을 1948년에 썼다는 점을 감안하라)를 벗어나 다른 직무를 수행할 수 있는지 여부를 조사한다. '여성은 사회에서 x라는 역할과 y라는 역할을 수행한다'는 주관적 편견을 넘어서자, 그들은 여성과 남성이 똑같은 역할을 수행할 수 있음을 깨닫고 여성들을 사회적 노동에 편입시켰다(그러면서 남성들을 육아에 더 많이 참여시켰다).

스키너는 행동 엔지니어링을 통해 사회가 주관적 편견에 지나치게 경도되는 것을 방지할 수 있다고 주장했다. 주관적 편견에 경도된 사회는 구조적으로 경직되기 때문에 제 기능을 수행하지 못하거나 정치적으로 편협해지기 마련이다. 이것을 '부조화maladjustment'라고 부르는데, 부조화는 보상에 의한 학습의 원칙들이 지켜지지 않고 중요한 자리에 있는 소수의 사람들이 그 원칙을 이용해 대중을 조종하려 할 때 생겨난다. 앞으로 이 책을 통해 우리는 스키너의 주장이 과연 설득력을 지니는지, 그리고 인간 행동에 그 주장을 어디까지 적용할 수 있는지 살펴볼 것이다.

《월든 투》는 철학적인 질문을 던진다. 영업 사원으로서, 과학자로서, 또는 주식 중개인으로서 우리의 행동을 규율하는 주관적 편견을 없애거나 줄이는 방법은 무엇일까? 편견이 어떻게 형성되고 강화되는가를 이해하면 우리의 개인적 생활과 사회적 생활을 개선하고, 나아가 나쁜 습관에서 벗어나는 데도 도움이 되지 않을까? 그리고 우리가 해삼의 뇌와 같은 '습관 모형'에서 벗어날 때 비로소 출현할 인간의 진정한 능력과 존재 양식은 어떤 것일까?

"담배를 피워보신 적이 있나요"

내가 예일 대학에 치료적 신경과학 센터Yale Therapeutic Neuroscience Clinic를 열고 처음으로 수행했던 임상 실험은 마음챙김 훈련이 금연에 도움이 되는지 여부를 확인하는 것이었다. 지금 와서 생각해보건대 당시 나는 초조한 심정이었다. 마음챙김의 효력을 의심하지는 않았지만 나의 주장이 설득력을 가질 것인지가 문제였다. 사실 나는 담배를 피워본 적이 없었기 때문이다.

우리는 코네티컷주 뉴헤이븐 지역 전체에 다음과 같은 문구가 새겨진 성냥갑을 나눠주면서 연구소의 실험에 참가할 사람을 모집했다. "약물 복용 없이 담배 끊기." 드디어 처음으로 집단 면담을 하던 날, 빙 둘러앉은 흡연자들은 앞으로 어떤 일을 겪을지 몰라 불안해하는 기색이었다. 연구는 무작위 맹검randomized blind study* 방식으로 진행됐으므로 피험자들은 자신이 모종의 치료를 받게 되리라는 사실 정도만 알고 있었다. 그 자리에서 나는 "여러분이 주의를 집중하는 것만으로 담배를 끊도록 해드리겠다"고 이야기를 꺼냈다. 보통 그런 설명을 하면 사람들은 무슨 소린지 모르겠다는 표정을 지으면

* 표본을 무작위로 선정하며 피험자에게 실험과 관련한 특정 정보를 알려주지 않는 연구 방법.

서 안절부절못한다. 그리고 누군가는 반드시 내 말을 도중에 끊고 이렇게 묻는다. "브루어 박사님, 음…… 담배를 피워보신 적이 있나요?" 그들은 온갖 방법으로 금연을 시도해본 사람들이다. 그런데 자신들의 고충을 전혀 모르는 것 같은 예일 대학 출신의 '특권층 백인 남자'가 금연을 도와주겠다니. 불안감이 들 법하다.

나는 이렇게 대답하곤 한다. "아뇨. 저는 담배를 피워보진 않았습니다만, 중독에 시달린 경험은 많습니다." 그러면 사람들은 재빨리 주위를 둘러보며 출구를 찾는다. 나는 그들을 안심시킨다. "오늘 저녁 상담 시간이 끝날 때까지 못 믿으시겠다면 저에게 항의하셔도 됩니다." 이렇게 말하고 나서 화이트보드로 다가가(이것은 지원자들이 달아나지 못하도록 문을 막는 행동이기도 하다) 흡연이라는 습관이 어떻게 형성되고 강화되는가를 설명하기 시작한다. 나 자신의 중독 습관을 치료한 경험과 스키너에게서 배운 지식 덕분에 나는 흡연을 포함한 모든 중독 증세의 공통적인 요소들을 열거할 수 있었다.

화이트보드에 글씨를 쓰는 데 걸리는 시간은 단 5분이지만, 설명이 끝날 때면 지원자들 모두가 동의의 뜻으로 고개를 끄덕이곤 한다. 불안해하던 모습은 사라지고 안도의 한숨 소리가 들린다. 마침내 내가 자신들의 괴로움을 진짜로 이해한다는 점을 납득한 것이다. 몇 년 동안 실험을 진행하면서 "담배를 피워보신 적이 있나요?"라는 질문을 매번 받았지만, 피험자들이 자신들의 경험을 내가 이해하지 못하리라고 의심한 적은 없었다. 사실 그 경험은 누구나 이해할 수 있는 것이다. 패턴을 인지하기만 하면.

알고 보면 담배를 피우는 사람들도 비흡연자들과 다를 게 없다. 차이점이라고는 그들이 담배를 피운다는 것뿐이다. 내가 하고자 하는 말은, 어떤 습관이 형성되는 과정에서 뇌가 작동하는 원리는 우리 모두에게 동일하다는 점이다. 아침에 일어나서 옷을 입는 행동, 트위터 피드를 확인하는 행동, 담배 피우는 행동은 모두 동일한 학습 과정을 거친다. 이것은 좋은 소식이기도 하고 나쁜 소식이기도 하다. 나쁜 소식이라 함은, 우리 모두 이메일이나 페이스북 계정을 하루 내내, 지나치게 자주 확인하는 습관에 빠져들어 생산성을 떨어뜨리고 행복을 감소시킬 가능성이 있기 때문이다. 좋은 소식은, 우리가 이 학습 과정의 핵심을 이해할 수 있다면 나쁜 습관을 놓아버리고 좋은 습관을 형성하는 방법도 배울 수 있다는 점이다. 이것이 바로 재학습relearning이다.

재학습의 과정을 도와주는 심리적, 신경생물학적 메커니즘은 눈에 보이지 않는다. 이 메커니즘을 이해하는 과정은 생각보다 단순하다(하지만 생각만큼 쉽지는 않다). 우리 실험실에서도 재학습의 방법에 관한 단서를 얻기 위한 연구—마음챙김(매 순간의 경험에 특정한 방식으로 주의를 기울이는 것)이 습관 조절에 어떤 도움을 주는가—에 매진하고 있다. 우리는 매사추세츠 의과대학의 마음챙김 센터에서 8주 동안 MBSR 강좌(마음챙김에 기초한 스트레스 완화Mindfulness-Based Stress Reduction 훈련)를 수강한 2000명이 넘는 사람들에게서 단서를 얻었다.

스트레스라는 나침반

앞서 예로 든 초콜릿과 흡연을 기억하는지? 스트레스에 시달릴 때, 혹은 기분이 좋지 않을 때 우리는 갖가지 '학습 연상'을 개발한다. 사실 이 학습 연상들은 문제의 본질인 '기분이 좋아지기를 바란다'에 가까이 다가가지 못한다. 그럼에도 우리는 문제의 근본 원인을 알아보는 대신 과거의 환경에서 만들어진 우리의 주관적 편견을 강화하는 것이다. "그래, 초콜릿이나 더 먹어야겠다. 그러면 기분이 좋아질 거야."

결국 우리는 초콜릿(초콜릿보다 더 나쁜 것도 있다)을 잔뜩 먹고, 다른 모든 방법 또한 실행해본 끝에 실의에 빠진다. 죽은 말에 채찍질해봤자 상황은 더 나빠질 뿐이다. 그럴 때 사람들은 불안을 느끼고 방향감각을 잃은 채 어느 쪽을 봐야 할지, 어느 쪽으로 방향을 틀어야 할지 몰라 방황한다. 의사들, 가족들, 친구들에게서 정보를 얻거나 스트레스와 중독에 관한 과학적 진실을 배운 적이 있는 사람들은 우리 센터에 찾아와서 강의를 듣는다.

우리의 MBSR 강좌를 수강한 사람들은 대부분 극심한 혹은 만성적인 의학적 문제를 안고 있지만, 넓게 말하자면 모두 특정한 유형의 질병을 공유한다. 그들은 삶의 어떤 부분이 마음대로 되지 않아 힘들어하고, 그 상황에 대처할 방법과 기분이 나아질 방법을 찾으려 한다. 그들 중 다수는 여러 가지를 시도했지만 정작 문제를 해결하는 방법은 못 찾았다. 앞서 언급한 초콜릿처럼, 어떤 방법은 한동안 효과를 발휘하지만 그 효과도 어느 순간 사라지거나 정체된다. 이와 같은 해결책들이 일시적으로만 효력을 발휘하는 이유는 무엇일까?

우리가 보상에 의한 학습이라는 단순한 원칙에 의거한 습관의 강화를 시도한다고 가정해보자. 그런데 습관을 바꾸려고 노력할수록 상황이 더 나빠진다면? 어쩌면 애초의 가정을 점검하는 것이 문제 해결의 출발점이 될지도 모른다. 잠시 노력을 중단하고, 지금까지의 주관적 편견과 습관들을 재점검하자. 그러면 우리를 짓누르고 있었던 것(그리고 우리를 더 헷갈리게 만들었던 것)의 실체를 확인할 수 있을지도 모른다.

마음챙김이 문제 해결에 어떤 도움이 될까? 대학 시절 배낭여행에 입문했던 나는 몇 주 동안 스마트폰 같은 첨단 기기의 도움 없이 황무지를 탐험했는데, 그때 내가 가장 먼저 배운 중요한 기술이 바로 지도 읽기였다. 지도 읽기의 첫 번째 법칙은 방향을 제대로 파악하지 못한다면 지도는 무용지물이라는 것이다. 다시 말해 우리는 어느 쪽이 북쪽인지 알려줄 나침반이 있을 때만 지도를 잘 활용할 수 있다. 지도의 방향을 잡고 나서야 주요 지점들의 위치가 들어맞는 법이다. 그래야만 황무지를 탐험할 수 있다.

비슷하게, 어떤 '편안하지 않음'*에 대해 '뭔가 잘못되고 있구나'

* dis-ease. 저자가 만든 독특한 용어로 추정된다. 정신적으로 편안하지 않은 상태를 가리키는 말로 의미상 불교의 '번뇌' 개념에 가깝지만, 책 전반의 분위기를 고려하여 '불편함'이나 '번뇌' 대신 '편안하지 않음'으로 옮긴다.

라고 느끼는데 그 느낌이 어디에서 오는 것인지 알려줄 나침반이 없다면, 우리는 혼란에 빠지고 상당한 스트레스를 받게 된다. 때로는 질병과 그 근본 원인을 알지 못하는 것이 미칠 듯이 괴로워 반쪽짜리 삶이나 중년의 위기에 이른다. 이곳저곳을 더듬다가 좌절과 불편을 떨쳐내기 위해 극단적인 행동을 선택하기도 한다. 남성들의 전형적인 선택은 비서나 조수와 함께 달아나는 것이다(한 달쯤 지나 그 모든 흥분이 가시고 나면 '대체 내가 왜 그랬을까?'라는 질문만 남는다). 만약 질병을 떨쳐내거나 때려부수는 대신 질병과 친해진다면 어떨까? 다시 말해 스트레스나 질병에 대한 우리의 느낌을 나침반처럼 이용한다면 어떨까? 이때 우리의 목표는 지금보다 많은 스트레스를 발견하는 것이 아니라(스트레스는 이미 충분하니까!) 지금 느끼는 스트레스를 항해의 도구로 삼는 것이다. 스트레스는 실제로 어떤 느낌인가? 그것은 일시적 흥분을 비롯한 다른 감정들과 어떻게 다른가? 만약 '남쪽'(스트레스)과 '북쪽'(스트레스가 없는 곳)을 가리키는 바늘을 정확히 읽어낼 수 있다면, 그 바늘을 나침반처럼 이용해서 삶의 방향을 잡을 수 있지 않겠는가?

그렇다면 지도는?

마음챙김의 정의는 하나가 아니다. 아마도 가장 자주 인용되는 것은 존 카밧진이 《삶이 망가진 사람에게》에서 제시한 실제적인 정의일 것이다. 전 세계의 MBSR 강좌에서 언급되는 그의 정의는 다음과 같다. "수용적인 태도를 가지고 현재의 순간에 의식적으로 주의를 기울일 때 생겨나는 알아차림."[3] 최근에 불교 명상 지도자인 스티븐 배철러Stephen Batchelor가 쓴 글에 따르면 이 정의는 인간이 "주의를 한곳에 머물게 하면서도 비반응적 알아차림nonreactive awareness이라는 명료한 공간에 머무르는 방법"을 배울 수 있다는 뜻이다.[4] 다시 말해서 마음챙김은 세상을 더 명료하게 보는 것이다. 만약 우리가 주관적인 편견에 사로잡혀 계속 제자리를 맴돌기 때문에 길을 못 찾는다면, 마음챙김은 바로 그 편견들을 알아차리게 만들어 결국 길을 잃는 이유가 우리 자신에게 있음을 깨닫게 해준다. 제자리걸음을 하고 있다는 사실을 알면 우리는 잠시 발걸음을 멈추고, 불필요한 짐을 덜어내고, 방향을 다시 설정할 수 있다. 비유적으로 말하자면 마음챙김은 인생이라는 영역을 탐험하는 데 도움을 주는 지도와 같다.

비반응적 알아차림, 혹은 비판단적 알아차림nonjudgmental awareness이라는 용어는 무엇을 의미할까? 이 책에서 우리는 먼저 보상에 의한 학습이 주관적 편견을 만들어내고, 이 편견이 우리의 세계관을 왜곡하며 우리로 하여금 사물의 본질을 깨우치지 못한 채 습관적인 반응으로 나아가게 만드는 과정을 살펴볼 것이다. 또한 편견에 의거한 판단이 종종 혼란을 일으킬 뿐 아니라, "기분이 별로니까 뭔가 해봐!"라는 반응을 유발해서 문제를 더 복잡하게 만든다는 점도 살펴볼 것이다. 숲속에서 길을 잃고 허둥대기 시작할 때, 우리의 본능에 따른 행동은 더 빠르게 움직이는 것이다. 그러면 길을 찾기는 당연히 더 어려워지지 않겠는가.

내가 배운 바에 따르면, 배낭여행 중에 길을 잃었을 때는 그 자리에 멈춰 서서 심호흡을 하고 지도와 나침반을 꺼내야 한다. 다시 길을 찾고 방향을 확실히 파악한 다음에야 걸음을 옮겨야 한다. 이것은 나의 본성과 배치되지만 문자 그대로 생명을 구하는 요령이었다(지금도 그렇다). 우리 역시 '명료하게 보기clear seeing'와 비반응성이라는 개념을 결합하여 우리의 '편안하지 않음'을 악화시키는 원인을 알아내고 그로부터 요령 있게 멀어지는 법을 배울 것이다.

지난 10년 동안 우리 연구소는 '정상적인' 개인들(정상적이라는 게 무슨 뜻인지는 잘 모르겠지만), 환자들(대개는 중독 증세를 나타내는 사람들), 매사추세츠 대학 마음챙김 센터에서 MBSR 강좌를 수강한 사람들, 그리고 명상 초보자와 숙련자들로부터 정보를 수집했다. 또한 각종 중독 증상, 다양한 유형의 명상과 명상가들(기독교의 침묵 기도와 선불교 명상도 이에 포함된다), 그리고 여러 종류의 마음챙김 수행 방법에 대해 연구했다. 우리의 연구 결과는 항상 나의 가설과 일치했으며 나의 이론에 근거를 제공했다. 고대 불교의 마음챙김 렌즈를 통해서 봐도, 그보다 현대적인 조작적 조건형성 렌즈를 통해 봐도 그랬다. 두 렌즈를 겹쳐놓고 보아도 마찬가지였다.

우리는 고대 종교와 현대 과학의 유사한 특징들을 지침서로 활용하면서 마음챙김이 우리의 학습 연상들, 주관적 편견들, 그 결과로 나오는 반응들을 인식하게 해준다는 점도 살펴볼 것이다. 배철러는 이를 다음과 같이 표현했다. "우리의 목표는 실용적인 지식을 얻고 행동을 변화시켜 삶의 질을 개선하는 것이다. 솔직히 말해서 이론적 지식은 당신이 하루하루를 살아가는 데 아주 작은 영향을 미치거나 아예 영향을 미치지 않을지도 모른다. 자기중심적 반응을 놓아버린 사람은 시간이 갈수록 '자비, 온정,* 이타적인 기쁨, 평정으로 채워진 마음을 온 세상에 퍼뜨리며 살게' 된다."[5] 너무나 좋은 말이라 믿기 어려울 정도다. 하지만 우리에게는 이 주장을 뒷받침할 자료가 충분하다.

이제부터 마음챙김의 도움을 받아 스트레스 나침반을 읽고 활용하는 법을 배워보자. 그러면 길을 잃는다 해도 다시 찾아갈 수 있다. 여기서 "길을 잃는다"는 것은 우리의 배우자에게 반사적으로 고함을 치는 행동일 수도 있고, 지루할 때마다 유튜브 동영상을 보는 습관일 수도 있고, 나락으로 떨어져 뭔가에 중독된 상태일 수도 있다. 이제 우리는 해삼처럼 단순하게 반응할 것이 아니라 진정 인간다운 존재로 나아가야 한다.

* compassion. 이 책에서는 공감empathy의 대체어로서 상당히 중요하게 제시된다. '연민', '동정', '측은지심' 등의 단어를 아울러 '온정'으로 옮긴다.

• 1부 •

도파민의 습격

우리를 끝없는 욕망으로 밀어 넣는 것들

1

지금, 뭔가를 반복하고 있다면
: 중독 바로 알기

상처를 긁어대고 중독에 굴복하면 상처는 회복될 수 없다. 반대로 가려움이나 고통을 있는 그대로 경험하면서 긁지 않고 놓아둔다면 상처는 치유될 것이다. 그러니, 중독에 굴복하지 않는 것이 상처 치유의 첫걸음이다.

- 페마 초드론Pema Chödrön

그냥 지켜보기만 해도 많은 걸 알 수 있다.

- 요기 베라Yogi Berra

예일 의과대학 조교수로 있던 시절에 나는 코네티컷주 웨스트헤이븐의 제대군인 전문 병원VA에서 5년간 외래환자 심리 치료—중독 심리 치료였다—를 담당했다. 내가 그런 치료를 담당하게 되리라고는 상상조차 해본 적이 없었지만, 그 과정에서 나는 마음챙김이 환자들의 생활개선과 뚜렷한 연관이 있다는 사실을 발견했다. 나의 진료실은 이미 오래전에 '영구적인' 건물로 바뀐 '가건물'의 직원 주

차장 뒤편에 있었다. 병원 영내의 부속 건물이 다 그렇듯 그 건물은 이름 같은 것 없이 숫자로만 불렸다. 36동.

36동에서는 주로 메타돈* 치료를 했다. 환자 또는 방문객이 로비에 들어서서 맨 먼저 보게 되는 것은 두툼한 방탄유리였다. 매일 아침 방탄유리 뒤에서 간호사가 아편 유사 약물에 중독된 환자들에게 종이컵에 담긴 메타돈을 조금씩 나눠줬다. 일반적으로 환자가 약속 시간에 도착하면 접수원이 치료사에게 전화를 걸고, 그러면 우리가 환자를 직접 진료실로 데려왔다. 하늘 아래 모든 증상을 가진 환자들이 우리 진료실을 찾아왔으므로 위험을 감수하기보다는 표준 치료 과정을 준수하는 편이 안전했다.

〈라스베이거스를 떠나며〉나 〈레퀴엠〉 같은 할리우드 영화에서 중독자들은 흔히 술을 마시거나, 약에 취해 자해를 하거나, 약물을 구입하기 위해 범죄에 가담하는 모습으로 그려진다. 멜로드라마는 돈이 되니까. 하지만 내가 상담한 환자들의 다수는 이런 전형에 들어맞지 않았다. 모두에게 나름의 전쟁 같은 사연이 있었지만, 그들의 어려움은 지극히 일상적인 것이었다. 이런저런 경로로 약물을 복용하게 되었고, 그 후 안정적인 가정, 직업, 연애 관계를 유지하고 싶어져서 자신의 습관을 버리고자 필사적으로 노력하는 사람들. 중독은 그들의 에너지를 앗아 가는 집착이었다.

이야기를 더 이어가기 전에 중독의 정의부터 밝혀야겠다. 레지

* methadone. 모르핀과 같은 진통 효과가 있어 심한 통증을 치료하는 데 쓰이는 약물.

던트 기간에 내가 배운 중독의 정의는 대단히 직설적이었다. 중독이란 '부작용이 있는데도 뭔가를 계속 사용하는 행위'다. 만약 우리가 어떤 물질을 복용하거나 특정한 행동(흡연, 음주, 마약, 도박 등)을 계속하기 때문에 문제가 발생하고 있는데도 그 물질이나 행동을 끊지 못한다면? 이것은 중독 진단의 준거이며, 그 물질 또는 행동이 우리의 생활과 주변 사람들에게 피해를 입히는 정도는 중독의 심각성을 측정하는 기준이 된다. 이 방법에 따르면 중독 증세를 하나의 스펙트럼으로 바라볼 수도 있다. 물론 스펙트럼의 눈금은 중독의 대상이 되는 물질 또는 행동이 우리의 생활에 어느 정도 지장을 초래하는가에 따라 매겨진다.

제대군인 전문 병원에서 만난 환자들 가운데 다수는 부상을 입은(전쟁터에서든 다른 곳에서든) 뒤 약물에 중독된 경우였다. 더러는 만성적인 육체적 고통에 시달리고 있었고, 통증을 견디기가 어려워 아편에 의존했다. 더러는 감정적 고통을 회피하거나, 고통에서 달아나거나, 고통을 무디게 하려고 약물을 복용했다. 그들 중에는 큰 정신적 충격을 입은 사람도 있었고 아닌 사람도 있었다. 그런데 환자들이 나에게 자신이 중독자가 된 과정을 들려줄 때마다 공통적으로 나오는 주제가 있었다. 그들은 마치 스키너의 실험에 등장하는 생쥐인 양 자신들이 경험한 '보상에 의한 학습'의 과정을 생생하게 묘사했다. "머릿속에 자꾸 그 일(어떤 충격적인 사건)이 떠오릅니다"(계기), "술을 진탕 마시죠."(행동), "그랬더니 그게 경험을 계속 떠올리는 것보다 낫더라고요"(보상) 나는 머릿속으로 그들의 습관 고리를 그려

봤다. 계기, 행동, 보상. 그렇게 반복. 게다가 그들은 약물을 '치료'의 한 방편으로 이용했다. 술이나 약물의 힘을 빌려 불쾌한 기억 또는 감정이 되살아나는 것을 막거나 회피했고, 혹은 그 기억이 되살아났다는 사실을 아예 지워버린 것이다.

나는 환자들과 함께 치료를 시작했다. 먼저 환자들에게 무엇이 중독 증세를 유발하며 무엇이 그 증세를 유지하게 만드는지 물었다. 당신의 중독을 유발하는 것은 무엇인가요? 중독 증상이 없어지지 않는 이유는요? 치유할 수 있다는 희망을 품기 위해서는 그들이 지닌 습관에 대해 속속들이 알아야 했다. 무엇이 계기로 작용하는지, 무슨 약물을 복용하는지, 무엇보다도 그 약물을 통해 어떤 보상을 받는지를 알아야 했다. 그들은 약물을 복용하거나 또는 약물에 취해 어떤 행동을 해서 심각한 문제를 일으킨 사람들이었다. 멀쩡한 사람이라면 굳이 심리 치료사와 이야기를 나누며 하루를 보내려고 할 리가 없지 않겠는가. 그들이 제대군인 전문 병원을 찾아오게 된 계기는 대개 원래 그들을 치료하던 사람 또는 기관이 전문적인 치료를 권유했거나, 가족 중 누군가가 그들의 정신 건강(혹은 안전)을 염려했기 때문이다. 나를 찾아온 환자가 자신의 행동에서 무엇을 얻는다고 생각하는지를 알아내지 못하는 경우라면 그 습관을 바꾸기도 어려웠다. 중독은 인류의 진화 과정에서 탄생한 거대한 괴물의 등에 올라탄 존재다. 과도하게 복용된 모든 약물은 자연적인 도파민 보상 체계를 망가뜨린다.

나의 환자들 대부분은 불쾌한 뭔가가 사라지는 것이 보상이라고 대답했다.(부정 강화) 단 하나의 예외가 있긴 했다. 그 환자는 사흘 연속으로 코카인을 잔뜩 흡입하고, 하루에 수백 달러 또는 그 이상의 돈을 날려버린 뒤, 다음 이틀 동안 정신없이 잠을 자고 나면 기분이 정말 좋다고 말했다. 하지만 대부분의 환자들이 설명한 '보상에 의한 학습'은 현실을 회피하고, 고통을 마비시키고, 불쾌한 감정을 덮어버리는 것이었다. 가장 많이 나온 말은 "욕망에 굴복하는 것"이었다. 가려움을 참지 못하고 긁어대는 일.

또한 환자들 중 많은 이들이 하나 이상의 다른 중독을 이겨낸 경험이 있지만 금연만은 실패하고 도움을 구하러 왔다. 그들은 코카인, 헤로인 등의 중독성 약물이나 알코올에 취해 여러 번 밑바닥으로 떨어졌기 때문에 마침내 약물을 복용해서 얻는 보상보다 그들의 가족, 직장, 건강에 발생한 문제가 더 커져 있었다. 살갗이 가려운 느낌과 같은 약물 복용의 충동이, 가려운 곳을 긁고 나서 찾아오는 여러 가지 문제들에 비하면 사소한 것이 된 경우다. 그들은 진료실에 앉아서 영문을 모르겠다는 표정으로 자신들의 담뱃갑을 쳐다보곤 했다. 그리고 내게 이렇게 물었다. "온갖 약물을 내 힘으로 끊었는데, 담배는 왜 못 끊는 거죠?" 이상한 질문이 아니다. 한 연구 결과에 따르면 알코올의존증 치료 또는 다른 약물 남용 치료를 받으러 온 사람들의 약 3분의 2가량이 자신이 현재 복용하는 다른 약물보다 담배를 끊기가 더 어려울 거라고 답했다.

역사적 사실을 덧붙이자면 담배는 제1차 세계대전 중에 군인들에게 배급됐다. 담배 배급은 군인들을 눈앞의 상황에서 심리적으로 도피시키고 사기를 높이기 위해 이뤄진 조치였다. 제2차 세계대전 기간에는 식사 때마다 전투식량의 하나로 끼니마다 1인당 담배 4개비씩을 나눠줬다. 이런 관행은 1975년까지 지속됐다. 만약 누군가를 흡연자로 만들고 싶다면 이렇게 하면 된다. 전쟁은 어마어마한 스트레스의 요인이므로(계기), 누군가가 담배를 피우도록(행동) 만들기는 어렵지 않다. 그 사람은 담배를 피우고 나서 기분이 좋아질 것이다(보상). 전쟁이 끝나고 나서도 마찬가지다. 담배 중독은 이미 굳어져 있으므로, 전시에 대한 기억과 연상은 물론이고 일상의 사소한 스트레스 요인들만 생겨도 그는 계속해서 더 많은 흡연 욕구를 느낀다.

니코틴은 다른 중독성 약물들보다 사람을 끌어당기고 붙잡아두기에 여러 가지로 유리하다. 나의 환자들이 금연을 그토록 어려워했던 이유가 바로 여기에 있을 것이다.

첫째, 니코틴은 흥분제의 일종이므로 우리의 인지능력을 감소시키지 않는다. 우리는 담배를 피우면서 차를 운전할 수 있고, 담배를 피우면서 중장비를 작동시킬 수도 있다.

둘째, 담배는 하루 중 원하는 시간에 피울 수 있다. 아침에 일어나자마자 담배를 피울 수도 있다(아침 기상 시간에는 몸의 니코틴 수치가 가장 낮기 때문에 담배를 간절히 원하게 된다). 출근길에 담배를 피울 수도 있다. 쉬는 시간에 담배를 피워도 되고, 상사에게 싫은 소리를 들었을 때 담배를 피울 수도 있다. 그 밖에도 수시로 피울 수 있다. 하루에 담배 한 갑을 피우는 사람은 하루 동안 자신의 습관을 스무 번쯤 강화하는 셈이다.

셋째, 우리는 일터에서 담배를 피운다고 해고당하지 않는다. 반면 약이나 술에 취한 상태로 출근했다가는 문제가 생긴다. 잠깐 휴식을 취하면서 담배를 피우면 생산성이 약간 떨어질지는 몰라도, 이는 우리 자신의 건강에만 유해하므로 개인의 선택으로 존중받는다(이론상으로는 그렇다).

넷째, 현재 미국에서 흡연은 예방 가능한 질병 및 사망의 가장 흔한 원인이지만, 담배가 우리를 단시간에 죽이지는 않는다. 해고나 실연도 늘 술에 취해 있거나 약물에 절어 있는 사람이 먼저 경험한다. 물론 흡연자의 입 냄새는 굉장히 불쾌하지만, 그건 껌이나 박하사탕으로 어느 정도 해결이 가능하다. 흡연에 뒤따르는 다른 모든 부작용은 서서히 찾아오기 때문에 알아차리기가 쉽지 않다. 폐기종이나 암 같은 큰 병을 얻는 것은 흡연을 10여 년 지속한 다음의 일이다. 보상에 의한 학습이 이뤄지려면 즉각적인 강화가 필요한데, 우리의 장기 계획에 대한 사고력은 바로 눈앞에 있는 욕망을 이길 수 없다. 먼 훗날 암에 걸릴 가능성이 있더라도 마찬가지다. '어쩌면 나는 담배를 줄기차게 피우고도 암에 걸리지 않는 몇몇 사람들 중 하나일지도 몰라.'

다섯째, 니코틴을 핏속으로 실어 나르는 모세혈관은 우리 몸에서 가장 가느다란 혈관으로서 수가 많고 넓게 퍼져 있다. 폐 안의 모세혈관들을 줄지어 펼쳐놓는다면 테니스 코트 하나를 다 덮을 것이다. 이렇게 표면적이 넓기 때문에 모세혈관은 니코틴을 빠른 속도로 운반할 수 있다. 니코틴이 핏속에 빠르게 퍼질수록 뇌에서 도파민이 더 빠르게 분비되고 우리는 담배에 더 중독된다. 우리가 흡입한 다량의 물질을 폐가 빛의 속도로 전달할 수 있다는 사실은 크랙 코카인*이 코로 흡입하는 코카인보다 더 강한 중독성을 지닌 이유를 설명해준다. 코에는 폐보다 모세혈관의 수가 훨씬 적으니까. 이 모든 요인들을 감안하면, 나를 찾아온 환자들 가운데 다른 악마들을 여러 번 정복한 사람들도 담배 피우는 습관만은 떨치지 못한 이유를 이해할 수 있다.

실제 사례 하나를 보자. 잭이라는 남자가 진료실에 들어오더니 "담배를 안 피우면 머리가 폭발할 것 같은 느낌"을 받는다고 하소연했다. 평생 담배를 피웠기 때문에 이제 와서 끊을 수도 없다는 것이다. 그는 니코틴 껌과 패치를 써봤다. 흡연 충동을 느낄 때마다 사탕을 먹는 방법도 써봤다. 어떤 방법도 통하지 않았다. 사실 연구 논문들에 따르면 니코틴중독에 대한 약물 치료로 금연 유지에 성공하는 비율은 기껏해야 3분의 1 정도다. 약물 치료 요법은 계기에 의해 유발되는 갈망을 억제시켜 주지 못한다. 이는 대부분 니코틴의 대용품을 장기간 제공함으로써 도파민을 지속적으로 분비시키거나, 혹은 니코틴과 결합하는 수용체를 차단해서 환자가 담배를 피워도 도파민이 분비되지 않도록 하는 방법이다. 나름대로 합리적인 메커니즘이다. 이상적인 치료약은 특정한 계기를 발견하는 경우에만 도

* 코카인에 베이킹파우더 등을 섞어 담배처럼 피울 수 있도록 가공한 것.

파민을 신속하게 다량 분비시키는 것이겠지만, 그 정도 수준의 맞춤형 약물 치료법은 아직 현실화되지 못했다.

잭이라는 환자는 진료실 문간에 계속 서 있었다. 솔직히 넋이 나간 사람 같았다. 마치 진짜로 머리가 폭발하기 직전인 것처럼. 나는 뭐라고 말해야 했을까? 일단 농담을 던졌다. 나는 원래 농담을 잘하는 사람이 아니므로 그게 최고의 아이디어라 할 수는 없었지만, 내 입에서 불쑥 농담이 나와버렸다. "선생님의 머리가 진짜로 폭발한다면," 그러고서 머뭇거리다 말을 이었다. "그 파편들을 주워서 다시 붙인 다음에 전화하세요. 욕구 때문에 머리가 폭발한 세계 최초의 사례로 기록하겠습니다." 잭은 예의상 웃음을 지었다(제대군인 전문 병원에서 만난 환자들은 끔찍한 일을 겪은 사람들인데도 친절한 편이었다. 아니, 어쩌면 끔찍한 일을 겪어봤기 때문에 마음이 넓었는지도). 이제 어쩐다? 나는 진료실 벽에 걸린 화이트보드로 다가가 잭에게 '습관 고리'를 설명했다. 그와 나란히 선 채 그가 흡연을 하게 만드는 계기를 다이어그램으로 그리면서, 담배를 한 대 피울 때마다 그 고리가 강화된다고 설명했다. 그는 고개를 끄덕이며 자리에 앉았다. 그래, 발전이 있군.

나는 아까 했던 이야기로 돌아가 "담배를 안 피우면 머리가 폭발할 것 같다"는 잭의 말을 분석하기 시작했다. 그게 정확히 어떤 기분이냐고 물었더니 잭은 이렇게 대답했다. "글쎄요. 정말로 내 머리가 터질 것 같아요." 나는 어떤 느낌인지 자세히 설명해달라고 재차 부탁했다. 우리는 그가 강렬한 욕망을 느낄 때의 모든 생각과 신체적 자극들을 하나씩 따져봤다. 나는 화이트보드에 커다란 화살표를 그리고 그의 신체적 자극들을 그 위에 써 넣었다.

먼저 맨 아래쪽에 '계기'들을 표시하고 선을 따라 점을 찍었다. 선은 그의 흡연 욕구가 점점 강해지고 뚜렷해지는 것을 표현했다. 화살표 끝은 원래 그의 머리가 폭발하는 지점이어야 했지만, 담배를 피우는 것으로 대체됐다. 왜냐하면 자극이 그 지점에 도달할 때마다 잭이 충동적으로 담배를 집어 들었기 때문이다.

다음으로 나는 잭에게 담배를 피울 수 없었던 경우(예컨대 비행기나 버스를 타고 있을 때)가 있는지 물었다. 그는 그렇다고 했다. "그때는 어땠나요?" 내가 물었다. 잭은 잠시 생각하더니 다음과 같은 대답을 내놓았다. "그때는 담배를 피우고 싶은 욕망이 저절로 사라졌던 것 같네요." "제가 제대로 이해한 건지 확인하겠습니다. 선생님께서 담배를 안 피우면 욕망이 저절로 사라진다고요?" 나는 유도신문을 하고 있었지만 한편으론 정말 내가 그의 말을 제대로 이해한 건지 확인하고 싶기도 했다. 치료가 성공하려면 서로의 생각을 정확히 이해해야 하니까. 그는 고개를 끄덕였다.

나는 아까 화이트보드에 그린 화살표로 돌아갔다: 화살표 끝부분(잭이 담배를 피우는 지점) 바로 밑에서 선을 수평으로 연장했다가 다시 아래로 떨어뜨렸다. 전체적인 그림은 담배가 있는 한 방향만을 가리키는 화살표가 아니라 거꾸로 된 U자 또는 낙타의 등에 매달린 혹 같은 모양이 되었다.

"선생님 말씀이 이건가요? 신호를 받고, 욕망이 생겨나고, 상승하다가, 욕망이 하락하고 나중에는 사라진다는 거죠?" 나는 잭에게 물었다. 그의 머릿속에서 불빛이 번쩍하는 것이 느껴졌다. 잠깐만요! 잭은 어쩔 수 없는 경우에는 담배를 피우지 않고도 버틸 수 있었는데 스스로 그 사실을 의식하지 못했다. 그의 욕망 중에는 금방 사라지는 것도 있었고 오랫동안 지속되는 것도 있었지만, 모든 욕망은 언젠가는 사라졌다. '어쩌면 금연도 불가능한 일은 아니겠구나.'

다음 몇 분 동안은 잭이 담배를 피울 때마다 자신의 습관을 강화하고 있었다는 점을 제대로 이해했는지 확인하는 작업이 이어졌다. 나는 그에게 흡연 욕구가 찾아올 때 느끼는 육체적 자극을 모두 기록하라고(소리 내어 말해도 좋고, 속으로 되새겨도 좋다고) 지시했다. 우리는 파도타기 비유를 활용했다. 내 환자들의 욕망은 파도와 비슷한 형태였다. '기록하기 과제'는 잭이 파도 위에 올라탄 채 파도가 물러갈 때까지 거기 머무르도록 해주는 서프보드의 역할을 했다. 잭은 서프보드를 타고 거꾸로 된 U자 모양의 파도에 올라탈 수 있었다. 욕망의 파도가 형성되고, 상승하고, 하락하는 과정을 느낄 수 있었다. 잭이 파도를 탈 때마다 흡연이라는 습관의 강화가 중단되는 셈이었다. 이제 그는 서프보드라는 든든한 도구를 손에 넣었다. 강렬한 흡연 욕망에 휩싸일 때마다 그 도구를 이용할 수 있게 된 것이다.

파도가 상승한다!

잭의 금연을 돕기 위해 제시한 과제는 근거 없이 나온 것이 아니었다. 제대군인 전문 병원에서 일하기 시작할 무렵 나는 12년째 꾸준히 명상을 하고 있었다. 그리고 예일 의과대학에서 레지던트 생활을 하는 동안에는 분자생물학 연구를 중단하고 마음챙김을 본격적으로 연구하는 쪽으로 전환하기로 결심했다. 왜 그랬을까? 몇몇 권위 있는 학술지에 스트레스와 면역 체계의 관계를 다룬 졸업논문이 실린 데다 나의 연구들 중 몇 편은 특허까지 취득했는데도, 내 머릿속에는 여전히 "그래서 어떻다는 건데?"라는 질문이 남아 있었다. 나의 모든 연구는 실험용 쥐의 질병을 모델로 한 것이었다. 이런 연구 결과가 과연 사람에게 직접적인 도움을 줄 수 있을까? 한편으로 나는 개인적인 생활에서 마음챙김의 효력을 실감하던 터였고, 그런 깨달음이 정신의학과 수련을 받겠다는 결정에 직접적인 동기를 제공했다. 시간이 가면서 나는 불교 철학, 그리고 환자들을 더 깊이 이해하고 치료하기 위해 활용하는 심리학적 방법론 사이의 뚜렷한 연관성을 발견했다. 연구 주제를 마음챙김으로 바꿨을 때 지도교수들은 달가워하지 않았다. 일반적으로 교수들은 깔끔한 알약의 형태로 나오지 않는 것 또는 대체 의학의 냄새를 풍기는 것에 회의적이다. 그들을 원망하지는 않는다. 정신의학은 오랫동안 힘겨운 전투를 벌였는데, 그중에는 정당성을 인정받기 위한 전투도 있었다.

제대군인 전문 병원에서 일을 시작하기 한두 해 전인 2006년, 정신의학과 레지던트였던 나는 마음챙김 수행이 사람들의 중독 치료에 도움이 되는지 여부를 알아보기 위한 최초의 예비 조사를 진행했다[2]. 마침 워싱턴 대학의 앨런 말라트Alan Marlatt 연구진이 MBSR

과 자체 개발 프로그램을 결합한 '마음챙김 기반 중독 재발 방지 Mindfulness-Based Relapse Prevention(MBRP)' 프로그램이 중독 증상에서 벗어난 환자들의 재발 방지에 도움을 준다는 논문을 발표한 직후였다. 나는 그들의 도움을 받아 8주짜리 MBRP 프로그램을 우리의 외래 환자 진료소에서 활용 가능한 프로그램으로 변형했다. MBRP를 4주짜리 과정 둘(A와 B)로 쪼갠 뒤 순차적으로(A-B-A-B) 교육을 받도록 했다. 그러면 환자들은 치료가 시작되기까지 오래 기다릴 필요가 없으며, 또 두 번째 구간에 있는 환자들이 갓 치료를 시작한 환자들의 모범 사례가 되거나 조언을 해줄 수도 있다. 그것은 작은 실험이었지만(나를 도와준 통계학자는 우리의 연구를 '종이봉투 연구'라고 불렀는데, 내가 모든 수치를 갈색 종이봉투에 담아 그녀에게 가져다줬기 때문이다), 우리는 고무적인 결과를 얻었다. MBRP를 변형한 우리의 프로그램은 알코올 의존증이나 코카인 중독을 이겨낸 사람들이 다시 중독에 빠지는 것을 방지한다는 점에서 인지 행동 치료cognitive behavioral therapy(CBT)와 같은 효과를 보였다. 심리 치료의 대표적인 방법인 CBT는 넓게 말해 사람들로 하여금 오래된 고정관념에 도전하고 사고의 패턴(인지)을 바꾸도록 함으로써 감정과 행동을 개선시키는 증거 기반 치료법이다. 예컨대 우울증이나 중독으로 고생하는 환자들에게 자신에 대한 부정적인 관념(이것이 약물 복용의 원인이 된다)이 생겨날 때마다 "그것을 포착하고, 점검하고, 변화시키"라고 가르친다. '나는 형편없는 사람이야'라는 생각이 들 때마다 그게 정말인지 확인하고, 이어 그 생각을 보다 긍정적인 생각으로 바꾸라는 지시를 내리는 것이다.

또 우리는 치료를 시행한 이후의 스트레스에 대한 환자들의 반응을 연구했는데(이 연구에서는 처음에 녹음했던 그들의 사연을 다시 들려줬다), 마음챙김 훈련을 받은 환자들은 CBT 치료를 받은 환자들보다 덜 격한 반응을 보인다는 결과가 나왔다. 마음챙김 수행을 통해 실험실 안에서나 실제 생활에서나 자신들의 신호(계기)에 보다 현명하게 대처하는 요령을 익힌 것이리라.

이처럼 고무적인 결과를 얻은 뒤 나는 금연이라는 문제에 뛰어들기로 마음먹었다. 앞에서도 언급했지만 니코틴중독은 중독 중에서도 가장 치료가 어렵다. 그때까지 마음챙김 접근법은 만성적 통증, 우울증, 불안증에 도움이 된다고 알려져 있었다.[3] 만약 니코틴중독에도 도움이 된다면, 마음챙김은 중독에 대한 새로운 행동치료요법을 발견하는 데 활용될 가능성이 있었다.

대학원에서 나를 가르친 교수 중 한 분은 함박웃음을 지으며 이렇게 말하곤 했다. "크게 한탕 하거나, 그냥 집에 가거나!" 위험을 감수하고 익숙한 분야를 벗어나 뭔가를 시도하는 것과 보수적인 태도로 익숙한 분야에 머무르는 것 사이에서 미적거리고 있다면, 과감하게 전자를 선택하라는 뜻이었다. 인생은 너무 짧지 않은가. 그 분의 목소리가 머릿속을 맴돌았다. 나는 MBRP에서 말라트의 재발방지 프로그램 부분을 모두 삭제하고 온전히 마음챙김 수행으로만 이뤄진 금연 연구의 새로운 지침을 만들었다. 마음챙김 하나만으로도 치료 효과가 있는지 알아보고 싶었다. 만약 세상에서 가장 지독한 중독 증상에 효과가 있다면, 모든 중독 환자들에게 마음챙김 수행을 자신 있게 적용할 수 있을 터였다.

금연 연구를 진행하기 위한 준비의 일환으로 나는 2시간 연속 명상을 시작했다. 알람이 울리기 전까지 움직이지 않는 것이 목표였다. 자기 학대처럼 보일지도 모르지만 나름의 이유가 있는 행동이었다. 니코틴의 반감기는 약 2시간이다. 대다수의 흡연자들은 2시간마다 담배를 피우러 나간다. 니코틴 수치가 낮아지면 그들의 뇌가 탱크를 채우라고 재촉하기 때문이다. 만일 담배를 줄이고 흡연 횟수를 줄이면 그 욕망은 더 커진다. 우리는 금연을 원하는 환자들이 서서히 담배를 멀리하게 만들어 생리학적 욕구를 덜 느끼게 만들 계획이었다. 그런 훈련은 계기에 의해 유발되는 욕구까지 없애주지는 않기에, 환자들은 담배를 끊은 뒤 욕구가 찾아올 때마다 무조건 그것을 이겨내야만 했다. 그래야 '금연 상태를 유지'할 수 있으니 말이다. 나는 비흡연자였지만 담배를 피우지 않으면 머리가 터져버릴 것 같다는 환자들의 기분을 이해할 필요가 있었다. "내가 의사니까 내 말대로 하시오"라고 억지를 쓸 수는 없지 않은가. 환자들이 나를 신뢰하고, 내가 자신들의 고충을 이해한다고 믿게끔 만들어야 했다.

그래서 나는 한 번에 2시간씩 꼼짝 않고 앉아 있기 시작했다. 정확히 말하면 2시간 동안 명상 자세를 유지하려고 애썼다. 놀랍게도 나를 괴롭힌 것은 오랫동안 몸을 움직이지 못해서 생기는 육체적 고통이 아니었다. 문제는 흔들리는 마음이었다. 나의 뇌는 "뭐 어때, 조금은 꿈틀거려도 괜찮아"라고 속삭였다. 나중에는 욕망이 소리를 질러댔다. "일어서!" 비로소 나는 환자들이 무엇 때문에 힘들어하는지를 알 수 있었다(적어도 더 잘 이해하게 됐다). 머리가 터질 것 같다는 느낌이 어떤 건지도.

2시간을 버티게 되기까지 정확히 몇 달이 걸렸는지는 모르겠다. 대개는 1시간 45분을 버티다가 일어서기 일쑤였다. 조금만 있으면 2시간인데, '동요restlessness'라는 이름의 곡예사에게 손으로 조종당하는 꼭두각시 인형처럼 방석에서 벌떡 일어났다. 도무지 2시간을 채울 수가 없었다. 그러다가 어느 날 그걸 해냈다. 나는 꼬박 2시간 동안 앉아 있었다. 어느 시점이 되자 해낼 수 있다는 느낌이 왔다. 동요라는 끈을 잘라버릴 수 있다는 자신감. 그다음부터는 자리에 앉을 때마다 점점 더 버티기가 쉬워졌다. 해낼 수 있다는 자신감을 얻었기 때문이다. 더불어 나의 환자들도 담배를 끊을 수 있다는 확신을 얻었다. 그들에게 적절한 도구를 주기만 하면 된다.

욕망에 올라타기

2008년. 드디어 준비가 끝났다. 머리말에서 언급한 대로 나는 예일 대학에 치료적 신경과학 센터를 개설하고 금연 연구에 착수했다. 당시 나는 단순하지만 멋진 질문의 답을 찾으려 하고 있었다. 마음챙김 수행이 현재 시행되는 금연 치료법 중에서도 '최적 표준gold standard'으로 인정받는 '흡연으로부터의 해방Freedom From Smoking' 프로그램만큼 효과가 있을까? 우리는 흡연자들을 모집하기 위해 연구소

인근 지역에서 '약물 복용 없는 무료 금연 프로그램' 광고를 인쇄한 성냥을 대량으로 배포했다.

실험에 참가하겠다고 지원한 사람들이 첫날 저녁 센터의 대기실에 모였다. 그들은 카우보이모자 속에서 각자 종이를 한 장씩 꺼냈다(나의 연구 조교가 이런 의식을 무척 좋아했다). "1"이라고 적힌 종이를 뽑은 사람들은 마음챙김 수행을 받았고, "2"라고 적힌 종이를 뽑은 사람들은 미국 폐 학회American Lung Association의 '흡연으로부터의 해방' 프로그램에 참여했다. 그들은 4주 동안 주 2회 진료소를 찾아와 치료를 받았다. 한 달이 지나면 정말로 담배를 끊었는지 알아보기 위해 음주 측정기처럼 생긴 장치에 입을 대고 불어보게 했다. 그러면 우리 모니터에 알코올 수치 대신 일산화탄소 수치가 나타났다. 불완전연소의 부산물인 일산화탄소는 금연 여부를 측정하기에 적절한 지표다. 담배를 피우는 사람의 혈관으로 다량의 일산화탄소가 흘러들기 때문이다. 일산화탄소는 적혈구 내의 헤모글로빈과 결합하는 힘이 산소보다 강하다. 그래서 밀폐된 차고 안에 자동차 엔진을 켜놓은 채 앉아 있으면 숨이 막히는(질식) 것인데, 흡연은 이 과정이 천천히 진행되는 것과 같다. 일산화탄소는 우리의 핏속에 오래 머무르다가 적혈구에서 느린 속도로 분리된 다음에야 비로소 배출되므로, 그 수치는 흡연 여부를 비교적 정확히 알려준다.

다음 2년 동안 나는 매달(금연을 시도하는 사람들에게 최악의 시기인 12월은 제외하고) 새로운 피험자들에게 마음챙김을 교육했다. 첫 번째 수업에서는 습관 고리를 설명했다. 그들 각자의 계기를 화이트보드에 표시하고, 담배 한 대를 피울 때마다 그 행동을 강화하게 된다는 점을 설명했다. 그날 저녁 그들을 집으로 돌려보내면서는, 계기에 주의를 기울이고 담배 피울 때의 기분이 어떤지 잘 관찰하라고 지시했다. 그러면 그들은 관찰 결과를 모아서 가져왔다.

사흘 뒤, 두 번째 수업에서 피험자들은 자신들이 그저 지루해서 담배를 피울 때가 얼마나 많은가를 보여주는 기록을 가지고 돌아왔다. 한 신사는 처음 이틀 동안 흡연량을 담배 30개비에서 10개비로 줄였다. 자신의 흡연 행위가 대부분 습관적인 것이거나 다른 문제들을 해결하기 위한 그릇된 방법이라는 사실을 깨달았기 때문이다. 예컨대 그는 커피의 쓴맛을 덜 느끼려고 담배를 피우고 있었다. 이 단순한 사실을 알아차린 것만으로 그의 흡연은 양치질로 대체되었다. 더욱 흥미로운 것은 "담배 피울 때 주의를 기울였더니 어땠나요?"라고 물었을 때 답변이었다. 피험자들의 다수는 자신들의 눈이 확 트였다고 대답했다. 그 전까지는 담배의 맛이 얼마나 고약한지를 몰랐다는 것이다. 내 마음에 쏙 들었던 답변 하나. "냄새는 썩은 치즈 같고 맛은 화학약품 같아요. 웩."

이 피험자는 담배가 자신에게 나쁘다는 사실을 인지적으로 알고 있었다. 그것이 그녀가 우리 프로그램에 지원한 이유였다. 담배를 피울 때 호기심을 가지고 주의를 기울인 것만으로도 그녀는 담배의 맛이 형편없다는 사실을 알아차렸다. 중요한 성과였다. 그녀는 지식에서 지혜로 나아간 것이다. 과거에는 담배가 나쁘다는 사실을 머리로 알았지만 이제는 몸으로 그것을 알게 됐다. 담배의 마법이 풀린 셈이었다. 그녀는 본능적으로 자신의 습관에 환멸을 느끼기 시작했다. 어떤 강제력도 필요하지 않았다.

내가 '강제'를 언급한 이유는 무엇일까? CBT 계열의 치료법들은 인지를 이용해 행동을 통제한다. 그래서 인지 행동 치료라는 이름이 붙은 것이다. 스트레스를 받으면 불행히도 우리의 뇌에서 의식적인 행동 조절 능력이 가장 뛰어난 부위인 전전두엽의 스위치가 제일 먼저 꺼지고, 그러면 우리는 오래된 습관으로 돌아간다. 따라서 나의 환자가 경험했던 것과 같은 각성이 중요하다. 습관에서 진짜로 얻는 것이 무엇인가를 보게 되면 우리는 그 습관을 더 깊이 이해할 수 있다. 또한 그것을 뼛속까지 알고부터는 담배를 참기 위해 스스로를 통제하거나 강제할 필요가 없어진다.

이러한 '알아차림'이야말로 마음챙김의 본질이다. 우리가 특정한 행동을 무심코 반복할 때 어떤 일이 벌어지는가를 명료하게 보고, 아픈 각성의 과정을 거치는 것. 시간이 흐르면 우리 자신의 행동이 어떤 결과를 낳는지가 점점 더 명료하게 보인다. 그러면 우리는 낡은 습관을 놓아버리고 새로운 습관을 형성한다. 역설적이지만 마음챙김은 단지 호기심을 갖고 우리의 몸과 마음 안에서 벌어지는 일들에 가까이 다가가는 일에 불과하다. 우리의 나쁜 욕망들을 최대한 빨리 없애려고 애쓰는 것이라기보다는 우리 자신의 경험에 기꺼이 주의를 기울이는 것이다.

우리의 연구에 지원한 흡연자들은 욕망에 휩싸이는 것이 나쁜 일이 아니라는 점을 이해하고 그 욕망을 직시하기 시작했다. 그

때 나는 그들에게 욕망에 올라타는 법을 가르쳤다. 미셸 맥도널드 Michelle McDonald라는 나이 지긋한 명상 강사가 개발한(그리고 타라 브랙 Tara Brach이 수많은 사람에게 가르친) RAIN 명상법을 사용해서. 이것은 나 자신의 마음챙김 훈련에도 도움이 된 방법이었다. 특히 어떤 강박적인 사고 패턴에 갇혀 있을 때나 머릿속에서 누군가에게 끊임없이 소리치고 있을 때, RAIN은 커다란 도움을 주었다.

R(Recognize/Relax) 지금 일어나고 있는 일(당신의 욕망)을 알아차리고 편안하게 받아들인다

A(Accept/Allow) 그 일을 수용하고 인정한다

I(Investigate) 신체의 감각, 감정, 생각을 관찰한다("지금 내 몸과 머릿속에서 무슨 일이 일어나고 있는 거지?"라고 묻기)

N(Note) 매 순간 일어나는 일을 기록한다

원래 내가 배운 바로 N은 '동일시하지 않기Nonidentification'였는데 약간 변형했다. '동일시하지 않기'는 우리가 알아차리는 대상에 사로잡히지도, 그것을 우리 자신과 동일시하지도 않는다는 개념이다. 우리는 뭔가를 알아차리면 그것을 자기만의 일로 받아들이는 경향이 있다. '동일시하지 않기'란 머릿속에서 "당신만 그런 게 아니다"라고 끊임없이 알려주는 종소리와 같다. 나는 이 모든 것을 두 차례의 수업에서 전부 설명하는 대신, 존경받는 위빠사나* 수행자였던

* vipassanā. 부처님이 깨달음을 얻은 수행법으로, '통찰 명상'이라고도 한다.

고 마하시 사야도Mahasi Sayadaw가 보급한 기술인 '기록하기 연습'을 가르쳤다. 요즘은 여러 가지로 변형되어 알려져 있지만, 일반적으로 '기록하기 연습'은 우리 자신의 경험 속에서 가장 우세한 것(생각, 감정, 신체적 감각, 눈에 보이는 풍경이나 소리 따위)을 기록한다는 뜻이다. '기록하기 연습'은 '동일시하지 않기'를 실천하는 실용적인 방법이다. 우리가 어떤 대상을 '알아차린' 뒤에는 더 이상 그 대상과 우리 자신을 동일시할 수 없기 때문이다. 이러한 현상은 물리학의 관찰자 효과observer effect와도 비슷하다. 관찰자 효과에 의하면, 원자보다 작은 차원에서는 관찰하는 행위 자체가 관찰 대상을 바꾼다. 다시 말해 욕구를 불러일으키는 우리 몸속의 신체적 감각을 알아차리면(그리고 기록하면) 그 관찰하는 행위만으로 우리는 습관 고리에 덜 갇히게 되는 셈이다.

두 번째 수업이 끝날 무렵 나는 피험자들에게 인쇄물 한 장과 지갑에 쏙 들어가는 요약 카드를 나눠주면서 RAIN 명상법을 연습하라고 지시했다. RAIN 명상법은 학습의 중점적인 비공식 훈련이었고, 욕망이 찾아올 때마다 이용할 수 있는 도구였다.

그 이후의 수업에서는 피험자들에게 매일 아침 또는 저녁에 규칙적으로 실행하는 공식적인 명상을 연습시켰다. 규칙적인 명상은 마음챙김 훈련이자 그날 하루를 마음챙김 상태로 생활하기 위한 준비였다. 우리는 매주 누가 명상을 하고 누가 명상을 안 했는지 기록하고, 그들이 하루에 담배를 몇 개비나 피웠는지도 알아봤다. 나는 야심만만하게도 둘째 주가 끝나는 날(네 번째 수업)을 연구 종료일 우리는 욕망의 파도에 올라타는 방법을 배울 수 있다. 첫째, 그 욕망이 찾아온다는 사실을 **'인지' 하고 편안하게 받아들이라.** 욕망이 찾아오는 것은 당신이 통제할 수 없는 일이니 그 파도를 있는 그대로 인정하거나 받아들일 수밖에 없다. 욕망을 무시하지 말고, 다른 데로 주의를 돌리려고 하지 말고, 그 욕망을 어떻게 하려고 하지도 말라. 그것은 당신의 경험이니까. 당신에게 맞는 방법을 찾아야 한다.

어떤 단어나 문장('좋아, 왔구나', '그렇지' 등)도 좋고, 그저 고개를 끄덕이는 행동만으로도 괜찮다. 욕망의 파도를 붙잡으려면 그것이 만들어지는 동안 세심하게 연구하고 **조사해야** 한다. "지금 내 몸에서 뭐가 느껴지지?"라는 질문을 던지라. 열심히 생각하기보다는, 가장 강하게 다가오는 느낌을 포착하라. 그것이 당신에게 오도록 놓아두라.

마지막으로 계속 주의를 기울이면서 당신의 경험을 **기록하라.** 짧은 문구 또는 단어를 써서 간단하게 기록한다. 예컨대 "생각을 하고 있다", "배 속이 불편하다", "자극이 강해진다", "활활 타는 느낌" 등으로. 욕망이 완전히 사라질 때까지 계속 따라가라. 집중이 흐트러졌다면 '지금 내 몸에서 뭐가 느껴지지?' 라는 질문을 되풀이하고 같은 과정을 반복하라. 욕망이 완전히 사라지기 전에 그 위에 올라탈 수 있는가?

그것을 타고 해변까지 가라.

로 정해놓고 있었다. 그런데 대부분의 피험자에게 그것은 너무 짧은 시간이었다. 어떤 사람들은 2주 만에 금연에 성공하고 남은 2주를 이용해 자신들의 도구를 강화했지만, 어떤 사람들은 그보다 오랜 시간을 필요로 했다.

우리의 피험자들이 마음챙김으로 담배 끊는 법을 배우는 동안, 같은 층 복도 끝의 다른 방에서는 미국 폐 학회에서 훈련받은 심리학자가 '흡연으로부터의 해방' 프로그램에 따른 치료를 진행하고 있었다. 실험에 영향을 주는 모든 요인을 배제하기 위해 방은 매달 바꿔 사용했다. 2년이 되어갈 무렵 우리는 750명이 넘는 지원자를 검진한 뒤 그중 100명 미만을 무작위로 선발해 실험에 참여시켰다. 그리고 마지막 피험자들이 마지막 순서인 4개월 후속 치료를 마친 뒤, 마음챙김 훈련의 결과를 알아보기 위해 그간 쌓인 모든 자료를 분석했다.

마음챙김이 금연에 미치는 영향

나는 우리의 참신한 치료법이 최적 표준 치료법에 뒤지지 않는 정도의 성과를 내리라 기대하고 있었다. 그런데 통계 전문가들이 가져온 결과를 보니, 마음챙김 훈련을 받은 집단의 피험자들이 금연에 성공한 비율은 '흡연으로부터의 해방' 집단 피험자들의 두 배에 달했다. 게다가 그중 거의 전원이 금연 상태를 유지한 반면, 대조군의 피험자 중 다수는 다시 담배를 피웠다. 두 집단의 수치는 무려

다섯 배나 차이가 났다! 나의 기대를 한참 뛰어넘는 좋은 결과였다.

마음챙김이 왜 금연에 효과적이었을까? 우리는 사람들에게 '습관 고리'에 주의를 기울이라고 가르쳤다. 그래서 그들이 실제로 얻는 보상(화학물질의 맛)이 무엇인지를 명료하게 보고 과거의 행동(흡연)에 대한 환상에서 깨어나도록 했다. 한편 '호흡 알아차리기breath awareness'라든가 '자비loving-kindness 명상' 같은 마음챙김의 다른 수행 방법을 가르치기도 했다. 어쩌면 우리의 프로그램에 참가한 사람들은 여러 방식의 명상에 몰두하느라 흡연 욕구를 잊었을지도 모른다. 아니면 우리가 예상하지 못한 전혀 다른 일이 벌어졌거나.

나는 예일 의과대학의 세라 말릭Sarah Mallik에게 그 차이의 이유를 알아내라는 과제를 부여했다. 세라는 나의 연구실에서 논문을 쓰던 학생이었다. 그녀는 우리 실험의 양쪽 실험군을 비교하여 각 그룹에서 공식적인 프로그램과 비공식적 수행이 결과에 영향을 미쳤는지 알아보았다. 조사 결과 마음챙김 그룹의 비공식적 수행(예를 들면 RAIN 명상)과 금연 성공률 사이에는 뚜렷한 상관관계가 나타났지만, '흡연으로부터의 해방' 집단에서는 비공식적인 수행(이 집단에서는 긴장을 풀어주고 흡연 욕구가 생겨날 때 다른 데로 주의를 돌리는 방법들을 안내하는 CD를 들었다)과 금연 성공률 사이에 뚜렷한 상관관계가 발견되지 않았다. 우리는 다음과 같은 가설을 세웠다. '흡연자들이 명상을 하려고 힘들게 앉아 있었기 때문에(내가 했던 것처럼) 욕망이 사라질 때까지 참고 기다리는 능력을 키울 수 있었다.' 혹은 명상을 하는 능력은 단지 마음챙김을 활용할 가능성이 더 높은 개인들을 가리키는 지표

인지도 모른다. 우리는 정확한 답을 찾지 못한 채 개연성 있는 모든 가설과 함께 연구 결과를 공개했다.[4]

다른 의대생인 하니 엘와피Hani Elwafi는 마음챙김이 금연에 성공한 사람들에게 구체적으로 어떻게 도움을 주었는지 알아보고 싶어 했다. 만약 마음챙김이 금연에 효력을 발휘하는 원리를 생리학적으로 규명할 수 있다면 앞으로는 중독 치료 방법을 간소화해서 유효 요소active component 중심으로 치료를 진행할 수 있을 터였다. 비유적으로 말해, 감기 걸린 사람들에게 따뜻한 닭고기 수프를 제공하려고 한다면 감기 치유를 촉진하는 성분이 닭고기인지, 국물인지, 당근인지 아는 편이 유리하다. 그 성분을 확실히 섭취하게 만들 수 있으니까.

하니는 세라의 자료를 가져와서 마음챙김 수행 도구들(명상, RAIN 등) 가운데 어떤 것이 욕망과 흡연의 관계에 가장 큰 영향을 미쳤는가를 분석하기 시작했다. 우리가 특히 욕망과 흡연의 관계에 주목한 이유는 욕망이 습관 고리의 일부와 연결돼 있기 때문이었다. 욕망이 없다면 사람들이 담배를 피울 확률은 크게 낮아진다. 하니가 알아낸 사실은 다음과 같았다. 마음챙김 훈련 이전의 피험자들에게 욕망은 흡연의 전조 증상이었다. 담배에 대한 욕망을 느낀 사람들은 담배를 피울 확률이 매우 높았다. 하지만 4주 동안의 훈련이 끝나갈 무렵에는 이 인과관계가 단절됐다. 피험자들은 욕망이 찾아온다고 해서 무조건 담배를 피우지 않았다. 시간이 갈수록 욕망은 줄어들었고, 그들은 담배를 끊었다. 납득이 가는 결과였다. 다음은 우리의 보고서에 수록된 설명이다.

> 가장 간단하게 비유하자면, 욕망이란 흡연을 장작 삼아 더 활활 타는 불과 같다는 것이다. 흡연을 중단하더라도 욕망의 불은 그대로 남는다. 불은 그 자체의 연료가 다 소진된 다음에야(그리고 더 이상 연료가 보충되지 않아야) 꺼지니까. 우리의 통계는 이 사실을 직접적으로 뒷받침한다. (1) 욕망의 감소 속도는 개개인이 흡연을 중단하는 속도보다 느리다. 따라서 처음에는 남아 있는 '연료'가 계속 타오르며, 시간이 흘러야 연료가 다 소모된다. 우리 연구에서 발견된 욕망 감소의 지연은 이와 같이 설명 가능하다. (2) 담배를 계속 피우는 사람의 욕망은 계속 생겨난다. 담배를 계속 피움으로써 연료를 계속 공급하기 때문으로 판단된다.[5]

이 비유는 고대 불교 경전에서 인용한 내용이다. 고대 불교 경전에는 욕망을 불에 비유하는 표현이 많이 등장한다.[6] 인류 최초의 명상가들은 정말로 탁월한 사람들이었다.

그리하여 우리는 마침내 처음 던졌던 질문에 도달했다. 욕망과 흡연 사이의 연결 고리를 끊는 데 가장 크게 공헌한 마음챙김 기술은 무엇인가? 우승자는 RAIN 명상법이었다. 욕망과 흡연의 연결 고리를 끊는다는 점에서는 공식적인 명상 수행도 긍정적인 상관관계를 나타냈지만, 통계학적 검증을 통과한 유일한 요인은 비공식적인 RAIN 수행이었다. RAIN 명상법은 결과와 직접적인 인과관계를 나타냈다. 이렇게 그림이 만들어지기 시작했다.

연기론과 현대 심리학의 연결 고리

마음챙김 수행이 금연과 금연 유지에 도움이 되는 이유를 탐구하는 과정에서 나는 다른 치료법들이 실패한 이유를 이해하기 시작했다. 욕망과 흡연의 연결 고리를 밝혀낸 연구는 과거에도 많이 있었다. 신호(계기)를 피하는 접근법은 사람들에게 흡연 동기를 부여하지 않는다는 점에서는 도움이 될지언정 습관 회로의 중심을 직접 겨냥하지는 않는다. 예컨대 담배 피우는 친구들을 멀리하면 금연에 도움이 될지도 모른다. 하지만 어떤 사람에게 상사의 꾸지람이 흡연의 계기로 작용한다고 가정할 때, 상사를 피하는 행위는 또 다른 스트레스를 유발할 가능성이 있다. 예컨대 해고를 당하면 어쩔 것인가? 담배 대신 사탕을 먹는 것과 같은 전통적인 대체 전략 역시 금연에 도움을 주지만 이 방법은 체중이 늘어난다는 부작용이 있을 뿐 아니라(체중 증가는 담배를 끊을 때 흔히 나타나는 현상이다), 흡연 욕구를 느낄 때마다 뭔가를 먹도록 환자들을 훈련시킨다. 하나의 나쁜 습관을 다른 나쁜 습관으로 대체하는 셈이다. 우리의 실험 결과에 따르면 마음챙김은 욕망과 흡연 사이의 연결 고리 자체를 끊어낸다. 욕망과 행동의 분리는 계기들이 더 강해지거나 뚜렷하게 변하는 것을 방지한다는 점에서도 중요하다. 특정 신호를 특정 행동과 결부시키는 기억을 저장할 때마다 우리의 뇌는 그 신호 또는 그 신호의 친구들을 찾기 시작한다. 원래의 신호와 유사한 모든 것이 욕망을 불러일으킬 수 있다.

나에게는 의문이 생겼다. 개인적으로 명상에 대해 공부하면서 욕망을 잘 다뤄야 한다고 강조하는 고대 불교의 가르침을 여러 차례 접한 터였다.[7] 고대 불교에서는 욕망을 정확히 '겨냥'하면 중독을 이겨낼 수 있다고 했다. 그리고 욕망을 겨냥한다는 것은 단순한 힘의 우위에 의해서가 아니라, 우리의 직관과 반대로 욕망에 다가가거나 욕망과 친해지는 방법으로 가능하다고 했다. 욕망을 '직시'함으로써 우리는 '덜 중독된less intoxicated' 상태에 이를 수 있다. 여기서 '중독된'이라는 표현은 '번뇌asava'라는 불교 용어를 번역한 것이다. 나는 내가 치료한 환자들에게서 이러한 변화를 목격했다. 환자들은 자신들의 욕망에 따라 행동할 때 얻는 보상이 무엇인가를 직시하는 방법으로 특정 물질에 대한 중독에서 깨어났다. 이 과정을 어떻게 설명해야 할까?

제이크 데이비스Jake Davis는 전직 상좌부Theravada 불교 승려 출신의 팔리어(최초의 불교 경전은 팔리어라는 언어로 쓰였다) 학자다. 나는 레지던트 수련을 끝내고 예일 대학 교수가 된 직후에 친구이자 동료인 윌러비 브리턴Willoughby Britton의 소개로 그를 처음 만났다. 브리턴 역시 명상가이자 브라운 대학에서 공부하는 연구자였다. 당시 제이크는 대학원에서 철학을 공부하고 있었는데, 우리는 금방 말이 통했다. 둘 다 다른 대화에는 관심이 없고 오로지 명상 예찬에만 열을 올렸기 때문이다. 얼마 후에 나는 그에게 현대 심리학의 보상에 의한 학습 모델을 알려줬다. 그 모델이 불교의 '연기緣起'라는 이론과 비슷하다고 생각해온 터였다. '연기'는 대학원 시절 불교 경전을 읽다가 처음 알게 된 개념으로, 팔리어 경전에 따르면 싯다르타는 밤중에 이런 것들을 곰곰이 생각하다가 깨달음을 얻었다고 한다. 나는 이 '연기'라는 개념을 더 자세히 살펴볼 가치가 있다고 생각했다.

연기론은 열두가지 인과관계의 고리를 제시한다. 어떤 일이 일어나는 이유는 그 일의 원인이 되는 다른 어떤 것이 있기 때문이다. "이것이 있으므로 저것이 있고, 이것이 있지 않으므로 저것이 있지 않다." 연기론이 나의 눈길을 끌었던 이유는 그것이 조작적 조건 형성 또는 보상에 의한 학습이라는 개념을 설명하는 것 같았기 때문이다. 무려 2500년 전에! 연기론의 내용을 조금 더 살펴보자. 어떤 자극을 경험할 때 우리의 정신은 과거의 경험을 토대로 그것을 해석한다(이것을 고대 불교에서는 '무지'라고 한다). 이 해석은 자동적으로 '쾌'와 '불쾌'로 경험되는 '정조情調'를 생성하고, 정조는 유쾌한 경험을 지속하거나 불쾌한 경험을 없애려는 욕망(또는 충동)을 만들어낸다. 이렇게 해서 동기를 얻은 우리가 욕망에 따라 행동하면, 불교 심리학에서 '자아상'이라 불리는 것의 탄생에 연료를 제공하게 된다. 흥미롭게도 연료를 뜻하는 '취取, upadana'는 전통적으로 '집착attachment'으로 번역되는데, 서구 문화는 주로 이것에 초점을 맞춘다. 행동의 결과는 기억으로 저장되어 다음번 윤회samsara, 즉 삶과 죽음의 순환 조건을 형성한다. 윤회란 끝없는 방황의 다른 표현이다.

이 모델이 좀 혼란스럽다고 생각하는 사람들도 있을 것이다. 사

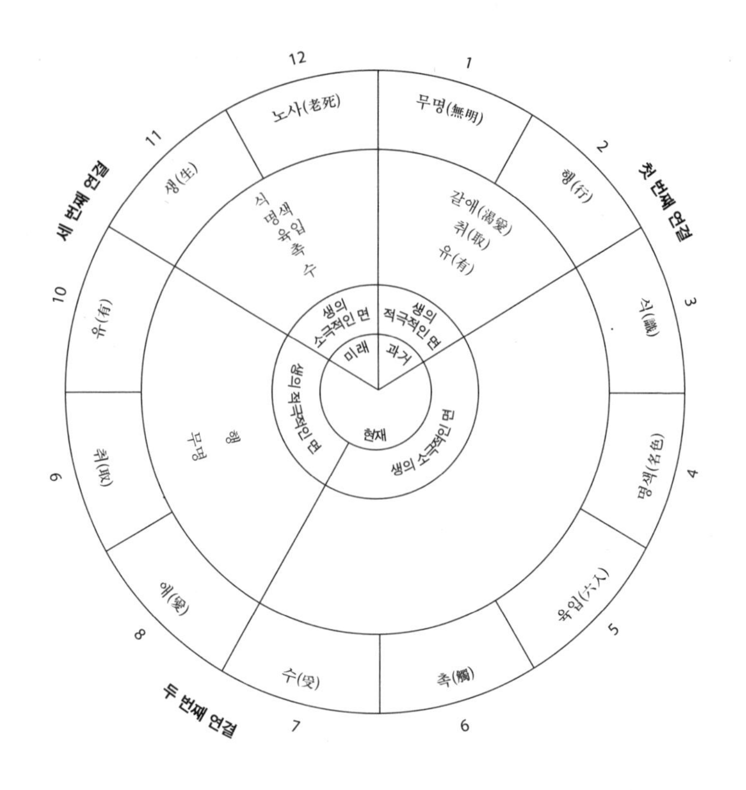

〈그림 2〉 연기론이 제시하는 12가지 인과관계의 고리와 생의 순환

실 이것은 원래 혼란스러운 모델이다. 제이크와 나는 일정 기간 동안 이 요소들을 하나하나 분석한 끝에 연기론이 정말로 보상에 의한 학습 이론과 맥이 닿는다는 결론에 이르렀다. 사실상 두 이론은 아름답게 맞아떨어진다. 연기론에서 제시하는 단계들은 이름만 다르게 붙여졌을 뿐 보상에 의한 학습의 단계들과 본질적으로 같다.

맨 위에서부터 살펴보자면, 고대 불교의 '무명' 개념은 현대 심리학의 '주관적 편견'과 흡사하다. 우리는 사물을 바라볼 때 과거의 경험과 관련한 기억에 의지한다. 편견은 특정한 습관적 반응들로 이어지는데, 이런 반응들은 본질상 정서적인 것이다. 다시 말해 우리의 반응에는 어떤 대상에 대한 감정적인 반응이 포함된다는 얘기다. 이와 같은 무의식적인 반응들은 연기론에 나오는 '쾌' 또는 '불쾌'와 비슷하다. 만약 과거에 초콜릿이 맛있다고 느꼈다면 다음번에 초콜릿을 보기만 해도 유쾌한 느낌을 받을 가능성이 높다. 만약 초콜릿을 먹고서 식중독에 걸렸다면, 다음번에 초콜릿을 볼 때 기분이 썩 좋지 않을 것이다. 연기론과 보상에 의한 학습에서 유쾌한 감정은 공히 욕망으로 이어지며, 욕망은 행동 또는 행위로 이어진다. 여기까지는 설명이 어렵지 않지만 이제부터는 누군가의 도움이 필요하다. 연기론에서 행동은 '생生'이라는 결과를 낳는다. 고대 불교의 지도자들은 기억의 형성에 대해 명시적으로 언급하지 않았다(고대에 어떤 문화권에서는 사고가 간에서 이뤄진다고 생각했고, 또 어떤 문화권에서는 심장에서 이뤄진다고 생각했다). 연기론의 '생'이 요즘 우리가 '기억'이라고 부르는 것과 동일한 개념일 수도 있을까? 우리가 스스로 누구인지 어떻게 아는가를 생각해보면, 우리의 정체성에 대한 지식은 일차적으로 기억에 의존한다. 좋다. '환생'이라는 개념과 '끝없는 방황'도 잘 들어맞는다. 만약 어떤 불쾌한 경험에서 도피하기 위해 술을 마시거나 담배를 피우거나 다른 특정한 행동을 한다면, 이는 다음번에도 그 행동을 하도록 우리 자신을 훈련시키는 셈이다. 문제는 해결되지 않는다. 그 방향으로 계속 나아간다면 고통은 끝없이 계속될 것이다.

제이크와 나는 연기론의 형식을 훼손하지 않으면서 그 내용을 단순화하고 언어를 현대적으로 바꾼 도표를 그렸다(〈그림3〉). 수레바퀴(무지)의 첫 단계를 상징하는 그림으로는 안경을 선택했다. 편견에 찬 세계관이 정보를 걸러내며 무지의 바퀴를 계속 돌아가게 하는 과정, '습관의 형성과 강화'라는 순환이 영속화하는 과정을 시각적으로 표현하고 싶었다.

더하여 우리는 중독이라는 사례를 통해 학자, 의사, 과학자들에게 연기론과 보상에 의한 학습 이론의 놀라운 유사성을 보여주는 논문을 발표했다.[3]

지난 몇 년 사이 여러 차례의 학술 대회 발표와 토론을 거치며 검증받은 우리의 가설은 그 타당성을 충분히 인정받고 있다. 두 모델은 우리가 사용하는 치료법의 작동 메커니즘을 이루는 고대의 사상과 현대의 사상을 연결해준다. 학문의 세계에서 서로 다른 모델의 용어들이 연결되면 번역 과정에서 의미 유실이 적어지므로 내용이 간소해진다. 또한 순전히 다윈주의적 적자생존의 시각으로 보더라도, 연기론을 포함한 오랜 옛날의 몇몇 심리학 모델들은 세월의 시험을 이겨내고 살아남은 것들이다. 이 사실은 우리에게 기묘한 위안을 안겨준다. 오래된 모델들은 새로운 모델과 일치할 수도, 새롭게 발견될 수도, 새 병에 담긴 오래된 포도주 대접을 받을 수도 있다.

과학의 세계에서 '보상에 의한 학습'의 과정은 다음과 같다. 당신

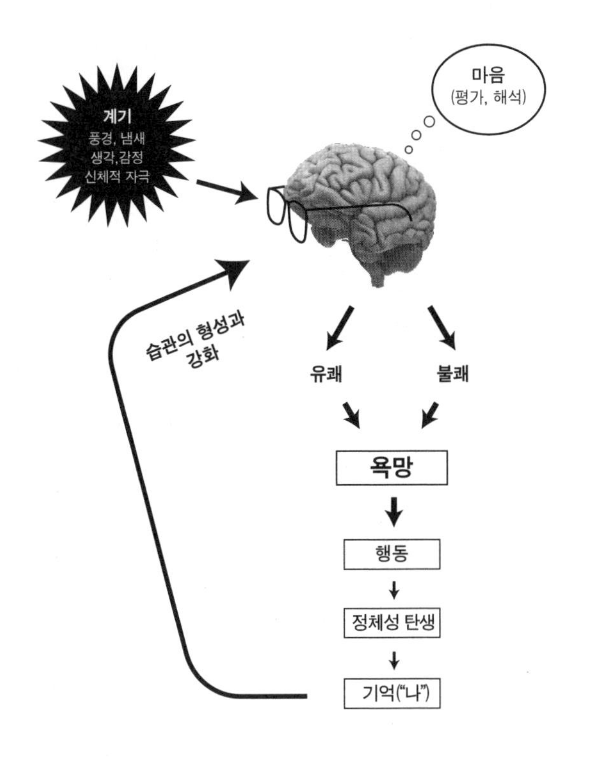

〈그림 3〉 습관이 형성되고 강화되는 과정

어떤 자극이 있을 때 우리는 각자의 주관적인 편견에 따라 반응하고, 이것이 욕망과 행동으로 이어지며, 그 행동은 다시 편견과 습관을 강화한다. 심리학의 보상에 의한 학습 이론과 연기론은 이 같은 과정이 되풀이되는 이유에 관한 설명틀을 제공한다.

이 어떤 이론을 개발하거나 새로운 것을 발견한다(계기). 그것에 관한 논문을 최초로 발표한다(행동). 다른 사람이 당신의 논문을 인용하고, 당신은 승진하거나 명성을 얻는다(보상). 심지어는 누군가 당신이 연구한 것과 똑같은 내용을 먼저 출간해버리는 경우를 가리키는 전문용어도 있다. '특종 가로채기getting scooped.' 자, 보라! 마치 싯다르타가 스키너에게서 특종을 가로챈 것처럼 보이지 않는가? 심지어 종이가 발명되기도 전에.

오랫동안 내 머릿속을 떠나지 않았던 '그래서 어떻다는 건데?'라는 질문의 답이 드디어 나왔다. 나는 나 자신의 강박적인 사고 과정을 통해, 어떤 습관을 형성하면 욕망은 더 커진다는 사실을 깨달았다. 이러한 통찰을 바탕으로 환자들의 고충을 이해하고 공감할 수 있었으며, 그들의 중독 증세를 치료하는 더 나은 방법을 찾아냈다. 내가 얻은 지식은 우리의 임상 실험에 적용됐고, 실험 결과 그러한 방법이 다양한 범주의 사람들에게 효과가 있다는 사실이 밝혀졌다. 이 점을 이해한 뒤 우리는 출발점으로 되돌아갔다. 현대의 기계론적 모델들이 수천 년 전에 개발된 모델과 동일하다는 사실을 발견했기 때문이다. 이 모델들을 심각한 중독 외에 다른 증상에도 폭넓게 적용할 수 있을까? 일반적인 사람들의 삶을 개선하는 데는 어떤 도움을 줄 수 있을까?

2

'좋아요'라는 접착제
: 테크놀로지 중독

테크놀로지와 노예제의 차이는,
노예들은 자신이 자유롭지 않다는 사실을 똑똑히 알고 있었다는 점이다.
- 나심 니콜라스 탈레브Nassim Nicholas Taleb

2014년 12월, 나는 아내와 함께 파리행 비행기에 올랐다. 파리에서 마음챙김의 과학에 대한 강연을 하기로 했기 때문이다. '빛의 도시'라 불리는 파리를 처음 방문한 우리는 관광객들이 으레 하는 대로 루브르박물관에 갔다. 매우 흐리고 쌀쌀한 날이었지만 그 유명한 박물관에 간다는 생각에 우리는 들떠 있었다. 나는 루브르에 관한 글을 여러 편 읽었고 이야기도 많이 들은 터였다. 성서학과 고대 근동을 연구하는 학자인 아내는 더욱 흥분해서 그곳에 있는 신비로운 유적들을 하나도 빠짐없이 내게 보여줄 태세였다. 우리는 파리 1구의 좁은 길들을 빠른 걸음으로 통과했다. 아치 여러 개를 지나 루브르박물관의 유명한 입구인 유리 피라미드가 있는 안뜰에 들어서니, 여기저기 사람들이 돌아다니며 음식을 먹거나 사진을 찍고 있었다. 나의 발걸음을 멈춰 세운 것은 일행으로 보이는 몇몇 사람의 모습이었다. 나는 그 모습을 카메라에 담고 싶어서 재빨리 사진을 찍었다.

나는 사진가가 아니다. 그러니 사진이 미적으로 형편없다고 험담하지 마시길. 여자 두 명이 '셀카'를 찍고 있는 모습이 뭐가 특별하냐고? 내가 의미심장하면서도 비극적이라고 생각했던 건 전경에 보이는 남자의 모습이었다. 모자 달린 재킷을 입고 약간 구부정하게 서 있는 남자. 두 여자 중 하나의 남자 친구인 그는 그곳에서 냉담하고 무심한 태도로 서 있었다. 그의 역할을 60센티미터 길이의 접이식 알루미늄 막대가 대신했기 때문이다. 내가 그의 얼굴에서 발견한 '편안하지 않은' 표정은 그 자신이 쓸모없는 존재로 간주된다는 사실을 표현하고 있었다.

'셀카selfie'는 2012년 《타임》지가 선정한 10대 유행어에 포함됐다. 2년 후인 2014년, 《타임》지는 '셀카봉selfie stick'을 그해의 25대 발명품 중 하나로 선정했다. 나의 관점에서 이것은 대참사의 징후다. 자신의 사진을 찍는 행위는 1800년대 중반에 시작된 일이다. 우리는 왜 우리 자신의 사진 촬영에 이렇게까지 집착하고 있는가?

〈그림 4〉 루브르박물관에서 셀카를 찍는 관광객

셀카를 올리고 싶다는 충동

사진 속의 두 여자를 예로 들어보자. 그중 한 사람의 머릿속에서 생성되는 대화를 한번 상상해보겠다.

여자 1: (속으로 생각한다) 맙소사! 나 지금 루브르에 있잖아!

여자 1의 마음: 그러면 가만히 서 있을 때가 아니지! 어서 사진을 찍어. 잠깐! 너의 절친이랑 같이 찍어봐. 그래! 움직이지 마. 찍고 나서는 페이스북에 올리는 거야!

여자 1: 좋은 생각이다!

다니엘르(여자 1의 이름이라고 가정하자)는 사진을 찍고 전화기를 집어넣은 다음 박물관 안에 들어가 전시물을 관람하기 시작한다. 10분도 채 지나지 않아 전화기를 확인하고 싶은 충동이 찾아온다. 그녀는 친구들이 다른 곳을 보는 틈을 타서 누가 그녀의 사진에 '좋아요'를 눌렀는지 슬쩍 확인한다. 약간 죄책감을 느낀 그녀는 친구들에게 들키기 전에 얼른 전화기를 넣는다. 몇 분 뒤 다시 충동을 느낀다. 그리고 몇 분 뒤에 또다시. 그녀는 오후 내내 루브르박물관을 거닐면서 무엇을 보게 될까? 세계적으로 유명한 예술 작품 대신에 그녀는 자신의 페이스북 피드를 보면서 '좋아요'와 댓글을 몇 개나 받았는지를 계속 확인한다. 이상한 이야기 같지만, 이런 일은 날마다 일어난다. 이제 우리는 그 이유도 안다.

계기. 행동. 보상. 이것은 '학습된 행동'을 만들어내는 데 필요한 3요소로서 이 책의 토대가 되는 기초적 개념들이므로 나는 이것을 계속 강조할 것이다. 이 3요소가 합쳐져 행동이 형성되는 것은 동물계 전반의 공통적인 현상이다. 가장 원시적인 신경계를 가진 생물들도 그렇고, 중독으로 고생하는 사람들(코카인 중독이든 페이스북 중독이든)도 그렇고, 나아가 사회적 운동도 마찬가지다.[1] 보상에 의한 학습은 넓은 스펙트럼 위에서 진행된다. 그 스펙트럼 한쪽 끝에 하나도 해롭지 않은 행동이 있다면, 반대쪽 끝에는 극도로 심각한 행동이 있다. 어릴 때 우리는 신발 끈을 묶는 것과 같은 단순한 동작을 학습하면서 보상을 받았다. 보상은 부모님의 칭찬일 수도 있고 우리 스스로 신발 끈을 묶지 못한다는 좌절감으로부터의 해방일 수도 있다. 스펙트럼의 반대쪽 끝에는 운전 중에 문자메시지 보내기 같은 위험한 행동이 있다(운전 중 문자메시지 주고받기는 음주운전과 똑같이 위험한 일이 되었다). 역시 강화의 반복으로 만들어지는 행동이다. 스펙트럼의 중간에는 몽상, 강박적 사색, 스트레스에 의한 시달림 등 온갖 행동이 있다. 우리는 누구나 자기만의 스트레스 요인을 가지고 있다. 그 요인이 무엇인가는 보상에 의한 학습에 의해 어떤 대처 방법을(혹은 대처하지 않는 방법을) 배웠는가에 따라 달라진다. 스트레스 유발 요인들이 우리의 삶과 주변 사람들에게 얼마나 큰 영향을 미치는지를 기준으로 학습 스펙트럼에서 그 위치를 가늠할 수 있다. 신발 끈 묶기는 좋은 습관이다. 운전 중에 문자메시지 보내기는 좋은 습관이 아니다. 여기서 중요한 것은 명확하게 정의된 보상이 큰 차이를 낳는다는 점이다. 우리가 어떤 행동을 계발하고 얼마나 빨리 그것을 학습하는지, 또 끈질기게 유지하는지는 보상에 좌우된다.

스키너에 따르면 행동이 설정되는 원리는 다음과 같다. "행동을 강화하는 사건은 두 종류가 있다. 첫 번째 강화는 자극을 제시하거나 상황에 뭔가(예컨대 음식, 물, 성적 접촉)를 추가하는 것이다. 우리는 이것을 긍정적 강화 인자positive reinforcer라고 부른다. 두 번째 강화는 상황에서 뭔가(예컨대 시끄러운 소리, 아주 밝은 빛, 극심한 추위 또는 더위, 전기 충격)를 제거하는 것이다. 이것은 부정적 강화 인자negative reinforcer라고 부른다. 두 경우 모두 강화의 효과는 동일하다. 우리가 반응할 확률을 높이는 것."[2] 요약하면 인간은 다른 유기체와 마찬가지로 긍정적 결과를 이끌어내는 활동에 참여하고, 부정적 결과로 이어지는 활동은 피해야 한다고 학습한다. 행동과 보상의 인과관계가 명확할수록 행동은 강화된다.

루브르박물관을 찾은 다니엘르는 자신이 진화론 책에 나오는 오래된 책략에 빠져들었다는 사실을 깨닫지 못한다. 페이스북에 새로운 사진을 올리려는 충동을 느낄 때마다(계기), 사진을 올릴 때마다(행동), 그리고 '좋아요'를 잔뜩 받을 때마다(보상) 그녀는 그 과정을 굳히고 있다. 의식하든 못 하든, 자신의 행동을 강화하는 것이다. 그녀는 루브르박물관의 풍요로운 역사적 유산을 흡수하는 대신 중독자처럼 멍한 표정으로 여기저기 방황하며 다음번 사진의 소재를 찾는다. 집착에 가까운 이러한 행동은 참으로 흔하지 않은가? 그리고 이런 행동은 우리 사회를 더욱 '자기중심적'인 곳으로 만드는 데 한몫하고 있지 않은가?

'자기 전시'의 생물학적 보상

'상태 업데이트.' 〈디스 아메리칸 라이프This American Life〉라는 팟캐스트의 어느 날 방송 제목이다. 이날 방송에는 9학년 학생 세 명이 출연해 자신들의 인스타그램Instagram 사용에 관한 이야기를 나눴다. 인스타그램은 사람들이 사진을 게시하고, 공유하고, 남의 사진에 댓글을 달기도 하는 단순한 애플리케이션이다. 단순하지만 경제적 가치는 매우 높다. 2012년 페이스북은 10억 달러에 인스타그램을 인수했다.

이날 방송은 공식 녹음이 시작되기 전, 아이들이 기다리며 나눈 대화로 시작했다. 잠시 기다리는 동안 그들은 뭘 했을까? 아이들은 각자 자신의 사진을 찍어 인스타그램에 올렸다. 녹음이 시작되자 그들은 인스타그램에 사진을 올리고, 댓글을 달고, 친구들의 사진에 '좋아요'를 누르는 시간이 하루에 얼마나 되는지에 관해 이야기했다. 한 아이는 이렇게 말했다. "친구들 모두가 24시간 내내 인스타그램에 있어요." 다른 아이가 맞장구를 쳤다. "묘한 심리가 있어요……. 그게 당연한 걸로 받아들여지죠. 모두가 알고 있고 따라야 하는 무언의 규칙 같아요."

인터뷰 중 세 아이들은 자신들의 행동을 묘사하면서 "정신 나간mindless"이라는 단어를 썼다. 그러자 방송 진행자인 아이라 글래스Ira Glass가 흥미로운 질문을 던졌다. "그러면 여러분의 말은, 그게 정신 나간 행동인데 그래도 효과가 있다는 건가요? 인스타그램을 하면 기분이 좋아지나요?" 이에 한 아이가 "저는 제 피드에 뜨는 모든 사진을 '좋아'해요"(즉 어떤 사진이든 가리지 않고 '좋아요' 버튼을 누른다)라고 고백하긴 했지만, 세 아이 모두 '좋아요'를 받으면 기분이 좋아진다는 점에 동의했다. 한 아이는 다음과 같은 답을 제시했다. "그건, 음, 사람의 본성이잖아요."

세 아이는 자신들의 행동을 가리켜 기계적이고 어리석다고 묘사했지만, 그 행동에는 분명히 보상의 요소가 있었다. 쥐들은 먹이를 얻기 위해 손잡이를 누른다. 이 아이들은 '좋아요'를 얻기 위해 버튼을 누른다. 이때 보상은 사진을 찍는 행위가 아니라 사진의 주제에 달려 있을지도 모른다. 바로 '우리 자신' 말이다. 우리 자신이라는 주제는 우리로 하여금 그것을 더 얻기 위해 행동을 반복하게 만들기에 충분한 보상을 제공하는가?

아이들이 언급한 "사람의 본성"은 신경과학으로 설명이 가능할 듯하다. 하버드 대학의 다이애나 타미르Diana Tamir와 제이슨 미첼Jason Mitchell이 수행한 간단한 연구를 보자. 그들은 피험자들을 fMRI에 넣은 뒤 그들 자신의 의견과 입장을 말하거나, 다른 사람의 입장을 비판하거나, 사소한 질문에 답하는 것 가운데 하나를 선택하게 했다.[3] 뇌 활동이 처음부터 끝까지 측정되는 가운데 피험자들은 200번 가까이 이 과제를 되풀이했다. 그런데, 여기서 그들의 선택을 금전적 보상과 연결시켜보았다. 예컨대 한 실험에서 피험자들은 자기 자신에 관한 질문에 대답하기와 다른 누군가에 관한 질문에 대답하기 중 하나를 골라야 했는데, 전자를 선택한 사람에게는 x달러, 후자를 선택한 사람에게는 y달러를 지급했다. 돈의 액수는 다양하게 바뀌었고, 더 큰 보상과 관련된 선택지도 계속 바뀌었다. 실험이 종료된 후에 과학자들은 보상으로 지급한 돈을 계산했다. 이 실험의 목적은 사람들이 자기 자신에 관한 이야기를 하기 위해 기꺼이 돈을 포기하는지 여부를 알아보기 위함이었다.

실제로 사람들은 그렇게 했다. 피험자들은 예상 수입의 평균 17퍼센트를 포기하면서 자신에 관한 이야기를 했다! 잠시 생각해보자. 대체 왜 자기 이야기를 하려고 짭짤한 용돈을 포기한단 말인가? 피험자들이 자신의 이야기를 하는 동안 그들의 뇌에서는 측위신경핵nucleus accumbens이 활성화됐다. 이것은 약물을 복용하느라 직장과 가족에 대한 책임을 외면하는 사람들에게 나타나는 현상이다. 사람들이 코카인을 흡입하거나 다른 마약류를 복용할 때 활성화되는 뇌의 바로 그 부위가 자신에 관한 이야기를 할 때도 똑같이 활성화된다는 것이 가능한 일인가? 사실 측위신경핵은 중독 증세의 심화와 밀접한 연관이 있는 부위들 중 하나다. 이런 사실들을 보면 자아와 보상 사이에는 연결 고리가 있는 듯하다. 우리 자신에 관한 대화는 곧 달콤한 보상이며, 강박적으로 우리 자신의 이야기를 늘어놓는 일은 마약에 빠져드는 것과 유사하다.

베를린 자유 대학Freie Universitat Berlin의 다르 메시Dar Meshi 연구진은 여기서 한 단계 더 나아간 연구를 수행했다.[4] 연구진은 피험자들에게 그들 자신에 관한 긍정적인 피드백을 적게 혹은 많이 주면서 (그리고 통제 변인으로서 낯선 사람에 관한 긍정적 피드백을 주는 실험도 실시하면서) 그들의 뇌 활동을 측정했다. 하버드 대학의 연구와 마찬가지로 그들은 자기 자신과 관련한 피드백을 받을 때 피험자들의 측위신경핵이 더 활발하게 작동한다는 결과를 얻었다. 또한 연구진은 피험자들에게 설문지를 작성하게 해서 그것을 바탕으로 '페이스북 몰입도' 점수를 매겼다. 설문에는 페이스북 친구의 수와 그들이 하루에 페이스북에 들이는 시간(하루 3시간 이상 들이는 사람에게 최고 점수를 부여했다)이 포함됐다. 측위신경핵의 활동과 페이스북 몰입도의 상관관계를 따져보니, 각각의 측위신경핵이 활성화되는 정도를 기준으로 페이스북 몰입도를 대강 예측할 수 있었다. 다시 말해서 측위신경핵의 활동이 활발한 사람은 페이스북에서 많은 시간을 보낼 확률이 높았다.

UCLA의 로런 서먼Lauren Sherman 박사가 주도한 연구는 미성년자를 대상으로 한 자아 몰입 연구의 완결판이라 할 수 있다. 연구진은 사춘기 아이들이 그들 자신과 "또래들"(연구진의 표현)이 올린 사진들로 이뤄진 가상의 인스타그램 '피드'를 들여다보는 동안 그들의 뇌 활동을 측정했다. 인스타그램을 최대한 정교하게 모방하기 위해 사진 피드에는 참가자들의 사진들에 달린 '좋아요'의 개수가 표시되었는데, 다만 연구진은 피드에 올라온 사진들을 임의로 두 집단으로 나눠 '좋아요'의 숫자를 서로 다르게 설정했다. 한쪽 집단은 '좋아요'를 많이 받았고 다른 한쪽 집단은 '좋아요'를 별로 못 받았다. 또래의 인정은 대부분 온라인에서 이뤄지고, 모호함의 요소가 없이 양적으로 평가되기 때문에(좋아요 vs 좋아요 없음) 연구진은 이러한 실험적 조작을 통해 또래들의 온라인 상호작용이 뇌 활동에 미치는 영향을 알아보려 한 것이다. 이 실험의 환경은 얼굴을 마주 보고 하는 상호작용과 다르다. 얼굴을 마주 보고 대화할 때는 여러 가지 맥락이 결합된다. 언어가 아닌 표정, 신체 언어, 그리고 목소리 크기(그 밖에도 여러 요인이 있다) 따위가 합쳐져 모호성과 주관적 해석의 여지가 많아진다. "그 친구는 왜 나를 그런 눈으로 쳐다봤을까?"라든가 "재가 한 말의 속뜻은 뭐였을까?" 같은 질문들은 언제나 10대들 고뇌의 원천이다. 그러면 아이들이 소셜 미디어를 통해 받는 또래들의 명확하고 측량 가능한 피드백은 뇌에 어떤 영향을 미칠까? 앞의 두 연구 결과와 마찬가지로 이들의 뇌에서는 측위신경핵의 활동이 눈에 띄게 증가했으며, 자신에 관한 대화를 담당하는 부위(이 부위에 관해서는 앞으로 더 이야기하자) 역시 활발해졌다.[5]

언급한 세 연구의 핵심은, 사람이 자신에 관한 이야기를 하고 피드백(명쾌한 피드백)을 얻는 일에는 일종의 생물학적 보상이 뒤따른다는 점이다. 아마도 이 보상은 중독의 과정을 촉진하는 보상과 같은 종류일 것이다. 동영상 공유 사이트인 유튜브YouTube도 알고 보면 '당신의 튜브'라는 뜻 아닌가.

우리의 뇌는 왜 우리가 피드백을 받거나 단지 스스로에 관해 생각하기만 해도 보상을 받도록 설계되었을까? 〈디스 아메리칸 라이프〉에 출연한 10대 아이들의 대화에서 단서를 찾아보자.

> 줄리아: 마치…… 내가 하나의 브랜드 같아요.
>
> 엘라: 자기를 홍보하려고 애쓰죠.
>
> 줄리아: 그러니까 브랜드지. 내가 관리자고…….
>
> 아이라 글래스(진행자): 그리고 여러분 자신이 상품이네요.
>
> 제인: 나 자신을 홍보하려는 건 맞아요.
>
> 줄리아: 중요한 사람이 되고 싶으니까…….

그러고 나서 그들은 중요도relevance에 관한 대화로 옮아갔다. 또래 집단을 잘 관리한 덕분에 중학교에서 자신들이 "아주 중요한" 존재였다는 농담조의 이야기였다. 중학생 시절, 그들의 또래 집단과 친구들은 인지도가 높고, 안정적이었다. 중학생들의 세계에는 사교 활동의 규칙들이 정해져 있었다. 모호성은 거의 없었다. 10대 아이들의 마음속에 모호성이 그렇게 적었다니. 그러나 고등학교에 입학한 지 석 달쯤 지난 시점의 친구 관계와 또래 집단은 아직 불명확했고 정리되지 않았다. 글래스의 표현을 빌리자면 "불확실성이 높았"다.

중요도에 관한 이들의 대화는 '나는 중요한 존재인가?'라는 실존적인 질문과 통하는 듯하다. 진화론적 관점에서 이 질문은 생존과 관련된 하나의 질문으로 이어진다. '나의 중요도'는 생존 가능성을 높여주는가? 이 경우 생존이란 사회적 생존을 뜻한다. 서열이 있는 집단 내에서 자신의 지위를 높이는 것, 배제당하지 않는 것, 적어도 또래들과 비교해서 자신의 지위가 어떤지를 인식하는 것을 의미한다. 내가 중학교에 다니던 시절만 해도 또래들의 인정을 구하는 일이 사느냐 죽느냐를 결정하는 생존 기술로 여겨지지는 않았다. 그러나 이제 특정한 집단 안에서 인정받을 것인지 아닌지를 모른다는 불확실성은 그냥 결과를 아는 것보다 훨씬 괴롭다. 이것은 그 집단이 얼마나 잘나가느냐와 무관하다. 명확한 피드백을 받으면 우리의 밤잠을 앗아 가는 그 실존적 의문들에서 해방될 수 있다. 페이스북 또는 인스타그램의 사례와 마찬가지로, 어쩌면 사회적 생존도 보상에 의한 학습 이론의 몇 가지 단순한 '규칙'에 따라 할당될 수 있을지 모른다. 어차피 보상에 의한 학습의 규칙들은 음식이 있는 장소를 잘 기억하기 위해 인류의 진화 과정에서 형성된 것이니까. 동료들로부터 '좋아요'라는 인정을 받을 때마다 우리는 벅찬 흥분을 맛보고, 그래서 '좋아요'를 또 받기 위해 똑같은 행동을 되풀이하도록 학습된다. 생존을 위해서는 음식을 먹어야 하는 법, 어쩌면 우리의 뇌는 '사회적 음식'에서 진짜 음식과 똑같은 맛을 느끼지 않을까? 사실상 뇌가 활성화되는 경로가 동일하니 말이다.

'좋아요'는 어떻게 우리를 길들이는가

루브르박물관의 다니엘르에게 다시 가보자. 그녀가 버튼을 몇 번 눌러 페이스북이나 인스타그램에 사진을 올리는 습관을 형성했다고 치자. 〈디스 아메리칸 라이프〉 팟캐스트에 출연한 아이들과 마찬가지로 그녀는 '좋아요'를 받으면 기분이 좋아진다는 것을 학습한 셈이다. 그녀는 스키너의 긍정적 강화 법칙을 충실히 따르고 있다. 그렇다면 그녀가 기분이 좋지 않을 때는 어떤 일이 벌어질까?

> 다니엘르: (퇴근 후 운전해서 집에 가다가 문득 생각한다) 아, 정말 거지 같은 하루였어.
> 다니엘르의 마음: (기운을 북돋아주려는 의도에서) 기분이 별로라서 어쩌니. 참, 페이스북에 사진을 올리면 기분이 좋아지지 않나? 그걸로 기분 전환을 하면 어떨까?
> 다니엘르: 그거 좋은 생각이다! (페이스북 피드를 확인한다)

여기서 문제는 무엇인가? 계기만 다를 뿐 학습 과정은 스키너의 설명과 동일하다. 다니엘르는 방정식의 부정 강화 쪽에 접근하는 중이다. 기분 전환을 위해 사진을 포스팅하는 것은 기본이고, 곧 불쾌한 감정(예컨대 슬픔)을 외면하기 위해 똑같은 행동을 할 수 있다는 사실을 학습하게 될 것이다. 그렇게 하면 잠시나마 불쾌함을 잊을 수 있으니까. 하지만 그러면 그럴수록 그 행동은 강화된다. 나중에는 자동화되고, 습관으로 굳어지며, 심하면 중독이 된다.

상황을 단순화한 시나리오긴 하다. 하지만 오늘날의 중요한 사회적 · 기술적 발전들은 인터넷과 전자 기기 남용 및 중독이라는 신종 질병이 발생하기 쉬운 조건을 제공한다. 첫째로 유튜브, 페이스북, 인스타그램 같은 소셜 미디어들은 어떤 장소에서든 현재 일어나고 있는 사건을 공유하는 일을 아주 쉽게 만들었다. 이제 장벽은 없는 것이나 마찬가지다. 사진을 찍고 '게시하기'를 누르면 끝이다. '인스타그램'이라는 이름이 모든 걸 말해주지 않는가.* 둘째, 소셜 미디어는 소위 '뒷담화'에 완벽한 무대를 제공한다. 그리고 뒷담화는 그 자체로 보상이 된다. 셋째, 인터넷에서 이뤄지는 사회적 상호작용은 대부분 비동시적이다(한꺼번에 일어나지 않는다). 따라서 선택적이고 전략적인 소통의 여지가 생긴다. '좋아요'를 받을 확률을 최대화하기 위해 우리는 글이나 사진을 올리기 전에 예행연습을 해보고, 사진을 여러 장 찍고, 글을 고쳐 쓴다. 앞서 소개한 팟캐스트 〈디스 아메리칸 라이프〉의 내용 중에도 비슷한 사례가 나온다.

* 인스타그램Instagram은 즉석카메라Instant camera와 전보telegram의 합성어이다.

아이라 글래스: 어떤 여자아이가 실제보다 잘 나오지 않은 셀카 사진이나 '쿨'하지 않은 사진을 올리면 다른 여자아이들이 화면 캡처로 그 이미지를 저장했다가 나중에 쑥덕거리는 거네요. 그런 일은 늘 있죠. 다들 6학년 때부터 셀카를 찍어 올렸기 때문에 사진 고르는 솜씨가 뛰어나지만, 그래도 사진을 공유한다는 건 떨리는 일이겠고요. 그래서 사전 준비를 하는 거군요.

엘라: 우린 사진을 게시하기 전에 친구들에게 물어봐요. 사진을 단체 채팅방에 미리 올리거나 친구들에게 전송해서 "내가 이걸 인스타에 올려도 될까? 예쁘게 나왔니?"라는 식으로 의견을 구하죠.

아이라 글래스: 그러니까 친구들 네댓 명에게 사전심사를 받는 셈이네요.

그들은 무엇에 관해 말하고 있는가? 품질관리QC! 자신들이 내놓을 상품(자신의 이미지)이 조립라인을 떠나기 전 그 품질이 업계 표준에 부합하는지를 확인하기 위해 테스트를 거치는 것이다. 목표는 '좋아요'를 받는 것(긍정 강화)과 자신에 대한 뒷담화를 방지하는 것(부정 강화). 그렇게 그들은 시험을 거친 뒤에야 사진을 공개한다. 게다가 소셜 미디어에는 누가, 언제 나의 사진에 댓글을 남길지 모른다는(아니면 댓글을 안 남길지도 모른다는) 불확실성이 있다. 행동심리학 이론에 따르면 '사람들이 댓글을 남길까, 안 남길까?'라는 불확실성은 '간헐적 강화intermittent reinforcement'의 특징이다. 간헐적 강화란 어떤 행동을 수행할 때마다가 아니라 그중 일부의 경우에만 보상을 주는 것이다. 알다시피 라스베이거스의 카지노들도 간헐적 강화를 슬롯머신에 적용한다. 슬롯머신의 보상은 불규칙해 보이지만 사람들이 게임을 계속하게 만들 수 있을 만큼의 빈도로 제공된다. 그리고 이 모든 재료들을 혼합해서 승리를 보장하는 조리법을 개발한 것이 다름 아닌 페이스북이다. 적어도 페이스북은 사람들로 하여금 빠져들게 만드는 공식, 즉 이 모든 것에 달라붙게(즉 중독되게) 만드는 간헐적 강화라는 '접착제'에 대해 알아낸 모양이이다.

이 접착제는 얼마나 강력한가? 흥미로운 통계를 제시하는 연구가 점점 많아지고 있다.

로즐린 리-원Roselyn Lee-Won의 연구진이 내놓은 〈페이스북에 빠진 사람들Hooked on Facebook〉이라는 연구 발표를 보자. 연구진은 '자기 전시self-presentation', 즉 다른 사람에게 자신에 대한 긍정적인 인상을 심어주고 그 인상을 유지하는 행위의 욕구야말로 "소셜 미디어 사용의 문제점을 이해하는 열쇠"라고 주장한다.[6] 로즐린의 연구진은 사회적 인정을 얻으려는 욕구가 페이스북의 과도한 사용과 상관관계를 지닌다는 사실을 입증했다. 특히 스스로 사교성이 떨어진다고 생각하는 사람들에게서 페이스북 사용을 통제하지 못하는 경향이 많이 나타났다. 우리는 불안하거나, 따분하거나, 외로울 때 상태를 업데이트한다. 이것은 페이스북 친구들 모두를 소리쳐 부르는 행동이다. 그러면 친구들은 우리의 포스트에 '좋아요'를 누르거나 짧은 댓글을 남기는 것으로 반응한다. 이런 피드백은 우리가 사람들과 연결되어 있으며 관심을 받는다는 위안을 제공한다. 달리 말하자면 자신이 중요하고 가치 있는 존재라는 느낌('보상')을 얻기 위해 인터넷에 접속하거나 소셜 미디어 사이트에 뭔가를 올리도록 학습한는 얘기다. 위안을 얻을 때마다 강화가 일어나고, 고독감은 해소되며, 기분 좋은 유대감이 찾아온다. 우리는 더 많은 보상을 위해 나중에 다시 그 행위를 해야겠다고 생각한다.

그러면 사람들이 기분 전환을 위해 페이스북에 빠져들 때 어떤 일이 벌어질까? 이것은 2012년 잭 리Zach Lee의 연구진이 던진 질문이다.[7] 연구진은 기분 전환을 위한 페이스북 사용이 페이스북 사용에 대한 자기 조절 실패(즉 페이스북 중독 장애Facebook Addiction Disorder)의 원인이 되는지 여부를 조사했다. 이를테면 환각 상태를 추구하는 코카인 중독자처럼, 사람들은 기분을 좋게 만들기 위해 자신의 페이스북 피드를 확인하는 일에 빠져드는 걸까? 나의 코카인 중독 환자들은 마약을 집중적으로 복용하는 시기에 몸 상태가 좋지 않고 복용이 끝난 뒤에는 그보다 더 나빠진다고 말한다. 이와 유사하게, 잭 리의 연구진은 온라인상의 사회적 상호작용에 대한 선호가 높을수록 정서 조절 능력이 부족하다는 사실을 발견했다. 그리고 온라인상의 사회적 상호작용을 선호할수록 자존감 하락과 사회적 위축 같은 부정적 결과가 더 크게 나타났다. 다시 한 번 말해보자. 온라인에서의 사회적 상호작용이 사회적 관계를 더 위축시킨다. 사람들은 기분이 나아지기를 바라면서 강박적으로 페이스북에 접속하지만 그러고 나면 기분은 더 나빠진다. 왜 그럴까? 슬퍼질 때 초콜릿을 먹는 것과 마찬가지로, 습관적으로 소셜 미디어에 접속한다고 해서 애초에 우리를 슬프게 만든 근본 문제가 해결되지는 않기 때문이다. 우리는 단지 초콜릿 또는 페이스북을 기분 전환과 연결하라고 배웠을 뿐이다.

자신이 최근에 찍은 제일 잘 나온 사진이나 짧은 글을 게시하는 사람들에게 어떤 보상이 주어지는가를 생각하면 슬퍼지기도 한다. 메이-라이 스티어스Mai-Ly Steers의 연구진은 〈다른 모두의 가장 멋진 사진들 감상하기: 페이스북 사용과 우울증의 관계〉라는 연구에서 페이스북 이용자들이 자신을 남들과 비교하면서 우울감에 젖어든다는 증거를 제시했다.[8] 맙소사! 페이스북은 비동시적 성격을 지니고 있기에 우리는 자신의 최고로 근사한 모습을 선택하여 올릴 수 있다. 그런데도 남들이 멋지게 꾸며놓은 그들의 생활(완벽한 구도로 잡아낸 '자연스러운' 사진들, 그들의 호화로운 휴가 모습)을 목격하면서 자신의 삶이 별로라고 느끼는 것이다. 특히 상사에게 싫은 소리를 들은 직후에 컴퓨터 화면을 들여다보다가 문득 창문 하나 없는 사무실 벽면에 시선이 닿을 때면 불행은 최고조에 달한다. 그럴 때 우리는 이런 생각을 한다. '나도 저 사람들처럼 살고 싶어!' 자동차가 눈 속에 갇혔을 때 가속페달을 세게 밟는 것처럼(가속페달을 밟을수록 바퀴는 움직이기 어려워진다), 우리는 우리 자신의 습관 고리 속에서 헛발질을 한다. 과거에 보상을 가져다준 행동을 똑같이 실행한다. 그럴수록 사태가 더 나빠진다는 것도 모르고. 그것은 우리의 잘못이 아니다. 우리의 뇌가 원래 그렇게 작동한다.

행복에 대한 착각

이 장에서 설명한 습관 형성의 과정은 우리 모두가 이미 이런저런 경로로 알고 있는 내용이다. 우리의 나쁜 습관은 코카인이나 담배일 수도 있고, 초콜릿이나 이메일일 수도 있고, 페이스북일 수도 있고, 오래전부터 학습한 다른 어떤 이상한 습관일 수도 있다.

이제 우리는 습관의 형성 과정과 그것이 고착되는 이유(긍정 강화 및 부정 강화를 통해 굳어진다는 점)를 더 잘 이해하게 됐다. 지금부터는 우리의 삶을 들여다보면서 습관 고리가 우리를 어떤 방향으로 데려가는지 알아보자. 우리는 보상을 얻기 위해 어떤 손잡이를 누르고 있을까?

중독에 관한 오래된 농담(혹은 격언)처럼, 문제 해결의 첫걸음은 스스로에게 문제가 있음을 인정하는 것이다. 우리가 가진 모든 습관이 중독이라는 뜻은 아니다. 하지만 습관들 가운데 어떤 것이 '편안하지 않은' 느낌을 유발하고 어떤 것이 그러지 않는가를 알아내야 한다. 아마도 신발 끈 묶는 일은 스트레스를 일으키지 않을 것이다. 자신의 결혼식이 한창 진행 중인데 셀카를 찍어 올리려는 충동이 느껴진다면? 슬슬 걱정을 해야 한다. 아니면 이런 극단적인 사례들은 일단 제쳐놓고, '행복'이 실제로 어떤 느낌인가를 알아보는 것에서 시작할 수도 있다.

버마 명상 지도자인 사야도 우 판디타Sayadaw U Pandita의 《바로 이 생에서In This Very Life》에는 다음과 같은 구절이 있다. "행복을 찾는 과정에서 사람들은 정신적인 흥분을 진정한 행복으로 착각한다."[9] 좋은 소식을 듣거나, 새로운 사람과 사귀거나, 롤러코스터를 탈 때 우리는 흥분한다. 인류 역사의 어느 시점부터 우리는 뇌에서 도파민이 잔뜩 분비될 때의 기분을 행복과 동일시하게 됐다. 하지만 이런 습관이 형성된 것은 음식이 있는 장소를 기억하기 위해서이지, '이제 난 만족해'라는 감정을 제공하기 위해서가 아니라는 점을 기억해야 한다. 물론 행복을 정의한다는 것은 어려운 일이며 주관에 좌우되는 일이기도 하다. 행복에 대한 과학적 정의는 언제나 논쟁의 여지가 많다. 행복이라는 감정이 '적자생존'에 맞춤한 학습 알고리즘에 맞아떨어지지도 않는 것 같다. 하지만 우리의 이성적 추론에만 의거해보아도, 보상을 기대하는 심리가 곧 행복은 아니다.

혹시 우리가 스트레스의 원인을 찾는 능력을 잃어버린 것은 아닐까? 우리는 우리 자신이 행복하지 않다고 말하는 광고의 습격에 24시간 노출된다. 광고는 어떤 자동차 또는 어떤 손목시계를 사는 순간, 혹은 셀카가 잘 나오도록 성형수술을 받는 순간 행복해질 수 있다고 우리를 부추긴다. 만약 스트레스에 시달리던 중 옷 광고를 본다면(계기), 쇼핑몰에 가서 그 옷을 산다면(행동), 집에 와서 거울을 보고 기분이 조금 나아진다면(보상), 우리는 이 순환을 지속하도록 스스로를 훈련시키고 있는 셈이다. 이런 보상은 실제로 어떤 느낌을 주는가? 그 기분은 얼마나 오래 지속될까? 그 기분이 애초에 우리를 '편안하지 않게' 만든 모종의 문제를 해결하고, 그래서 우리를 더 행복하게 만들까? 코카인에 의존하는 환자들은 약에 취할 때의 느낌을 설명하면서 '초조한', '안절부절못하는', '들뜬', 심지어는 '정신 분열'이라는 단어를 썼다. 행복하다는 얘기로는 들리지 않는 표현들이다(그리고 그 환자들은 실제로도 전혀 행복해 보이지 않았다). 사실 우리는 별생각 없이 우리의 도파민 손잡이를 누르고 있는 건지도 모른다. '이보다 더 좋을 순 없어'라고 생각하면서. 우리의 스트레스 나침반은 조정이 필요할지도 모른다. 아니면 우리가 나침반을 잘못 읽고 있을지도 모른다. 도파민이 분비되는 보상으로부터 멀어져야 하는데 나침반이 우리에게 그런 보상에 다가가는 방향을 가르쳐주고 있는지도 모른다. 우리는 엉뚱한 곳에서 사랑을 찾고 있는지도 모른다.

청소년이든, 베이비 붐 세대든, 혹은 그 사이에 낀 세대든 요즘은 대부분의 사람이 페이스북을 비롯한 소셜 미디어를 이용한다. 첨단 기술은 21세기 경제를 완전히 바꿔놓았고, 기술혁신의 상당 부분은 인류에게 큰 혜택을 주었다. 하지만 미래에 대한 불확실성과 불안정성 때문에 우리는 쉽게 중독 또는 다른 유형의 나쁜 습관을 학습한다. 예컨대 페이스북은 버튼을 누를 때마다 전문적으로 그 경로를 추적하기 때문에 우리가 어떤 것에 반응하는지를 알고 있으며, 그렇게 수집한 정보를 이용해 우리가 페이스북에 더 자주 접속하도록 유도한다. 슬플 때 페이스북에 접속하거나 소셜 미디어를 이용하면 정말로 기분이 좋아지는가? 아니면 더 나빠지는가? 이제는 우리의 몸과 마음이 '편안하지 않음'과 '강화를 통한 보상'을 어떻게 느끼고 있는가에 주의를 기울여야 하지 않을까? 손잡이를 누르는 행동을 잠시 중단하고 한 걸음 물러나 실제의 보상에 대해 생각해 보자. 그러면 어떤 행동이 우리를 스트레스 쪽으로 몰고 가는지 알게 될 것이다. 그리고 우리를 진정으로 행복하게 만드는 것이 무엇인가를 (재)발견할 수 있을 것이다. 우리는 나침반 읽는 법을 배워야 한다.

3

'나 자신'에 중독되다
: 자아 중독

자신이 머릿속으로 생각하는 자신의 모습인 '자아'는
습관들의 패턴일 따름이다.
– 앨런 와츠Alan Watts

고백 하나. 의학-생명과학 복합 과정을 이수하며 두어 번의 여름을 보내는 동안, 나는 실험실 당직인데도 잠깐씩 땡땡이를 치면서 투르 드 프랑스Tour de France 생중계를 시청하곤 했다. 왜냐고? 당시 나는 랜스 암스트롱Lance Armstrong에게 흠뻑 빠져 있었다. 투르 드 프랑스는 인류 역사상 최고는 아닐지라도 굉장히 힘든 장거리경주로 인정받는 대회다. 이 대회에 참가하는 사이클 선수들은 7월의 3주 동안 약 3540킬로미터를 달려야 한다. 전 구간을 최단 시간에 통과한 선수가 우승 트로피를 받는다. 우승자가 되려면 어떤 조건에서도 빠르게 달릴 수 있어야 한다. 장거리, 산악 지대, 그리고 개인별 시간 측정이라는 조건을 이겨내야 하고 강한 정신력도 당연히 필요하다. 지친 육체가 이제 그만 포기하라는 신호를 보낼 때도, 환경이 척박할 때도 날마다 자전거에 다시 올라탄다는 것은 대단한 일이다.

랜스는 천하무적이었다. 고환암이 전이된 상태에서 병을 이겨낸 그는 1999년 투르 드 프랑스에서 우승한 뒤 눈물을 흘렸다. 그것으로 그는 7회 연속 우승을 기록했다(이전 기록은 5회 연속 우승이었다). 2003년 기숙사 라운지(거기에 대형화면 TV가 있었다)에 앉아서 산악 코스를 주행하는 랜스를 응원했던 일이 아직도 생생하다. 그가 속한 선두 그룹이 가파른 내리막길을 달리는데 그의 앞에서 달리던 주자들 중 하나가 갑자기 넘어졌다. 랜스는 충돌을 막기 위해 본능적으로 자전거를 옆으로 틀었다. 길을 벗어나 들판으로 내려선 그는 울퉁불퉁한 땅에서도 전속력으로 달리다가 이윽고 자전거를 다시 길에 올려놓고 선두 그룹에 재합류했다. 랜스의 기술이 뛰어난 것은 익히 알고 있었지만 그 장면은 도무지 믿기지 않았다. 영국인 아나운서들도 똑같은 말을 했다("이런 건 생전 처음 봅니다!"). 나는 그날 내내 흥분을 떨치지 못했다. 몇 년이 지난 뒤에도 머릿속에서 그 장면을 재생할 때마다 몸 안에서 똑같은 흥분을 느끼곤 했다.

나는 랜스에게 빠져들었다. 그는 경주의 각 구간이 끝날 때마다 프랑스어로 기자회견을 했다. 그는 암 환자를 돕기 위한 재단을 설립한 사람이었고, 그 밖에도 수많은 장점을 지니고 있었다. 오류를 범할 수 없는 사람. 인생 역정 하나하나가 너무나 역동적이었다. 나는 실험실에서 연구를 충실히 수행하며 기다리다가 나중에 시합 장면의 하이라이트만 보는 것으로 만족할 수가 없었다. 그가 다음 구간에서(그리고 다음 해에) 보여줄 기적 같은 묘기들을 실시간으로 보기 위해 TV 앞에 있어야만 했다. 랜스의 약물복용 혐의가 제기되기 시작했을 때, 나는 내 이야기를 들어주는 모든 사람(나 자신을 포함해서)을 상대로 그를 열렬히 옹호했다.

이 이야기는 주관적 편견의 좋은 예다(이 경우는 나의 편견이다). 나는 랜스가 역사상 최고의 사이클 선수라는 주관적 편견을 스스로 만들어냈다. 이 편견 때문에 랜스의 이야기에 빠져들었고, 랜스가 약물을 복용했을 리 없다는 생각에 집착했으며, 그 때문에 나중에 더 큰 고통을 겪었다. 앞서 설명했지만 '중독'의 넓은 정의는 '결과가 좋지 않은데도 뭔가를 반복해서 사용하는 것'이다. 나는 랜스에게 중독되었던 것일까? 왜 명백한 사실들이 쌓이기 시작했는데도 그 사실들을 보지 못했을까? 이 두 개의 질문은 서로 연결되어 있을 것이다. 그리고 이 질문들의 관계를 이해하면, 습관이(그리고 중독이) 형성되고 유지되는 과정을 보다 제대로 이해할 수 있으리라.

편견과 시뮬레이션

내가 프라산타 팔Prasanta Pal을 처음 만난 것은 예일 대학의 뇌 영상 분석 컴퓨터실에서였다. 최근에 응용물리학 박사 학위를 취득했다는 팔은 언제나 미소를 띠고 부드러운 말투를 쓰는 탄탄한 체격의 신사였다. 처음 만났을 때 그는 혈액이 심장 안의 심실을 통과할 때 발생하는 난류亂流를 측정하기 위해 fMRI를 사용하고 있었다. 그는 명상 중의 뇌 활동을 다룬 내 논문을 봤다고 말했고, 함께 차를 마시면서 자신이 인도에서 어릴 때부터 명상을 하며 자랐다는 이야기를 들려줬다.[1] 그는 명상이 학문적 연구의 대상이 되고 있다는 점을 기쁘게 생각한다며, 나의 실험실에 합류해서 그가 보유한 기술을 제공할 의향이 있다고 했다.

좋은 선택이었다. 프라산타의 전문 분야는 데이터를 시뮬레이션해서 현실 세계의 시스템에 최적화하는 것이었다. 나의 실험실에서 그가 주로 했던 일은 '몬테카를로 시뮬레이션Monte Carlo simulation'으로, 무작위 추출법을 사용하여 불확실성이 큰 시스템 안에서 어떤 결과가 나올지를 예측하는 작업이었다. 몬테카를로 시뮬레이션은 다양한 시나리오를 입력해서 돌려본 뒤, 우리가 습득할 수 있는 정보를 토대로 실생활에서 실현 가능성이 가장 높은 시나리오를 판별한다. 나의 뇌는 랜스를 높은 연단 위에 계속 올려놓기 위해 일종의 몬테카를로 시뮬레이션을 하고 있었던 셈이다. 이 시뮬레이션은 왜 막다른 골목에 몰렸을까?

이렇게 한번 생각해보자. 어쩌면 우리의 머릿속에서는 항상 프라산타의 시뮬레이션과 비슷한 작업이 진행되고 있는지도 모른다. 예컨대 고속도로를 달리다가 진출로가 가까워지는데 아직 마지막 차

선으로 가지 못했다면 우리는 머릿속으로 시뮬레이션을 시작한다. 차들 사이의 거리를 가늠해보고, 그 차들의 속도와 내 차의 속도를 비교하고, 진출로까지 거리가 얼마나 되는가를 확인한다. 그러고는 머릿속 계산을 통해 옆 차의 앞으로 끼어들기 위해 속도를 더 낼지, 아니면 뒤로 끼어들기 위해 속도를 줄일지를 결정한다. 다른 예도 있다. 어떤 파티에 초대를 받는 경우, 우리는 초대장을 열어 누가 보낸 것이며 날짜가 언제인가를 확인한다. 그런 다음에는 내 자신이 그 파티에 가 있는 모습을 상상하기 시작한다. 누가 참석할까? 음식은 맛있을까? 내가 참석하지 않으면 주최자의 마음이 상할까? 거기 가는 대신 할 수 있는 다른 일들은 뭐가 있을까(더 멋지고 훌륭한 제안을 받을 수도 있으니까)? 나아가 배우자 또는 연인과 함께 언어적 시뮬레이션을 해볼지도 모른다. "우리 파티에 갈까, 아니면 집에 머물면서 넷플릭스나 실컷 볼까?"

이런 식의 시뮬레이션은 일상생활에 유용하다. 무작정 다른 차들 사이로 끼어들다 사고를 일으키는 것보다는 머릿속에서 두어 가지 시나리오를 시험해보는 편이 훨씬 나으니까. 또 무작정 파티에 참석했다가 문을 열고 들어서는 순간 누군가를 발견하고 속으로 '젠장'을 외치는 것보다는, 그 파티가 어떤 자리일지 머릿속으로 미리 그려보는 편이 낫다.

실험실에서 우리가 뉴로피드백neurofeedback 연구를 진행하는 동안 프라산타는 뇌의 특정 부위에서 일어나는 활동을 측정하기 위해 뇌파 측정용 헤드셋을 최적화하는 작업에 몰두했다. 그의 목표는 헤드셋에서 수집하고 저장하는 데이터의 수를 128개에서 33개로 줄이는 것이었다. 그래서 그는 시뮬레이션 진행 중 두피의 임의 지점을 골라 한 번에 하나의 데이터를 임의로 삭제했다. 그 엄청난 작업을 물리적으로 수행한다고 상상해보라. 몬테카를로 시뮬레이션은 복잡한 문제를 적은 노력으로 해결하는 데 매우 유용하다.

확실히 밝혀진 바는 없지만, 머릿속으로 시뮬레이션을 할 수 있는 인간의 능력은 농경 사회의 도래와 함께 진화하기 시작한 것으로 추측된다. 농경 사회에서는 미래의 계획을 세울 필요성이 커지기 때문이다(예컨대 작물을 수확하려는 시기와 적당한 간격을 두고 파종 계획을 세워야 한다). 마크 리리Mark Leary는 《자아의 저주The Curse of the Self》라는 책에서 농업과 표현 예술은 둘 다 5만 년 전쯤 등장했다고 주장했다. 인류가 배를 만들기 시작한 것도 그 무렵이었다. 리리의 주장에 따르면 수확 시기를 기준으로 파종을 미리 계획하는 것과 마찬가지로, 배 만들기는 "사람이 '나는 얼마 후에 배를 타야 해'라는 자신의 혼잣말을 머릿속에서 이미지로 만들어야 가능한 작업"이었다.[2] 시뮬레이션은 인류의 생존과 번식에 유리한 방향으로 진화했다.

석기시대 조상들도 계획을 세우긴 했겠지만, 그들 계획의 중심은 당면한 계절의 수확이었으므로 단기 계획에 가까웠다. 현대로 넘어와보자. 지금 우리는 석기시대 인류에 비해 앉아서 보내는 시간이 훨씬 길다. 식량을 찾아 돌아다니지도 않고, 한 해에 수확한 작물로 이듬해까지 버티며 살지도 않는다. 그리고 우리는 장기적인 계획을 더 중시한다. 다음 수확이 문제가 아니다. 우리는 대학 졸업, 커리어, 은퇴를 계획한다. 심지어 화성을 식민화하는 계획까지 세운다. 또한 우리에겐 가만히 앉아서 스스로에 대해 생각할 시간이 더 많다. 말하자면 우리는 인생의 다음 장을 시뮬레이션한다.

우리의 머릿속 시뮬레이션이 얼마나 잘 이루어지는가는 몇 가지 요인에 의해 좌우된다. 그 요인들에는 시뮬레이션의 시간 설정과 시뮬레이션의 데이터를 해석하는 방법도 포함된다. 먼 미래의 일에 대한 시뮬레이션은 아무래도 미지의 변수가 많기 때문에 정확성이 떨어진다. 예컨대 내가 초등학교 6학년 학생인데 나중에 어느 대학에 입학할지 예측하려 한다면, 그 일은 고등학교 3학년 학생이 동일한 시뮬레이션을 하는 것보다 훨씬 어렵다. 고등학교 3학년이라면 나의 고등학교 성적과 SAT 점수, 내가 지원한 학교 등 적절한 정보를 가지고 있지 않겠는가. 하지만 초등학교 6학년 학생인 나는 앞으로 내가 어떤 유형의 대학에 진학하기를 원할 것인지조차 모른다.

더 중요한 요인은 따로 있을지도 모른다. 우리가 확보한 데이터의 질과 그 데이터를 해석하는 방법에 따라 머릿속 시뮬레이션의 결과가 달라질 가능성이 있다. 여기에도 주관적 편견이 개입한다. 우리는 각자의 안경을 통해 세상을 바라본다. 즉 실제 세계의 모습을 보는 대신 각자가 원하는 방향으로 세상을 바라보기가 쉽다. 예컨대 내가 고등학교 2학년 학생이라고 가정해보자. 어느 날 프린스턴 대학의 입학 설명회에 다녀온 뒤 갑자기 의욕이 솟구친 나는, 하루 종일 프린스턴 대학 신입생이 되어 고딕 양식의 아치 아래서 아카펠라 음악회에 참석하고, 조정 팀에 지원하는 내 모습을 그려본다. 그러나 나의 SAT 점수가 1200점인데 반해 프린스턴에 합격하는 학생들의 평균 점수가 1450점이라면, 나와 내 친구들과 부모님이 나를 얼마나 높게 평가하는지는 별 의미가 없다. 올림픽 출전을 앞둔 운동선수가 아닌 이상, 또는 부모님이 건물 한 채(두 채도 좋고)를 학교에 기부하지 않는 이상, 내가 프린스턴 대학에 진학할 확률은 상당히 낮다. 머릿속 시뮬레이션을 아무리 많이 해도 현실은 달라지지 않는다. 주관적 편견이 세상을 개인의 견해에 맞춰 수정해주지는 않는다. 아니, 오히려 편견은 우리를 잘못된 길로 인도할 수 있다. 세상이 우리의 주관대로 돌아갈 거라는 착각 속에서 행동한다면 말이다.

이 점을 염두에 두고서, 랜스 암스트롱에 대한 나의 견해로 돌아가보자. 나는 왜 랜스가 약물을 복용했을 리 없다는 주장에 푹 빠져들어 이런저런 시나리오까지 만들어냈을까? 주관적 편견에 사로잡혀 똑바로 보지 못했기 때문에 나의 시뮬레이션은 모두 좋지 않게 끝났던 걸까? 나는 나만의 세계관에 중독됐던 것일까?

몇 가지 사실들을 함께 살펴보자.

1. 랜스는 기적처럼 암을 이겨낸 뒤 모든 종류의 사이클 대회에서 우승 트로피를 거머쥐었다.
   나의 해석: 랜스는 이른바 '아메리칸 드림'의 전형이야. 잡생각을 버리고 열심히 노력하면 뭐든지 성취할 수 있어! 인디애나주의 가난한 집에서 자라 고등학교 시절 진학 상담사로부터 "넌 절대

프린스턴에 못 갈 거야"라는 악담까지 들었던 나에게 이 생각은 특히 매력적으로 다가왔다.

2. 랜스가 세상 물정에 좀 어둡다는 평이 있었다.

   나의 해석: 랜스는 치열한 경쟁 속에서 사는 사람이잖아. 그의 성공을 시기한 나머지 나쁜 소문을 퍼뜨리는 사람들이 당연히 있겠지.

3. 랜스는 경기력 향상 약물을 복용했다.

   나의 해석: 체육계가 총동원되어 랜스 죽이기를 하나 보군. 몇 년 전부터 사람들이 랜스를 추적했는데 아무것도 입증하지 못했잖아.

그래서 랜스가 오프라 윈프리Oprah Winfrey와의 인터뷰에서 마침내 가면을 벗고 약물복용 사실을 시인했을 때(게다가 그는 오랫동안 금지 약물 복용 사실을 숨기려고 정교한 계획을 세워 관리했다고 했다), 나의 뇌는 빙빙 돌며 추락하는 것만 같았다. 나는 랜스를 특정한 시각으로 보기를 원했다. 나의 주관적 편견으로 채색된 '랜스는 슈퍼스타' 안경을 통해 그를 보았던 셈이다. 데이터는 정확하고 뚜렷하게 제시되고 있었다. 단지 내가 그 데이터를 제대로 해석하지 못했을 뿐. 진실을 보고 싶지 않았기 때문에 나는 나의 세계관과 일치하는 답을 찾아내기 위해 시뮬레이션을 거듭했다. 결국 랜스가 오프라 쇼에서 약물 복용 사실을 고백했을 때 이 주관적 편견의 안경은 단번에 깨졌다. 나의 '랜스 중독'은 그렇게 끝났다. 진실을 명료하게 보게 된 뒤 나는 중독에서 빠르게 벗어났다. 그날 이후로는 랜스에게 열광하는 마음이 잘 생기지 않았다. 그가 과거에 이룩한 성과를 회상해도 마찬가지였다. 랜스가 과거에 초인적인 위업을 달성했던 것도 화학물질의 도움을 받았기 때문이라는 사실을 나의 뇌가 상기시키곤 했다. 담배를 피워서 얻는 것이 무엇인가를 명료하게 보게 된 나의 실험 참가자들과 마찬가지로, 나는 랜스에 대한 환상에서 벗어났으며 그 과정에서 나의 정신이 어떻게 작동하는가를 더 잘 이해하게 되었다.

우리의 뇌는 최적의 결과를 얻어내기 위해 종종 시뮬레이션을 한다. 이때 시뮬레이션은 주관적 편견—세계를 있는 그대로 바라보지 않고 우리가 원하는 대로 보는—으로 인해 왜곡되기 쉽다. 머릿속에 잘못된 세계관이 확고하게 자리 잡을수록, 행동의 변화는 고사하고 스스로에게 문제가 있다는 사실조차 인정하기 어려워진다(마치 화학물질 중독처럼). 나의 경우 랜스 암스트롱의 진실을 알게 된 사건은 따끔한 교훈이었다. 나는 여유를 가지고 나의 스트레스 나침반을 들여다보는 일을 잠시 잊고 있었다. 데이터를 보고 내 몸과 마음의 소리(스트레스, 끝없는 시뮬레이션)를 들으면서 내가 뭘 놓치고 있는지 살피는 대신, 나 자신의 편견에 끌려다녔던 것이다.

"나는 똑똑해"

2장에서 언급한 바와 같이 머릿속에 특정한 줄거리를 만들어놓는 일은 그 자체로 보상이 되기 때문에, 우리는 자신을 바라보는 스스로의 시각에 중독되기도 한다. 하지만 바로 그럴 때 사고의 유연성을 잃어버리기 쉽다. 더 이상 새로운 정보를 받아들이거나 변화하는 환경에 적응할 수가 없는 터이다. 우리는 스스로 제작하는 영화의 빛나는 주인공이 되고, 우주의 중심이 된다. 이렇게 자신에게 몰입하면 언젠가 부정적인 결과가 초래되기 마련이다. 나는 랜스 암스트롱의 신화가 깨진 뒤 커다란 굴욕을 맛보았다. 넓은 관점에서 본다면 사소한 것이었지만 말이다. 그 사건으로 훨씬 큰 타격을 받은 사람들도 많았으니까(예컨대 프로 사이클 선수 전체가 신뢰를 잃었다). 그러면 사회적 영향력을 가진 사람들, 이를테면 정치인들에 대해 우리 개개인 또는 우리 모두가 편향된 시각을 가지게 된다면 어떤 일이 벌어질까? 역사를 돌아보건대 이런 과정은 아돌프 히틀러 Adolf Hitler와 같은 카리스마 있는 인물들이 세계적인 지도자로 부상하는 과정에서 나타났다. 현대의 정치인들도 우리 중 누군가의 랜스 암스트롱일 수 있다. 위대한 미국인의 성공 스토리가 우리의 눈을 가릴 수도 있다.

나를 우주의 중심으로 만드는 이 과정은 어떻게 시작되는가?

영국 출생의 미국인 철학자로서 동양철학 전문가인 앨런 와츠가 제시한 '자아'에 대한 설명에서 단서를 찾아보자. "자아란 누군가가 스스로 생각하는 자기 자신의 모습이다."[3] 와츠는 주관적 편견이 형성되고 강화하는 과정을 다음과 같이 설명한다. 우리가 우리 자신을 특정한 조명 아래서 바라보고 또 바라보면 나중에는 그 이미지가 하나의 고정된 풍경이자 믿음으로 바뀐다. 이런 믿음은 결코 진공상태에서 마법처럼 생겨나지 않는다. 믿음은 반복을 통해 형성되며, 시간이 흐를수록 강화된다. 예컨대 20대 시절 우리는 스스로가 지금 어떤 사람이며 어떤 어른이 되고 싶은가에 대한 관념을 가지기 시작하고, 우리의 자아 관념을 대체로 지지하는 사람들과 상황들에 둘러싸여 지낸다. 10~20년이 더 흐른 뒤에는 직장과 가정에서 하는 일에 익숙해지고 40대에 이르면 전문적인 일을 하거나, 인생의 동반자가 있거나, 자산을 가지고 있거나, 가족을 이룬다. 이 모든 과정이 진행되는 동안 자아 관념은 점점 굳어진다.

자신에 대한 믿음이 어떻게 형성되는가를 설명하는 데 도움이 되는 비유 하나. 내가 새 스웨터 또는 겨울 외투를 사러 간다고 해보자. 조언을 해줄 친구 한 명을 데리고 의류 전문점이나 백화점에 가서 옷들을 하나씩 입어본다. 무슨 옷을 살지 어떻게 결정할까? 일단 거울을 보면서 어떤 옷이 보기 좋고 몸에 잘 맞는지 판단한다. 그러고 나서 친구에게 의견을 묻는다. 예쁘다고 생각하는 스웨터가 있는데 그 품질이 괜찮은지, 또는 가격이 너무 비싸지 않은지 잘 모를 때도 친구에게 도움을 청한다. 친구는 "그래, 그거 좋네. 그걸로 사!"라고 대답한다. 긍정적 피드백을 얻은 나는 계산대로 직행한다.

우리가 우리 자신을 바라보는 시각도 마찬가지로 보상에 의한 학습이라는 렌즈를 통해 형성될까? 예를 들어 당신이 6학년이고 시험에서 A를 받았다고 하자. 당신은 별로 대단한 일이라고 생각하지 않았지만 집에 와서 부모님에게 성적표를 보여주자 부모님이 감탄하며 소리친다. "잘했다! 넌 정말 똑똑한 아이구나!" 이와 같은 부모의 칭찬은 보상에 해당한다. 칭찬을 받으면 기분이 좋아지기 때문이다. 당신은 다음 시험 때도 우수한 성적을 얻고, 지난번에 벌어진 일에서 단서를 얻었으므로 칭찬을 기대하며 부모에게 성적표를 건넨다. 물론 칭찬이 돌아온다. 이러한 강화가 동기로 작용하기 때문에 당신은 학기 내내 더 열심히 공부해서 전 과목 A를 받는다. 그렇게 시간이 흐르면 당신의 점수, 당신의 친구들, 당신의 부모님이 당신에게 "넌 똑똑해"라는 말을 반복해서 들려주기 때문에 당신 역시 그 말을 믿기 시작한다. 사실 당신이 똑똑하지 않다는 증거는 하나도 없지 않은가.

이것은 쇼핑의 비유와 동일하다. 나는 그 스웨터를 입은 나 자신의 모습을 삼면거울로 살펴보고, 같이 간 친구의 의견도 구했다. 그 스웨터가 예쁘다는 점을 충분히 확인한 셈이다. 그러니까 당연히 그 스웨터를 입게 된다. 스웨터를 입을 때마다 나의 뇌는 시뮬레이션을 실행하고 결과를 예측하기 시작한다. '나는 멋쟁이로 보일 거야.' '나는 똑똑한 사람이 될 거야.' '나는 칭찬을 받을 거야.'

시간이 흘러도 항상 똑같은 결과를 얻으면 우리는 시뮬레이션에 익숙해지고, 그 강화의 과정은 우리의 습관으로 굳어진다.

1990년대에 진행한 일련의 실험에서 영국 케임브리지 대학 신경과학 교수인 볼프람 슐츠Wolfram Schultz는 이런 방식의 강화 학습과 습관 형성이 도파민과 관련된다는 사실을 입증했다. 그는 원숭이 뇌 속 보상 중추의 활동을 기록했다. 원숭이들이 뭔가를 학습하는 과제를 수행할 때마다 주스를 보상으로 주었는데, 학습 초기에는 도파민 뉴런의 활동 빈도(발화율)가 증가했지만 시간이 흐를수록 활동

빈도가 서서히 줄어들면서 규칙적이고 습관적인 발화 상태로 바뀌었다.[4] 다시 말해 우리는 칭찬을 받을 때 기분을 좋게 만드는 도파민 분출을 통해 우리 자신이 똑똑하다는 명제를 학습하지만, 부모님이 예를 들어 100번째로 "전과목 A를 받았다니, 잘했네"라고 말한다면 더 이상 별다른 감흥을 얻지 못한다. 이미 그 칭찬에 익숙해졌기 때문이다. 물론 "넌 똑똑해"라는 말을 믿긴 해도 보상의 달콤함은 사라졌다. 와츠의 지적처럼, '나는 똑똑하다'는 관념은 시간이 흐르면서 "습관의 패턴에 불과한 것"으로 전락한다. 마치 담배를 피우는 행동 또는 페이스북에 간결하고 함축적인 인용구를 올리는 행동처럼, '나는 똑똑한 사람이야'와 같은 자아 관념을 형성하는 것도 보상과 강화로 연결될 수 있다. 우리는 이 과정이 다른 주관적 편견들의 영향을 받는지 아닌지를 생각해봐야 한다. 여기서 주관적 편견이란 우리가 날마다 지니고 다니는 개인적 특징과 성격으로, 이는 우리의 자아 관념을 토대로 하며 우리의 세계관에 결정적 영향을 미친다. 다른 말로 하자면, 우리 자신에 대한 습관인 셈이다.

불안정한 자아관

자아의 형성에 보상에 의한 학습이 적용되는지 여부를 알아보기에 앞서, 우선 성격 스펙트럼의 양극단을 살펴보자. 성격장애는 보통 정상적인 사람들이 가진 특성들의 부적응적인 연장으로 설명되며, 따라서 인간의 상태에 대한 통찰을 제공하기도 한다. 어떤 성격적 특징을 골라 그것을 10배로 증폭시킨다고 생각해보라. 크기를 키우면 어떤 일이 벌어지는지를 확인하기가 쉬워진다. 중독과 마찬가지로 이런 행동들은 거듭 반복되다가 마침내 부정적 결과를 도출함으로써 '정상적인 집단'에서 눈에 확 띄게 되는 것이다.

성격 스펙트럼의 중간 어디쯤에 정상적인 자아관self view이 위치한다고 가정하자. 정상적인 자아관을 형성한 사람의 경우, 그의 어린 시절은 어느 정도 안정적인 경로로 발전했다는 추측이 가능하다. 보상에 의한 학습 이론에 따르면 이는 그의 부모가 그를 대체로 예측 가능하게 대했다는 증거다. 좋은 성적을 얻으면 칭찬을 받았고, 거짓말을 하거나 물건을 훔치면 벌을 받았다. 그리고 성인이 되기 전까지 부모의 관심과 사랑을 듬뿍 받았다. 넘어져서 다치면 부모님이 일으켜 세워줬고, 학교 친구들에게서 따돌림을 당할 때도 부모님은 "넌 똑똑해"라고(혹은 2장에 나온 10대 소녀들의 표현을 빌리자면 "넌 중요한 존재"라고) 말해줬다. 그렇게 시간이 흐르는 사이에 그는 안정적인 자아관을 형성했다.

스펙트럼의 한쪽 끝에 위치하는 다른 누군가를 보자. 이 사람은 자아에 대한 격려를 지나치게 많이 경험한 사람일 것이다. 말하자면, 오만하거나 자기도취가 심한 사람. 예컨대 과거 나의 동료 중에는 레지던트 기간 내내, 그리고 의사가 된 초기에도 "황금의 자식golden child"이라 불리던 사람이 있다. 우연히 마주칠 때마다 그의 대화 주제는 자기 자신이었고, 나는 그가 발표한 논문들에 관한 이야기를 들어야 했다. 그가 받은 장학금(치열한 경쟁을 뚫고!) 이야기와 그가 맡은 환자들의 상태가 빠르게 개선되고 있다는 이야기도. 내가 축하의 말을 건네면 그것이 그에게 동기를 부여했다. 그는 다음에 나와 마주칠 때도 같은 과정을 되풀이하곤 했다. 계기(저드를 만난다), 행동(내가 잘나가는 이야기를 들려준다), 보상(축하 인사를 받는다). 나는 어떻게 행동해야 했을까? 그냥 당신이랑 같이 있기가 힘들다고 솔직히 말해야 했을까?

스펙트럼의 이 극단에는 이른바 '자기애성 인격장애narcissistic personality disorder(NPD)'가 있다. NPD 환자의 목표는 남들의 인정을 받는 것이다. 이들은 타인의 반응에 과도하게 집착하고(그것이 자기 자신과 관련된 내용일 경우에만), 지나칠 정도로 관심을 끌고자 하며, 칭찬을 갈구한다. NPD의 원인은 명확하지 않지만 유전적 요인도 일정 정도 작용하는 듯하다.[5] 보상에 의한 학습을 단순화한(혹시 지나친 단순화가 아닐까?) 이론에 의거한다면, '나는 똑똑해'의 빗나간 패러다임을 떠올릴 수 있다. 과도한 칭찬을 퍼붓고("모두 훌륭하구나, 너야말로 상을 받을 자격이 있어!") 올바른 처벌 없이("우리 아이는 자기만의 길을 걷는 중이니까") 제멋대로인 육아 방식 덕분에 보상에 의한 학습 과정이 지나치게 자주 시뮬레이션되면서 사회적 규범을 넘어서는 수준으로 고착되는 셈이다. 유전적으로 알코올에 중독되기 쉬운 사람이 있는 것처럼, 이렇게 자란 사람은 좀처럼 채워지지 않는 칭찬에 대한 욕구(아니, 필요)를 가지고 살아간다. 그는 스스로 기운을 내는 대신 계속되는 긍정 강화를 필요로 한다. "나를 좋아해줘. 나에게 대단하다고 말해줘. 다시."

이제 스펙트럼의 반대쪽 끝으로 가보자. 우리가 안정적인 자아관(정상적인 자아관이든 과도한 자의식이든 간에)을 형성하지 못할 때는 어떤 일이 벌어질까? 안정적인 자아관이 없는 사람은 보통 경계성 성격장애borderline personality disorder(BPD)로 진단한다. 《정신질환 진단 통계 편람DSM》 최신판에 따르면 경계성 성격장애의 특징은 다음과 같다. "불완전하게 형성되었거나 안정적이지 못한 자아상", "만성적인 공허감", "가까운 인간관계가 강렬하고 불안정하며 자주 갈등에 부딪친다. 실제로 또는 상상 속에서 버림받는 일을 걱정하면서 불안해하고, 상대를 불신하고, 상대에게 집착한다", "애인과 분리되거나 거절당하는 데 대한 두려움", "자신의 가치가 낮다고 느낀다."

내가 정신의학과 레지던트로 일하면서 경계성 성격장애에 관해 배울 때만 해도 이러한 증상들의 목록이 쉽게 이해되지 않았다. 그 이유는 여러분도 알 것이다. 나는 이 모든 증상들을 하나로 묶기가 어려웠다. 증상들에 일관성이나 통일성이 없어 보였다(적어도 내가 보기에는 그랬다). 환자들이 나의 진료실 또는 응급 정신질환 치료실에 들어올 때마다 나는 이 목록을 꺼내 경계성 성격장애라는 '옷'이 이 사람에게 맞는지 살피곤 했다. 어떤 환자들에게는 그 옷이 잘 맞긴 했다. 우리가 선택할 수 있다고 배운 치료법들을 봐도 헷갈리기는 마찬가지였다. 치료 지침은 대증요법을 권장하고 있었다. 즉 우울해하는 환자에게는 우울감을 완화하는 치료를 한다. 정신병적 발작을 일으키는 환자에게는 저용량의 항정신성 약물을 처방한다. 하지만 이 단기적인 치료는 경계성 성격장애 환자들의 증상을 크게 개선하지 못했다. 성격장애는 원래 만성적이고 치료가 어렵다. 의과대학에서 나는 어떤 환자가 경계성 성격장애라는 '간접적 신호'(의사들 사이에서 알려져 있는 요령으로 진단에는 도움이 되지만 차트에 기록하지는 않는다) 중 하나가 '병원에 곰 인형을 들고 오는 남자 환자'라고 배웠다. 경계성 성격장애 증상을 보이는 성인들을 어떻게 치료할 수 있을까? 어릴 때부터 안정적인 자아상 또는 자아정체성을 형성한 적이 한 번도 없는 사람들을?

나는 선배들의 임상 경험에서 우러난 지혜를 물려받았다. 마치 내가 전쟁터로 떠나는 신참이고 당신들은 백전노장인 양, 그들은 '행운을 빈다!'는 의미의 윙크를 선사했다. 그들의 충고는 다음과 같았다. "그런 환자들과는 매주 똑같은 시간에 약속을 잡는다." "진료실에 있는 모든 물건을 똑같은 상태로 유지한다." "그들이 전화해서 추가 상담을 하고 싶다고 사정한다면 정중하게 대하되 절대로 부탁을 들어주지 않는다." "그들은 너의 경계선을 침범하고 또 침범할 것이다." "그걸 허용해서는 안 된다!" 경계성 성격장애 환자 몇 명과 상담을 해본 뒤에야 나는 선배들이 했던 말의 의미를 이해하기 시작했다. 만약 내가 걱정에 사로잡힌 환자의 전화를 한 통 받아주면 전화는 더 많이(점점 더 많이) 걸려 왔다. 만약 내가 상담을 예정보다 길게 진행해주면, 다음 상담 시간이 끝날 무렵 그 환자는 시간을 더 내달라고 잔꾀를 부렸다. 경계성 성격장애 환자들은 나의 시간과 에너지를 비대칭적으로 많이 가져갔다. 그들과 상호작용을 할 때마다 나는 총알을 피하는 기분이었다. 그것은 전투였고, 나는 그 전투에서 지고 있었다. 나는 전투태세를 갖춘 뒤 내 경계선을 지키려고 최선을 다했다. 상담 시간 연장은 없고, 예정에 없던 상담도 없다. 경계선을 사수하라!

어느 날, 나는 환자와 상담을 마친 뒤 지나치게 오랫동안 생각에 잠겨 있다가(줄곧 그 생각에 사로잡혀 있었지만 그때는 그걸 몰랐다) 한 가지 아이디어를 떠올렸다. 머릿속에서 불이 반짝 켜진 것이다. '어린 시절을 불안정하게 보내서 그런 건 아닐까?' 나는 조작적 조건형성이라는 렌즈를 통해 경계성 성격장애를 들여다보기 시작했다. 만약 경계성 성격장애 환자가 어린 시절에 예측 가능한 피드백을 지속적으로 받지 못하고, 안정적인 강화 대신 마치 슬롯머신처럼 간헐적인 강화만을 얻었다면? 나는 자료를 뒤져보았다. 경계성 성격장애 증세를 나타내는 사람들의 어린 시절 환경에 관한 연구 결과에서 일관되게 발견되는 특징으로는 어머니로부터 충분한 사랑을 못 받았다는 것과 성적 · 신체적 학대가 있었다.[6] 내가 만난 환자들 역시 여기에 부합했다. 그들 중에는 어릴 때 방치와 학대를 당한 사람이 많았다. 어떤 유형의 방치일까? 더 깊이 파헤쳐보니 그 환자들은 부모에 대해, 어떤 때는 따뜻하고 다정했지만 어떤 때는 따뜻하고 다정하지 않았다(즉, 그 반대였다)고 묘사했다. 따라서 그들은 어린 시절에 엄마 또는 아빠가 집에 돌아와 자기를 안아줄지 아니면 때릴지를 예측할 수 없었다. 퍼즐의 조각들이 맞춰지기 시작했다. 화이트보드 앞에 서서 방금 상담을 끝낸 환자의 행동을 곰곰이 돌이켜보자, 내 눈앞에 갑자기 큰 그림이 나타났다.

내 환자들의 증상과 선배들의 충고에는 다 이유가 있다. 경계성 성격장애 증상을 보이는 사람은 안정적인 자아관을 형성하지 못했을 가능성이 높다. 예측 가능한 상호작용의 규칙이 없었기 때문이다. 그들의 뇌는 항시적으로 과도한 시뮬레이션을 수행하면서(이것은 나의 랜스 중독보다 더 심하다. 적어도 나의 시뮬레이션은 랜스의 고백을 들은 뒤 영원히 중단됐으니까) 항상 사랑받는다는, 혹은 살아 있다는 느낌을 받으려고 애쓴다. 손잡이를 누르는 쥐들이나 페이스북에 뭔가를 올리는 사람들처럼, 경계성 성격장애 환자들은 무의식적으로 도파민을 한 번 더 분비시킬 방법을 찾는 것이다. 내가 상담 시간을 연장해주면 그들은 자신이 특별하다는 느낌을 받는다. 행동. 보상. 그들이 "정말로 필요하다"고 주장해서 내가 상담을 한 번 더 잡아줄 때도 그들은 자신이 특별하다고 느낀다. 행동. 보상. 나는 순진했다. 나는 그들에게 언제 '위기'가 찾아올지 몰랐으므로 그때그때 상황을 보면서 적절하다고 여겨지는 대로 반응했으니 말이다. 그러니 환자들은 물론 나 자신조차 나의 반응을 예측할 수가 없을 수밖에. 그들은 매우 원초적인 의미에서 자신을 사랑해주고, 안정적 애착을 제공하고, 자신의 세계에 예측 가능한 이정표를 만들어줄 누군가(이 경우에는 나)를 원했다. 그들의 잠재의식은 나에게서 그런 단서를 주는 행동을 이끌어내려고 애쓰고 있었다. 그리고 나의 행동들 중 어떤 것이라도 일관성을 보이지 않는 경우, 그들은 가장 끈질긴 유형의 강화를 얻었다. 나는 나 자신도 모르는 사이에 접착제를 제공하고 있었던 셈이다.

'보상에 의한 학습'이라는 새로운 렌즈를 통해 경계성 성격장애를 바라보자 환자들의 입장을 이해하기가 쉬워졌다. 심지어 나는 그들에게 공감하기까지 했다. 예컨대 경계성 성격장애의 대표적인 (그리고 전에는 나를 헷갈리게 만들었던) 특징들 중에는 인간관계에 대한 극단적 이상화와 극단적 평가절하가 있다. 역설적이지 않은가? 어느 날 그들은 새로 사귄 친구 또는 애인과 사이가 얼마나 좋은가에 대한 이야기를 늘어놓는다. 그런데 몇 주가 지나면 바로 그 친구 또는 애인이 '내가 만난 최악의 인간들' 목록에 올라 있다. 그들은 삶의 안정성을 갈구하기 때문에 새로운 관계를 맺으면 자신이 가진 모든 것을 그 관계에 쏟는다. 그러면 양쪽 다 보상을 받는다. 누구나 관심은 좋아하니까.

보통 이 긍정적 감정은 조금씩 닳아 없어진다. 감정에 습관이 들기 때문이다. 경계성 성격장애 환자인 애인으로부터 지나친 관심을 받는 사람은 어느 시점이 되면 상황을 파악한다. 그 혹은 그녀는 숨이 막힌다고 느끼기 시작한다. 그리고 이 집착이 건전한 것이 아니라고 판단하여 약간 거리를 둔다. 나의 경계성 성격장애 환자는 불안정성을 감지하고 과도한 열성을 발휘한다. '안 돼, 소중한 사람을 또 잃게 생겼잖아. 내가 가진 걸 다 내줘야 해!' 그러면 역효과가 생긴다. 그 상황에서 취해야 할 행동과 정반대의 행동을 했기 때문이다. 그래서 관계는 끝이 나고, 환자는 또 한 번의 '위기'에 대처하기 위해 특별 상담을 요구한다. 내가 만난 환자들 가운데 하나는 아버지에게서 버림받았다는 느낌이 계기로 작용해 안정성을 갈망하는 사람이었다. 그는 직장과 애인을 '100번쯤' 갈아치웠다.

그저 총알을 피하면서 한 차례의 상담을 무사히 마치려고 애쓰는 대신, 나는 그에게 의미가 있을 만한 질문을 던지기 시작했다. 내용이 계속 바뀌는 암호 같은 치료 지침서를 읽으려고 노력하는 대신, 환자의 입장에 서보려고 노력했다. 언제나 기분이 언짢아서 도파민 분비를 통해 일시적인 위안을 찾는 사람. 우리는 곧바로 문제의 핵심으로 들어갈 수 있었다. 나는 경계성 성격장애 환자들에게 '추가' 시간을 허용하지 않는다는 사실에 갈등과 죄책감을 느끼지 않았다. 그것이 환자에게 도움이 되기보다 해롭다는 사실을 명료하게 볼 수 있었기 때문이다. 히포크라테스 선서의 첫 번째 조항이 바로 "해를 입히지 말라do no harm" 아닌가. 이런 원칙을 치료에 적용하며 경험을 쌓아나가는 과정에서 경계성 성격장애 환자들에 대한 치료도 한결 수월해졌다. 나는 환자들의 자아 개념과 세계관을 안정시키기 위해, 우선 상담을 항상 제시간에 시작하고 약속된 시간에 끝낸다는 지극히 단순한 지침을 통해 안정적인 학습과 습관화를 시도했다. 간헐적 강화는 더 이상 없었다. 우스꽝스러울 만큼 단순한 요령이었지만 그 효과는 놀라웠다. 나는 더 이상 전쟁터에서 '적'과 싸우고 있지 않았다. 나의 치료법도 발전하고 내 환자들의 상태도 좋아졌다. 나와 환자들의 협력은 그들의 증상을 완화했을 뿐 아니라 그들의 삶의 질도 높였다. 이것은 출혈을 멈추기 위해 상처에 반창고를 붙여 잠시 압력을 가하는 식의 치료가 아니었다.

주관적 편견이라는 개념으로 돌아가보자. 내가 환자들을 잘 치료하고 있다고 스스로를 속이고 있었던 건 아닐까? 오히려 환자들이 '행동'을 통해 나를 기쁘게 하면서(이것은 나와 환자 모두에게 보상이 된다) 나에게 긍정 강화를 주고 있었던 건 아닐까? 이 경우 '행동'이란 나 대신 다른 의사를 찾아가지 않는 것을 의미한다. 나는 내 치료법이 하나의 접착제를 다른 접착제로 교체하는 식이 아니라는 점을 확실히 하고자 동료들과 대화를 나누고, '보상에 의한 학습 관점에서 경계성 성격장애 바라보기'를 주제로 강연도 몇 차례 했다. 원래 과학자들과 임상의들은 서로의 이론과 치료법에서 무엇이 잘못됐는가를 짚어내는 데 선수들이다. 그런데 그들은 나의 접근법을 엉터리라고 여기지 않았다. 레지던트들을 대상으로 진행하는 사례 기반 교육 시간에 내 환자들 이야기를 들려주었을 땐, 레지던트들이 나에게 고맙다는 인사를 건넸다. 내 이야기를 들은 뒤 전쟁터에서 빠져나왔을 뿐 아니라 환자들을 더 잘 이해하게 됐고, 당연히 치료 결과도 좋아졌다는 것이었다. 나는 어느 용감한 책임 레지던트 한 명과 몇몇 연구실 동료들의 힘을 빌려 동료 상호 심사 논문(전공이 아닌 분야의 지식을 얻기 위해서는 '동료 상호 심사'라는 성배가 반드시 필요하다)을 발표했다. 논문의 제목은 다음과 같았다. 〈경계성 인격장애에 대한 수치적 해석: 신체 시뮬레이션을 통한 자신과 타인에 대한 예측 학습이 손상된 상태〉[7]

이 논문에서 우리는 경계성 성격장애 증상에 대한 알고리즘적 설명이 "겉으로 드러나지 않는 병태생리학적 증상 치료에 유용한 지침"이 될 수 있다고 주장했다. 경계성 성격장애가 예측 가능한 규칙을 따르는 것을 확인했기 때문에 우리는 경계성 성격장애 치료법을 개발할 수 있었다. 경계성 성격장애의 핵심 원인과 주변적 원인들 또한 과거보다 정확하게 가려낼 수 있었다. 예컨대 보상에 의한 학습을 약간 변형한 방법을 통해 경계성 성격장애 환자들의 주관적 편견을 상당 부분 변화시킬 수 있었다.

눈앞에 명백한 증거가 제시되는데도 랜스의 약물복용 사실을 인정하지 못했던 나와 마찬가지로 경계성 성격장애 환자들, 특히 감정적 혼란을 겪는 환자들은 행동과 결과를(자신들의 것이든 타인의 것이든) 부정확하게 해석할 여지가 많다. 편견 때문에 자신 또는 타인의 정신적인 상태를 정확하게 시뮬레이션하지 못하는 것이다. 그리고 이 심리적 장벽으로 인해 누군가와 연애를 시작할 때마다 상대에게 극진한 관심을 기울인다. 강렬한 관심은 그들에게야 정당화되지만 다른 사람들의 눈에는 비대칭적인 상태로 보이거나 부담스럽게 느껴진다. 만약 경계성 성격장애 환자와 사귀던 사람이 뒷걸음질을 치면 어떻게 될까? 그 환자의 핵심 명제가 '나는 사랑(관심)받고 싶어'라고 가정하자. 그는 상대도 똑같은 걸 원하리라 가정한다. 그래서 한발 물러나 무엇이 진실이며 상대의 입장은 어떠한지 알아보는 대신 상대에게 더 많은 사랑을 퍼붓는다. 즉 상대를 숨 막히게 만든다. 다시 말해, 경계성 성격장애 증상이 있는 사람들은 보상에 의한 학습을 잘 수행하지 못할 수 있다. 그들은 사람들 사이의 상호작용의 결과를 제대로 예측하지 못한다. 약물중독자들이 시간과 정신적 에너지의 대부분을 약 구하는 일에 할애하듯이, 경계성 성격장애 환자들은 뿌리 깊은 공허감을 메우기 위해 자기도 모르게 항상 관심을 낚으려 든다. 그렇게 해서 일회성으로 잠깐 분비되는 도파민을 느끼는 것이다.

앞서 살펴본 대로 이런 유형의 '학습 실패'는 좋은 결과로 이어지지 못한다. 에너지 낭비일 뿐 아니라, 관계와 인생 전반의 안정성을 찾을 때도 지표를 놓치게 된다. 이런 경향이 10배로 증폭된 성격적 특성은 병적인 범주에 포함되는데, 그중 하나가 감정적 불안정성이다. 그런 환자에게는 위기가 자주 찾아오고, 환자는 매번의 위기를 세상의 종말처럼 받아들인다. 역시 경계성 성격장애의 대표적인 특징이다. 경계성 성격장애 환자들은 매 순간 필사적으로 위안을 찾기 때문에 언제나 쇠약하고 피곤하다. 이 모든 것이 단순한 학습의 과정이 틀어졌기 때문이다.

다시 스펙트럼의 중간으로

이처럼 극단적인 성격(자의식이 너무 많거나 너무 적거나)을 보상에 의한 학습이라는 관점으로 바라보는 시각은 사람의 상태를 이해하고 설명하는 데 도움이 된다. 인간이 머릿속으로 시뮬레이션을 하는(그것도 항상) 존재라는 사실만 알아도 꽤 유용하다. 우리 자신의 시뮬레이션을 인지하고, 그 시뮬레이션에 사로잡히거나 그 속에서 길을 잃지 않도록 주의할 수 있으니까. 그러면 우리의 시간과 에너지도 절약되고 말이다.

주관적 편견의 작동 방식을 이해하고 있으면 시뮬레이션이 경로를 벗어났을 때 바른길로 돌려놓을 수도 있다. 이제 우리는 우리 자신의 주관적 편견이 어디서 생겨나는지를 명료하게 볼 수 있어야 한다. 당신은 스펙트럼 위에서 "내가 얼마나 훌륭한지 다들 봐요"라고 외치는 영화배우의 상태와 무대 뒤편에 앉아 어떻게 카메라 앞에 설지 고민하는 '왕따' 연기자 사이의 어디쯤에 있는가? 관심, 강화, 혹은 다른 형태의 동경을 갈망하다보면 이 중독의 스펙트럼에서 벗어나지 못한다. 주관적 편견이 스펙트럼을 강화하고, 스펙트럼은 다시 주관적 편견에 피드백을 제공하기 때문이다. 주관적 편견이 어디에 위치하는지를 한번 생각해보기만 해도 우리의 세계관을 왜곡하는 안경이 벗겨지기 시작한다. 주관적 편견이 언제, 어떻게 말썽을 일으키는가를 파악하는 행위야말로 주관적 편견을 업데이트하는 첫걸음이다.

앞에서 설명했듯이, 주관적 편견에 관한 정보를 이용해서 삶의 질을 개선하고 싶다면 그 출발점은 우리의 스트레스 나침반을 꺼내어 우리 행동의 결과를 명료하게 보는 일이다. 2장에서 살펴본 것처럼 소셜 미디어는 우리를 우리 자신에게 달라붙게 만드는 접착제를 제공한다. 하지만 첨단 기술은 사실 우리가 수천 년에 걸쳐 사회적 존재로서 해온 행동들을 더 편하게 만들어주고 있을 뿐이다. 예컨대 누군가 우리를 칭찬하는 순간 우리의 기분은 어떤가? 그 따뜻한 빛 속에 흥분의 요소가 있는가? 더 많은 흥분을 얻으려고 거기에 달려드는가? 그리고 우리가 다른 누군가의 자존심을 계속해서 건드릴 때는 어떤 일이 벌어지는가? 나 역시 스스로도 모르는 사이에 동료들을 퉁명스럽게 대한 적이 있다. 그 또는 그녀는 어떻게 반응하며, 우리는 어떻게 거기에서 빠져나오는가? 나는 무지했기 때문에 '황금의 자식'의 이야기를 듣고 또 듣는 형벌을 받았다.

이런 상황들을 더 명료하게 마주하면, 잠시 숨을 돌리면서 우리의 나침반을 확인할 수 있다. 우리는 '편안하지 않음'을(우리 자신과 다른 사람들 모두에게) 연장하고 있는가? 그것은 습관적인 행동인가, 아니면 당면한 순간 그렇게 하는 것이 쉬워서인가? 만약 한 걸음 물러나 우리의 가정과 편견들 때문에 나침반을 제대로 읽지 못하고 있는 건 아닌지 주의 깊게 살핀다면, 그것은 더 나은 길을 찾는 데 도움이 될까? '자아'라는 불에 연료를 계속 제공하지 않는 길로 나아갈 수 있을까?

때로는 현재의 상황과 개선의 가능성이 금방 눈에 들어오지 않는다. 그 상황에 너무나 익숙하기 때문이다. 미국 소설가 커트 보니것Kurt Vonnegut의 소설《호커스 포커스Hocus Pocus》에는 다음과 같은 구절이 나온다. "우리가 우리 자신을 대단한 사람이라고 여긴다고 해서 우리가 진짜 대단한 것은 아니다." 우리가 우리 자신에 대해 어떻게 생각하는지를 잘 관찰하고, 알아차리고, 그 관념에 도전해보자. 때로는 누군가가 우리의 단점 또는 장점을 지적해줘야 한다. 우리의 과제는 그것을 지적해준 사람에게 감사하고 그 내용을 우아한 태도로 받아들이는 것이다. 건설적인 비판을 피해 움츠리는 것도 바람직하지 않거니와, 스펙트럼의 반대쪽 끝으로 가서 진실한 칭찬을 받아들이지 못해서도 안 된다. 피드백은 학습의 한 방편이다. 때로는 다른 사람에게 누군가의 장점 또는 단점을 솜씨 좋게(우아하게) 알려줄 수 있어야 한다. 일단 우리의 머릿속에 간판 하나를 세워놓자. "주의! 욕심쟁이 자아에게 먹이를 주지 말 것."

4

우리는 왜 산만해졌을까
: 시뮬레이션의 저주

우리를 주의를 앗아 가는 갖가지 화려한 기술들은 종종 나르시시즘 환자들에게 영혼을 위무하는 값싼 방법을 제공한다.

– 코넬 웨스트Cornel West

청소년들은 서로의 "온전한 관심full attention"을 받고 싶다는 말을 자주 한다. 그들은 집중력 결핍이라는 문화 속에서 자랐다. 그들은 어린 시절 부모가 자신들을 전동 그네에 앉혀놓고 휴대전화만 쳐다보던 모습을 기억한다. 이제 그들의 부모는 저녁 식사 자리에서 문자메시지를 보내고, 방과 후에 아이들을 데리러 학교에 올 때조차 블랙베리에서 눈을 떼지 않는다.

– 셰리 터클Sherry Turkle

밤에 빨간 신호등이 켜져서 대기하는 중에 잠시 고개를 들어 주변의 차 안에 있는 사람들을 살폈더니 다들 사타구니에서 뿜어져 나오는 기묘한 청백색 불빛만 내려다보고 있는 광경을 본 적이 있는가? 직장에서 한창 일하던 중에 갑자기 이메일을 확인해야 한다는 (아까도 확인했는데) 충동을 느낀 적이 있는가?

나는 한두 달에 한 번 정도 〈뉴욕 타임스〉(내가 즐겨보는 신문이다)의

오피니언 코너에서 전자 기기에 중독된 사람의 글을 발견한다. 마치 고해성사 같은 글이다. 그들은 아무 일도 못 한다. 가정생활도 엉망이다. 그러면 해결책은 무엇인가? 그들은 '전자 기기 없이 살기' 또는 '안 보는 날'을 정해서 실천한다. 그리고 일주일쯤 지나면, 짠! 지난 1년 동안 침대 옆 탁자에 올려놓고만 있던 소설을 하루에 한 문단 조금 넘게 읽었을 뿐이다.

우리도 한번 다음의 예제를 이용해 자가진단을 해보자. 'X'를 당신의 스마트폰이라고 생각하면 된다. 해당되는 항목에 표시해보라.

- □ X를 사용하는 시간이 당신이 의도했던 것보다 길다
- □ X 사용을 줄이거나 중단하고 싶지만 잘 안 된다
- □ X를 사용하거나 X 사용에서 벗어나는 데 시간을 많이 쓴다
- □ X를 사용하려는 욕망 또는 충동이 강하다
- □ X 때문에 직장, 학교, 가정에서 해야 할 일을 못 한다
- □ 애인이나 배우자와의 관계에 문제가 생기는데도 X 사용을 계속한다
- □ X 때문에 중요한 사회적 · 직업적 활동 또는 오락 활동을 포기한다
- □ X 사용을 계속하다가 위험해진 적도 있다
- □ X 때문에 발생했거나 혹은 X 때문에 더 심해진 신체적 · 정신적 문제가 있다는 사실을 알면서도 X를 계속 사용한다
- □ 원하는 효과를 얻기 위해 점점 많은 X를 필요로 한다(내성)
- □ 금단현상이 나타나고, X를 더 많이 사용하면 증상이 완화된다

항목당 1점으로 계산해서 모두 더한 점수가 당신의 스마트폰 중독 정도를 알려준다. 2~3점이면 가벼운 중독, 4~5점이면 중간 수준의 중독, 6~7점이면 심각한 중독이다.

1장에서 설명한 '중독'의 정의를 떠올려보자. "바람직하지 않은 결과를 얻는데도 뭔가를 계속 사용하는 것." 위의 예제는 사실 미국 《정신 질환 진단 통계 편람》에 수록된 진단 점검표를 옮겨놓은 것이다. 나와 동료들은 어떤 환자가 약물 중독인지 아닌지를 알아보기 위해, 또는 증세가 얼마나 심각한지를 판정하기 위해 이 점검표를 사용한다.

당신의 점수는 몇 점인가? 2016년 갤럽 여론조사에서 1시간에 3~4회 이상 휴대전화를 확인한다고 답한 절반가량의 응답자들처럼 당신도 이렇게 생각하고 넘어가려 하는가? "휴, 나는 가벼운 중독이군. 그럼 괜찮겠지." "휴대전화 중독은 남에게 피해를 입히지는 않잖아."

지금 어떤 생각을 하든 간에, 우리 아이들을 안전하게 돌보는 것이 우리의 '기본적인 책임'에 속한다는 점에는 모두가 동의하지 않을까? 좋다. 2012년 벤 워선Ben Worthen의 〈월스트리트 저널〉 기사에 따르면 어린이들이 부상을 당하는 사고는 1970년대 이래 꾸준히 감소했다. 놀이터 시설 개선, 유아용 출입문 설치 등이 부상 감소의 요인이라고 한다.[1] 하지만 미국 질병 통제 예방 센터CDC에 따르면 2007년에서 2010년 사이에 5세 미만 아동의 경미한 부상이 12퍼센트나 증가했다. 아이폰이 처음 출시된 것이 2007년이고, 2010년에는 스마트폰을 소유한 미국인이 여섯 배로 늘어났다. 우연의 일치일까? (여기서 주의할 것. 우리의 뇌는 사물과 사실을 연결하기를 좋아한다. 그리고 상관관계가 있다고 해서 반드시 인과관계가 성립하는 것은 아니다.)

2014년 크레이그 팔손Craig Palsson은 〈아야! 스마트폰과 아동 부상〉이라는 제목의 논문을 발표했다.[2] 그는 2007년에서 2012년 사이 5세 미만 아동의 경미하고 우발적인 부상에 관한 CDC의 통계를 인용했다. 그런 뒤 당시에는 AT&T를 통해서만 아이폰을 구입할 수 있었으니(AT&T사의 3G 네트워크가 도달 범위를 넓힌 직후였다), 이를 통해 아이폰 사용 증가가 아동 부상의 증가에 간접적인 영향을 미쳤는지 알아볼 수 있으리라는 영리한 추론을 내놓았다. 어느 국립 병원의 부상자 통계에 근거하여, 그는 "아동이 부상당한 시점에 그 병원이 3G 네트워크 접속이 가능한 지역에 있었는지"를 조사했다. 그가 발견한 사실은 다음과 같다. 어떤 지역에 3G 서비스가 처음 도입된 시점에 해당 지역의 5세 미만 아이들의 부상(아이들은 부모가 눈을 뗄 때 가장 위험하다)이 증가했다. 즉 아동 부상과 스마트폰 사용은 직접적이지는 않되 느슨한 인과관계가 있다. 비록 결정적인 증거는 없지만 더 알아볼 가치가 있는 대목이다.

워선의 〈월스트리트 저널〉 기사는 한 남자가 18개월 된 아들과 함께 길을 걸으면서 아내에게 문자메시지를 보내는 순간을 묘사했다. 남자가 고개를 들었을 때 어린 아들은 한참을 걸어 다른 부부가 심하게 다투는 곳에 다가가고 있었다. 부부 싸움을 말리기 위해 경찰이 달려왔는데, 아기는 하마터면 경찰에게 "짓밟힐" 뻔했다.

우리는 스마트폰에 정신을 팔다가 차도로 걸어가거나 바다에 빠진 사람들의 이야기를 글로 읽기도 하고 유튜브 영상으로 보기도 한다. 놀라운 일은 아니겠지만, 2013년의 어느 보고서에 따르면 2007년과 2010년 사이에 스마트폰과 관련한 보행자 부상이 세 배 이상 증가했다.[3] 그리고 2015년 상반기 6개월 동안에는 보행자 사망 사고가 10퍼센트 증가했다. 40년 사이에 가장 급격한 증가였다.[4] 몇 년 전 뉴헤이븐에서는 예일 대학 캠퍼스 주변의 모든 횡단보도에 노란색 페인트로 커다랗게 "고개를 드세요"라는 글자를 써넣었다(뉴욕시에서도 비슷한 조치를 취했다). 최근 명문 대학에 입학하는 학생들의 수준이 낮아진 것일까(그럴 리가)? 아니면 이 젊은이들이 스마트폰의 매력에 빠진 나머지 초보적인 생존의 기술조차 잊고 사는 것일까?

우리는 왜 산만해졌을까?

보상에 의한 학습이 적자생존에 유리하게 작용했다면(음식이 있는 장소와 위험한 장소를 기억하는 학습 행위이므로), 첨단 기술이 정반대로 우리를 위험에 빠뜨리는 효과를 낸다는 것이 이상하지 않은가? 2장에서 나는 특정한 기술적 요인들(즉각적인 접속, 신속한 보상 등)이 우리 자신과 관련한 보상에 의한 학습의 기회를 제공한다는 점을 설명했다.

볼프람 슐츠가 진행한 일련의 획기적인 실험들에 대한 3장의 내용을 떠올려보자. 원숭이에게 특정한 행동에 대해 보상(주스)을 제공하면 원숭이들의 측위신경핵이 도파민을 분비한다는 내용 말이다. 이 도파민 분비에 대한 뉴런의 반응은 지속적으로 일어나지 않기 때문에 '한시적 발화phasic firing'라고 불린다. 시간이 흐르면 도파민에 의해 활성화된 뉴런들은 이런 식의 발화를 중단하고, 그때부터는 보상을 받을 때마다 낮은 수준의 지속적인(전문용어로는 '긴장성tonic') 발화가 일어난다. 현재까지의 신경과학 연구에 따르면 한시적 발화는 우리가 어떤 행동과 보상을 짝지워 학습하도록 돕는다.

여기서 마법이 시작된다. 행동과 보상이 짝을 이루면 도파민 뉴런들은 한시적 발화의 패턴을 변형해서 보상이 예상되는 자극에 반응한다. 계기를 보상에 의한 학습의 영역에 포함시키는 것이다. 누군가 담배를 피우는 모습을 보면 우리는 갑자기 강한 흡연 욕구를 느낀다. 갓 구운 쿠키 냄새를 맡으면 입에 침이 고인다. 얼마 전에 우리에게 고함을 친 누군가 다가오는 모습을 보면 얼른 퇴로를 찾기 시작한다. 이런 것들은 보상이 되는 행동과 짝을 이루도록 학습된 환경적 신호다. 사실 우리는 아직 그 쿠키를 먹지도 않았고 적과 싸우지도 않았지만 뇌가 다음에 벌어질 일을 예측하는 것이다.

나는 환자들이 중독 물질에 대한 다음번 욕구가 찾아올 것을 예상하며 안절부절못하고 몸부림치는 모습을 종종 목격한다. 어떤 환자들은 나의 진료실에서 지난번 약물 복용 경험을 회상하기만 해도 약간의 욕구를 느낀다. 기억만으로도 도파민이 분비될 수 있는 것이다. 그들은 마약 복용 장면이 나오는 영화를 보기만 해도 약물을 갈망하는 상태로 바뀔 가능성이 있다. 그 간질거리는 욕구를 해소하려면 실제로 약물을 복용해야 한다. 욕망의 파도에 올라탈 정신적 도구가 없을 경우, 그들은 십중팔구 약물을 복용하게 된다.

흥미롭게도 이 도파민 뉴런들은 계기가 주어질 때 예측 상태로 돌입할 뿐 아니라 뜻밖의 보상이 주어질 때도 발화한다. 이 얘기가 혼란스럽게 여겨질지도 모른다. 우리의 뇌는 왜 보상을 예측할 때와 뜻밖의 일이 벌어질 때에 모두 발화한단 말인가? 3장의 '나는 똑똑해' 예시로 돌아가보자. 처음으로 시험에서 A를 받아 집에 돌아올 때는 부모가 어떻게 반응할지 알지 못한다. 그 시나리오 속에 있어본 적이 없었으니까. 우리는 내심 궁금해하면서 조심스러운 태도로 부모에게 성적표를 건넨다. 이것은 새로운 영역이므로 우리의 뇌는 무엇을 예측해야 할지 아직 모른다. 이어 부모의 첫 칭찬을 경험하면 우리의 뇌 안에서는 다량의 도파민이 한시적으로 분비된다. 앞서 설명한 보상에 의한 학습과 습관화 과정 전체가 여기서부터 시작된다. 처음으로 C라는 점수를 받아올 때도 같은 일이 벌어진다(부모님이 어떻게 생각할까!?). 이런 식으로 우리는 일상적인 세계의 상당부분을 '지도화mapping'한다. 나의 단짝 친구 수지가 같이 놀자고 우리 집 문을 두드린다면, 나는 유쾌한 놀이 시간을 예상한다. 만약 수지가 집 안으로 들어오더니 나를 향해 "넌 정말 형편없는 친구야"라며 열변을 토한다면? 나의 도파민 시스템은 그것을 예측하지 못했기 때문에 사나워진다. 다음번에 수지와 마주치면 나는 보다 방어적인 자세 혹은 경계 태세를 취한다. 우리의 상호작용이 어떻게 전개될지 확신하지 못하기 때문이다. 이것이 생존에 유리하게 작용하는 이유는 금방 이해할 수 있다. 신뢰할 수 있는 상대와 신뢰할 수 없는 상대를 예측하는 데 도움을 주니까. 대략적으로 말하자면, 우리는 신뢰의 저수지를 만들기 위한 중립적인 도구를 가지고 있는 셈이다.

이런 설명들이 스마트폰에 정신을 빼앗기는 것과 무슨 상관일까? 우리가 가진 보상에 의한 학습 관련 지식은 전자 기기를 비정상적으로 사용하는—굳이 표현하자면 '전자 기기에 중독되는'—이유를 설명하는 단초가 된다. 기업들은 예측과 기대가 도파민을 분비시킨다는 사실을 알기 때문에, 이것을 이용해서 그들의 광고 또는 앱을 클릭하게 만든다. 예를 하나 들어보자. CNN 웹 사이트의 메인 페이지에 떠 있는 세 기사의 제목은 다음과 같다. "스타워즈 스톰트루퍼들: 그들의 메시지는?", "어플루엔자* 청소년: 그는 어떤 피해를 입혔나", "푸틴이 트럼프를 칭찬한 이유". 이 제목들은 사실에 근거하고 있지 않다. 푸틴이 트럼프를 "활기차고" "유능하다"고 칭찬했다는 것까지는 사실이지만, "푸틴이 트럼프를 칭찬한 이유"라는 제목은 우리의 예측 도파민을 분비시키기 위한 문구일 뿐이다. 우리에게 불을 붙이고, 우리의 도파민 뉴런들을 발화시키고, 그래서 우리가 그 기사를 읽기 위해 링크를 클릭하도록 하려는 것이다. 이런 식의 관심 끌기를 목적으로 한 기사를 '낚시clickbait'라고 부른다.

이메일과 문자메시지는 어떨까? 컴퓨터와 스마트폰은 우리에게

* 부유하다는 뜻의 'affluent'와 유행성 독감 'influenza'의 합성어.

이메일이 도착할 때마다 신호음 등으로 알려주는 푸시 기능을 갖추고 있다. 근사하지 않은가! 우리는 상사가 보낸 '중요한' 이메일을 놓치고 싶지 않으니까. 그렇지 않은가? 게다가 공짜 메신저는? 더 좋다. 이제 이메일을 열어보느라 시간을 들일 필요조차 없다. 메시지를 바로 볼 수 있으니까. 그럼 트위터는? 트위터 멘션 하나의 길이가 140자로 한정된 것은 마법이 아니다. 140자는 사람들이 자동적으로 읽을 수 있는 메시지의 길이를 감안하여 세심하게 선택된 장치이다. 그리고 여기에 예측 불가능성이 더해진다. 예측하지 못한 벨 소리, 진동, 신호음 등을 들을 때 우리의 뇌는 한시적으로 도파민을 분비한다. 앞에서 여러 차례 언급한 대로 간헐적 강화는 학습 중에서도 가장 강력하고 효과가 오래가는 학습이다. 남에게 더 빨리, 더 친절하게 응답하기 위해 이메일과 문자 알림 서비스를 켜놓는 순간, 우리는 스스로를 파블로프의 개와 비슷한 방법으로 훈련시키는 환경을 조성하는 셈이다. 파블로프가 종을 칠 때마다 먹이를 줄 것이라는 기대감에 침을 흘리도록 길들여진 그 개들 말이다.

하나만 확실히 해두자. 이 장에서 첨단 기술을 활용한 소통의 잠재적 위험을 다루고 있긴 하지만, 문명을 다 파괴하자고 이야기하려는 건 아니다. 나는 옛날의 조랑말 우편이나 전서구보다 이메일이 낫다고 생각하는 사람이니까. 그리고 때로는 전화 통화보다 문자메시지가 질문에 더 빨리 답하게 해주기도 한다. 이런 기술들은 우리의 삶을 더 효율적으로 만들고 생산성을 높여줄 잠재력이 있다. 나는 우리 뇌의 학습 원리와 오늘날의 첨단 기술에 의해 이뤄지는 학습을 결합해서 우리 자신의 산만한 행동이 어디에서 비롯하는가를 보다 명확하게 밝히고 싶을 뿐이다. 지금부터 이 정보들을 머릿속 시뮬레이션에 관한 우리의 지식과 합쳐보자.

시뮬레이션의 저주

3장에서 인류가 잠재적 결과를 예측하는 수단으로서 머릿속 시뮬레이션을 발전시킨 과정을 살펴본 바 있다. 우리는 다양한 변수가 있는 상황에서 현명한 결정을 내리기 위해 시뮬레이션이라는 방법을 이용한다. 그런데 만약 주관적 편견을 가지고 개인이 원하거나 기대하는 대로 세상을 바라본다면 이 시뮬레이션도 별로 소용이 없을 것이다. 그런 경우 시뮬레이션은 우리를 '정해진 해답'으로 끌고 가려 하거나, 적어도 우리의 세계관에 들어맞는 답만을 제시하려 할 테니까.

만약 '상사를 찾아가서 연봉 인상을 요구하는 최고의 방법'에 관해 시뮬레이션을 해본 뒤 만남이 예상대로 진행됐다면, 그 시뮬레이션은 우리에게 보상을 안겨준 셈이다. 하지만 때때로 우리는 똑같은 유형의 시뮬레이션을 하면서도 보상 시스템에 주도권을 빼앗긴다. 그래서 아이들을 돌봐야 하거나 연봉 인상에 필요한 일을 해야 하는 순간에 '다른 어딘가에서' 시간을 보내게 된다. 그렇다, 나는 지금 몽상에 잠기는 행동에 대한 얘기를 하고 있다.

몽상은 당면 과제가 아닌 다른 일로 우리의 주의가 옮아가는 경우의 대표적인 예다. 예컨대 아이의 미식축구 연습을 지켜보려고 관중석에 앉아 있다고 가정해보자. 아이들은 모두 경기장 반대쪽 끝에서 자세를 취하고 있다. 특별히 주의를 끄는 일은 벌어지지 않는다. 다음 달에 계획하고 있는 가족 여행에 관한 생각이 문득 떠오른다. 갑자기 여행 계획을 세우기 시작한다. 아이들이 물속에서 노는 동안 따뜻한 모래사장에 앉아 바닷바람을 즐기며 좋아하는 책과 맛있는 음료를 든 채 휴식하는 광경을 상상한다(어쨌든 아이들을 '보고' 있지 않은가!). 방금 전까지만 해도 축구 경기장에 있었는데, 어느새 우리는 수천 킬로미터 떨어진 해변에 와 있다.

몽상이 뭐가 문제지? 해로울 게 없지 않나? 몽상을 하면서 앞날의 계획을 세우고 있다면, 결국 다중 작업multitasking을 처리하는 셈이 아닌가. 어차피 할 일을 미리 하는 것이니까. 해변으로 순간 이동을 한 김에 시뮬레이션 속의 태양으로부터 정신적 비타민 D를 흡수할 수도 있잖은가. 게다가 기분도 좋아지고!

여기서 우리가 놓치고 있는 것은 무엇일까? 여행 계획을 짜거나 앞날의 어떤 일정을 가늠하면서 머릿속으로 '할 일 목록'을 만드는 경우를 예로 들어보자. 먼저 머릿속에 목록을 만든다. 그러다 보면 다음과 같은 생각이 떠오른다. '저런, 여행을 계획하려면 챙길 게 많네!', '내가 뭘 잊어버리지 않아야 할 텐데.' 잠시 뒤 몽상에서 깨어나 현실의 축구 경기장으로 돌아온다. 사실 실제로 목록을 만든 건 아니다. 여행은 아직 멀었으니 목록은 다음 주쯤 다시 만들어야 한다. 여기서 스트레스를 중심에 놓고 다시 생각해보자. 이 머릿속 시뮬레이션은 우리를 '편안하지 않음'으로부터 멀어지게 하는 행동인가? 대개의 경우 그렇지 않다. 오히려 사태를 악화시킬 수도 있다.

2010년 맷 킬링스워스Matt Killingsworth와 댄 길버트Dan Gilbert는 우리가 이런저런 생각에 빠져들거나 몽상(전문용어로는 SITstimulus-independent thought라고 하는데, '외부 정보와 무관하게 내부에서 일어나는 생각'이라는 뜻이다)에 잠길 때 어떤 일이 벌어지는지 조사했다.[5] 그들은 아이폰을 이용해 무작위로 추출한 2200명에게 일상적인 하루를 보내는 중에 몇 가지 질문에 답하도록 했다. 질문은 다음과 같았다. "지금 무엇을 하고 있습니까?", "지금 하는 일이 아닌 다른 생각을 하고 있습니까?", "지금 기분이 어떻습니까?"(응답자들은 '매우 나쁨'부터 '매우 좋음'까지 다양한 답변을 선택할 수 있었다.) 사람들은 얼마나 자주 몽상에 잠겨 있을까? 마음의 준비를 하시길. 그들은 일과의 50퍼센트 가까운 시간 동안 일에 집중하지 않는다고 답했다. 이것은 깨어 있는 시간의 절반이 아닌가! 자, 여기 직관에 어긋나는 결과이자 하나의 열쇠가 있다. 연구자들이 일에 대한 집중 여부와 행복의 관계를 조사했을 때, 일반적으로 사람들은 몽상에 잠기는 순간에 덜 행복하다고 답했다. 연구의 결론은 다음과 같았다. "사람의 마음은 원래 방황한다. 그리고 방황하는 마음은 불행한 마음이다."

어떻게 이런 일이 가능할까? 하와이를 생각하면 기분이 좋아지는데 말이다. 앞날의 행동을 예측할 때 도파민이 분비된다고 앞에서도 이야기하지 않았던가. 대체로, 유쾌한 사건에 대한 몽상에 잠길 때는 눈앞의 일에 집중할 때와 동일한 수준의 행복을 느끼는 것으로 나타났다. 눈앞의 일이 무엇인가는 상관없이 말이다. 그러나 중립적인 몽상과 불쾌한 몽상까지 다 합쳐서 분석하면 몽상에 잠기는 행위와 낮은 행복도 사이에는 상관관계가 있었다(당연한 결과일지도 모른다). 말하자면 킬링스워스와 길버트가 제시한 결론대로, 방황하는 마음은 "불행한 마음"이다. 다른 계획을 세우느라 바쁜 사이에 우리의 진짜 삶이 흘러가버린다는 내용의 시와 격언이 얼마나 많은가? 몽상에 잠길 때 우리는 불필요한 걱정 또는 흥분에 사로잡혀 자신을 소진할 뿐 아니라 축구 경기까지 놓친다는 이야기다.

자, 우리의 뇌는 감정들과 사건들 사이의 연결을 형성하도록 만들어진 것으로 보인다. 예컨대 '하와이'는 '좋은 것'처럼 말이다. 또 우리는 미래의 일을 예측하는 대가로 도파민이라는 '보상'을 받는다. 그런데 이 두 가지가 결합할 때 문제가 발생한다. 생각의 내용(유쾌하든 불쾌하든)을 통제하지 못하기 때문에, 기쁜 몽상 또는 끔찍한 몽상에 휩쓸려 당면한 일에 정신을 쏟지 못하게 되는 것이다. 그 당면한 일이란 우리를 향해 돌진하는 자동차일 수도 있고 우리 아이의 생애 첫 골일 수도 있다. 그렇다면, 도대체 어떻게 해야 할까?

자기 조절의 연료 탱크를 채우는 방법

유명한 영화 〈초콜릿〉(2000)은 사순절 기간을 맞이한 프랑스의 어느 한적하고 기이한 마을을 배경으로 한다. 신앙심 깊은 마을 사람들은 늘 교회에 가서 설교를 듣는데, 설교는 그들의 '죄'에 대해 죄책감을 느끼게 만든다. 마을 사람들은 일상적인 악의 유혹—초콜릿 같은—을 포기하면서도 죄책감을 느낀다. 그런데 쥘리에트 비노슈가 연기한 우리의 여주인공 비안이 느닷없이 빨간 망토(악마를 상징한다!) 차림으로 북풍을 타고 나타나 초콜릿 가게를 차리고, 그러자 모든 악의 물꼬가 터진다. 영화의 나머지 부분에서는 초콜릿을 매개로 엄격한 자기 절제와 '죄악으로 간주되는 쾌락'의 경쟁이 펼쳐진다.

〈초콜릿〉은 우리의 이야기다. 우리는 모두 조금은 부끄러운 자기만의 쾌락을 누리며 산다. 그중에는 과도한 것도 있고 불건전한 것도 있다. 행복할 때는 그런 쾌락을 그럭저럭 통제한다. 아이의 축구 연습 시간에 스마트폰을 꺼내 이메일을 확인하고 싶은 충동을 느끼면 우리의 머릿속에서 경건한 천사의 목소리가 노래하듯 말하지 않는가. "오, 지금은 아이에게 집중하는 시간이잖아요." 운전을 하는 중 문자메시지가 도착했다는 알림음이 들려와 누가 보낸 메시지인지 보고 싶어 좀이 쑤실 때도 천사는 우리에게 충고한다. "지난번에 라디오에서 들었지? 운전 중에 문자메시지를 주고받는 게 음주운전보다 위험하다고!" 우리는 선한 천사들에게 고마워한다. 아이들의 삶에 참여할 수 있게 해주고, 고속도로 사고를 막아주니까.

천사의 충고를 따를 때 우리의 행동을 뭐라고 부르는지는 당신도 알고 있을 것이다. 전통적인 자기 조절의 실천. 인지능력을 활용해 행동을 조절한다는 의미에서 과학자들은 이를 '인지적 통제 cognitive control'라 부른다. 인지 행동 치료와 같은 치료법들은 인지적 통제를 활용해 우울증과 중독을 비롯한 여러 가지 증상을 치료한다. 세상에는 인지적 통제 능력을 타고난 사람들도 있다. 내 친구 에밀리는 첫아이를 낳고 임신 전보다 13킬로그램이 늘어났다. 원래의 체중으로 돌아가기 위해 다섯 달 만에 13킬로그램을 감량한다는 목표를 세운 그녀는 날마다 섭취하는 칼로리의 한도를 정해놓고 몇 번에 나눠 섭취했다(운동 처방도 병행했다). 짠! 그녀는 계획대로 임신 전 체중을 회복했다. 그리고 둘째 아이를 출산한 뒤에도 똑같이 다이어트를 해서 두 달 만에 7킬로그램을 감량했다.

이 대목에서 누군가는 "그건 불공평해!"라고 소리치거나 "나도 해봤는데 안 되던걸"이라고 말할지도 모른다. 에밀리는 다른 장점도 많은 사람이지만 특히 자기 조절이라는 면에서는 〈스타트렉〉의 스폭 박사*와 같은 수준이다. 그녀는 매우 논리적인 사고를 하고, 사물의 이치를 따지고, 우리를 종종 괴롭히는 감정("그건 너무 힘들어", "난 못 하겠어")에 사로잡히는 일 없이 서슴없이 행동한다. 스폭 박사는 커크 선장이 감정적인 문제로 힘들어할 때마다 그를 달래주는 등장인물이다. 커크 선장이 엔터프라이즈호의 방향을 돌려 위험한 곳으로 나아가기 직전, 스폭 박사는 의미심장한 표정으로 그를 바라보며 이렇게 충고한다. "너무 비논리적이야, 선장." 에밀리 또한 "하지만 나는 배가 고픈걸"이라는 상투적인 반발을 쉽게 가라앉히고 칼로리 허용량이 다시 생겨나는 다음 날까지 기다리는 사람이다.

* 이성만 있고 감정은 없는 외계인.

신경과학자들은 우리의 뇌에 스폭 박사(이성적 사고)와 커크 선장(열정적이고 때로는 비이성적인 정신)의 균형을 반영하는 상호 보완적인 요소들이 있음을 밝혀내기 시작했다. 프린스턴 대학의 행동경제학자이자 《생각에 관한 생각》의 저자이기도 한 대니얼 카너먼Daniel Kahneman은 이 분야에서의 업적을 인정받아 2002년 노벨 경제학상을 수상했다. 카너먼의 연구진은 인간이 생각을 하는 두 가지 방법을 각각 '시스템 1'과 '시스템 2'로 명명한다.

시스템 1은 원시적이고 감정적인 시스템을 반영한다. 커크 선장처럼 충동과 감정에 따라 신속하게 반응한다. 시스템 1과 연관된 뇌의 영역으로는 전전두엽피질과 후측대상피질 같은 중앙부의 영역들이 있다. 우리 자신과 관련한 일이 벌어질 때(예컨대 스스로에 대해 생각하거나, 몽상을 하거나, 뭔가를 간절히 원할 때) 수시로 활성화되는 영역들이다.[6] 시스템 1은 '나는 무엇 무엇을 원해'라는 충동과 욕구, 그리고 본능(즉각적인 표현)을 대변하는데 카너먼은 이를 '빠른 생각'이라고 부른다.

시스템 2는 뇌에서 가장 최근에 진화 과정을 거친 부위로 우리의 고차원적인 능력을 관장한다. 계획 수립, 논리적 사고, 자기 조절 등의 고차원적 능력들은 인간의 고유한 특징이다. 시스템 2와 관련된 뇌의 영역 중 하나가 바로 배외측전전두피질이다[7]. 벌컨*에 사는 외계인의 뇌가 인간의 뇌와 비슷하다면, 스폭 박사의 배외측전전두

* Vulcan. 수성의 내측에 있다고 여겨진 행성.

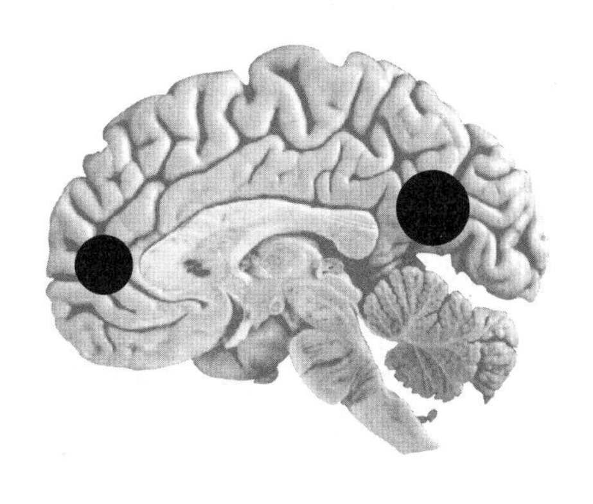

〈그림 5〉 내측 전전두엽피질(왼쪽)과 후측대상피질(오른쪽)
시스템 1과 연관된 영역으로 뇌 중앙부에 위치하며 자기 자신과 관련한 즉흥적인 반응에 관여한다.

피질은 느린 속도로 꾸준히 움직이면서 자기 궤도를 유지한다는 점에서 화물열차처럼 작동한다고 말할 수 있다. '느린' 시스템인 시스템 2는 '나에 관한 생각에서 벗어나자, 내가 할 일을 하자'라는 식의 생각을 대표하는 것으로 추측된다.

영화 〈초콜릿〉에 마을의 대표자로 등장하는 레노 백작은 자기 조절의 전형이다. 그는 맛있는 음식을 즐기지 않고(크루아상, 차, 커피를 멀리하며 뜨거운 레몬수만 마신다), 자신의 비서 카롤린에게 흑심을 품고 싶어도 꾹 참는다. 내 친구 에밀리는 물론 스폭 박사마저 울고 갈 정도다. 영화가 중반을 넘어서면서 레노 백작과 그의 자기 조절은 점점 큰 난관에 부딪친다. 때때로 견디기 힘든 유혹 앞에서 쩔쩔매기도 하지만, 그는 언제나 땀을 흘리고 이를 악물면서 욕구를 참아낸다.

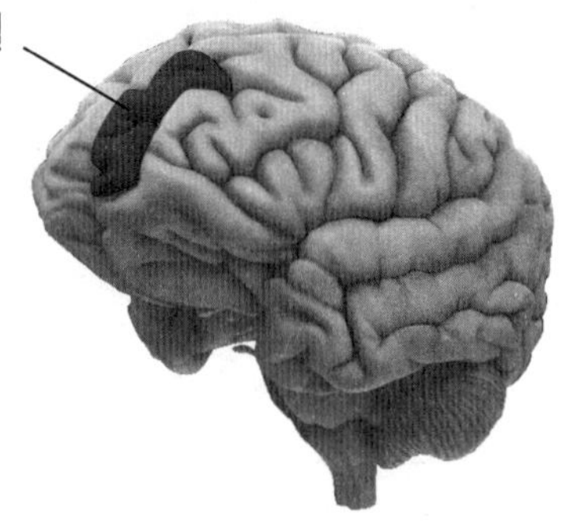

〈그림 6〉 배외측전전두피질
시스템 2와 연관된 영역으로 뇌의 측면에 위치하며 인지 조절에 관여한다.

부활절 하루 전날 레노 백작은 자신과 마찬가지로 자기 조절 능력이 뛰어난 카롤린이 초콜릿 가게에서 나오는 모습을 보며 개탄한다. 비안이 초콜릿을 이용해 점잖은 마을을 망치고 있다고 확신한 레노는 평소의 차분함을 잃고 그녀의 가게에 난입하여 진열장에 전시된 퇴폐적이고 쾌락주의적인 물건들을 파괴하기 시작한다. 그런데 난리 통에 초콜릿 크림 한 방울이 우연히 그의 입술에 묻고, 그 크림을 맛본 순간 그는 초콜릿을 휙 낚아챈 뒤 자제력을 잃고 닥치는 대로 초콜릿을 먹어대기 시작한다. 우리 중에 정말로 초콜릿 가게를 습격하는 사람은 없겠지만, 좋아하는 아이스크림 한 통을 하루 만에 다 먹어치운 경험은 다들 있지 않은가?

레노 백작에게(그리고 에밀리나 스폭 박사가 아닌 우리 모두에게) 무슨 일이 일어난 것일까? 우리 뇌에서 막내 격인 시스템 2는 어떤 단체 또는 동아리의 신입 회원과 비슷하다. 시스템 2는 목소리가 가장 작다. 우리가 스트레스를 받거나 연료가 떨어질 때, 뇌의 어느 부위가 먼저 땡땡이를 칠까? 답은 시스템 2. 예일 대학 신경과학자인 에이미 안스틴Amy Arnsten은 이를 다음과 같이 표현한다. "통제가 불가능한 스트레스는 강도가 약하더라도 전두엽의 인지능력을 급격히 떨어뜨린다."[8] 다시 말해 우리는 약한 자극만 받아도 일상생활 속에서 선로를 이탈할 가능성이 있다는 얘기다.

심리학자 로이 바우마이스터Roy Baumeister는 스트레스에 대한 이러한 반응을 역설적으로 '자아 고갈ego depletion'이라고 표현한다. 최근에는 우리의 자기 조절 탱크에 하루치의 연료만 채워진다는 연구결과가 발표됐다. 말하자면 우리는 계속 앞으로 나아갈 수 있을 만큼의 휘발유만 채운 자동차와 같다. 바우마이스터의 연구진이 다양한 유형의 행동을 대상으로 실험한 결과, 어떤 사람의 '자원이 고갈되면'(즉 연료가 떨어지면) 그가 욕구에 저항할 확률은 유의미한 수치로 낮아진다.

한 연구에서 바우마이스터의 연구진은 스마트폰을 이용해 사람들의 행동과 그들이 느끼는 사회적 접촉, 섹스 등에 대한 욕망의 정도를 분석했다.[9] 그들은 피험자들에게 나눠준 스마트폰을 이용해 하루 중 아무 때나 질문을 전송했다. "지금 어떤 욕망을 느끼고 있나요?" "지난 30분 사이에 욕망에 휩싸인 일이 있습니까?" 질문을 받은 피험자들은 욕망의 강도를 점수로 표현하고, 그 욕망이 다른 과제를 방해하는지 아닌지, 그들이 그 욕망에 저항할 수 있는지

없는지를 기록했다. 연구자들은 다음과 같은 사실을 발견했다. "욕망에 자주 저항했던 사람들과 욕망에 저항한 지 얼마 되지 않은 사람들은 이후에 생겨나는 다른 욕망에 쉽게 저항하지 못했다." 영화 〈초콜릿〉의 레노 백작은 점점 큰 난관에 직면한다. 난관에 부딪칠 때마다 그의 연료 탱크 안에 있던 연료는 조금씩 소모된다. 그가 초콜릿을 확 낚아챈 순간이 언제인지를 살펴보면, 바로 마을의 중대사를 처리한 직후의 저녁 시간이었다. 그의 연료 탱크는 텅 비어 있었던 것이다. 흥미롭게도 바우마이스터의 연구진은 "특히 소셜 미디어를 사용하려는 욕구는 피험자가 저항하더라도 실행에 옮겨지는 경우가 많다"는 사실을 발견했다. 이것은 당연한 결과인지도 모른다. 우리를 산만하게 만드는 전자 기기들은 유독 중독성이 강하니까.

남들보다 우수한 시스템 2를 갖추지 못한 평범한 사람들에게는 희망이 없는 걸까? 안스틴의 말대로 시스템 2의 연료 탱크를 늘 가득 채워두는 것도 하나의 방법이다. 잠을 충분히 자고, 음식을 잘 챙겨 먹는 등 단순한 일들만 잘해도 자기 조절에 도움이 된다. 스트레스 수치가 높아지지 않도록 관리하는 일은 좀 더 어려운 일이지만 말이다.

행복well-being으로 가는 길을 생각하지 못한 채 갖가지 계획이나 몽상에 사로잡혀 있으면 우리의 스트레스 수치는 높아지고 삶 속에서 단절감만 커진다. 가상 또는 현실에서 이 과정들이 어떻게 진행되는지를 알기만 해도 앞으로 한 걸음 나아갈 수 있다. 애인 또는 배우자, 자녀에게 주의를 집중하지 않을 때 기분이 어떤가를 자각하자. 그러면 주의가 산만해질 때 우리가 진짜로 얻는 것이 무엇인가를 깨닫게 된다. 스트레스 나침반을 꺼내 들고 우리의 스트레스를 알리는 진동이나 소리에 주의를 기울이자. 그러면 또다시 스마트폰에 빠져드는 대신 한발 물러나 '지금 이 순간'에 집중할 수 있을 것이다.

5

생각에 걸려 넘어지다
: 생각 중독

가장 심각한 중독은 신문에 실리지 않는다. 그것에 중독된 사람들이
스스로 중독된 사실조차 모르기 때문이다. 그것은 바로 생각 중독이다.
– 에크하르트 톨레Eckhart Tolle

내가 명상을 처음 배우던 시절의 수행법 중 하나는 호흡을 사물처럼 활용하는 방법이었다. 당시 수행의 목표는 마음이 이리저리 흘러 다니지 않고 현재의 순간에 머물도록 하기 위해 호흡을 닻으로 이용하는 것이었는데, 수행의 지침은 간단했다. 호흡에 주의를 집중하고, 마음이 떠나려고 하면 다시 데려오라. 배가 표류하기 시작하면 바닷속 깊은 바닥에 닻을 내리라. 한번은 통찰 명상회(Insight

Meditation Society, IMS. 조지프 골드스타인, 섀런 샐즈버그, 잭 콘필드가 설립한 미국의 권위 있는 불교 명상 센터)에 가서 아흐레에 걸쳐 호흡에 집중하는 연습을 한 적도 있었다. 그곳에는 침묵과 나의 호흡 말고는 아무것도 없었다. 더욱이 통찰 명상회의 수행원은 매사추세츠주 배리에 있었고 내가 그곳을 찾은 것은 12월이었으므로 숲 속을 걷고 싶다는 생각에 빠져들지도 않았다. 산책하기에는 너무 추운 날씨였다.

수행은 힘들었다. 명상을 하는 동안에는 티셔츠가 흠뻑 젖을 정도로 땀을 흘렸다. 틈날 때마다 낮잠도 자야 했다. 〈초콜릿〉에 나오는 백작이 된 기분이었다. 내 안의 악마와 열심히 싸우는데, 아무리 기를 쓰고 덤벼도 생각을 통제할 수가 없었다. 그 수행의 기억들 가운데 지금도 웃음이 나오는 장면이 하나 있다. 그때 나는 수행을 이끄는 베트남 출신 승려와 면담을 했다. 통역사의 도움을 받아 "내 생각을 때려눕히기 위해 이런저런 방법을 써보고 있다"고 얘기하고, 명상을 하는 중에 내 몸이 진짜로 뜨거워진다고도 말했다. 승려는 미소를 지으며 고개를 끄덕이더니, 통역을 거쳐 이렇게 전했다. "그래, 좋아요. 족쇄를 다 태워버려요!" 내가 잘하고 있다고 생각했는지, 그는 격려의 말 한마디만 건넬 뿐이었다. 곧 종이 울리고 다음 전투가 시작됐다.

그때는 미처 몰랐지만, 나는 한 가지에 심하게 중독된 상태였다. 그것은 바로 '생각'이었다. 나는 오랫동안 나만의 생각에 이끌리거나 사로잡힌 상태로 살았다. 나 자신에게 그런 경향이 있다는 것을 알아차리고 나니 숱한 의문들이 풀렸다. 예컨대 처음으로 프린스턴 대학의 홍보 동영상에 붙은 '의미 있는 대화'라는 제목을 봤을 때 나에게는 이런 생각이 떠올랐다. '그래, 바로 저거야. 새벽까지 잠자리에 들지 않고 친구들과 깊이 있는 대화에 몰두하는 대학에 가고 싶어.' 그래서 나는 프린스턴 대학에 입학했다(행동). 그러자 기분이 좋았다(보상). 언제나 도전을 즐기는 편이었던 터라 시험에서 내가 맞히지 못한 유기화학 문제들을 다시 풀어보곤 했다. 언젠가 박사과정 실험실에서 일하던 시절에, 새로운 유기 분자를 만들기 위해 일련의 합성 실험을 수행한 적이 있다. 새로 만든 화합물을 걸러 실험이 계획대로 진행됐는지 확인한 뒤에도 나는 데이터를 계속 분석하고 지도 교수를 몇 번이나 찾아가 이 화합물의 정체에 대해 이런저런 의견을 제시하곤 했다. 그러던 어느 날, 갑작스러운 깨달음이 찾아왔다. 드디어 그게 무엇인지 알아낸 것이다! 지도 교수에게 달려가 그것을 알리자, 지도 교수는 내가 답을 잘 찾았다면서 진심 어린 칭찬을 해주었다. 나는 그걸 알아냈다는 게 너무나 자랑스러워서 그 뒤로도 몇 주 동안 실험실에서 지루해질 때마다 나의 데이터를 꺼내 들고 뚫어져라 보면서 그 경험을 되살리곤 했다.

이번에는 나의 의과대학과 대학원 시절로 가보자. 그때는 신속하고 명료한 사고가 중요했다. 의과대학 학생들은 상급자인 레지던트들이나 교수들로부터 수시로 지식을 테스트하는 질문 또는 '공격'을 받았고, 정답을 맞히면 칭찬(보상)을 받았다. 학부 졸업논문을 쓸 때와 대학원 공부를 할 때도 우리는 과학적인 질문의 답을 찾고 그 결과를 포스터 형식으로 공개하거나 학술 대회에서 발표했다. 최종적인 보상은 우리의 연구가 동료 평가를 통과해서 '출판'되는 것이었다. 즉 출판이 되려면 동료 평가에 합격해야 했는데, 나는 나 자신의 주관적 편견이 개입된 세계관에 빠져들어 많은 시간을 허비했다. 내 논문을 평가하는 사람들이 그 가치를 알아보지 못하면 그들을 욕하고, 논문의 가치를 알아주면 그들을 칭찬했다. 대학원 생활이 힘들 때면 학부생 시절에 데이터를 뚫어져라 봤던 것처럼 나의 논문들을 죄다 꺼내 응시하곤 했다. 우리의 연구가(그리고 내 이름이) 출판된 모습을 봤을 때 순간적으로 차오르던 따뜻한 흥분을 다시 느끼고 싶었다.

수행 장소였던 배리로 다시 가보자. 한겨울에 명상 수련회에 참석한 나는 온몸이 땀범벅이었다. 생각을 멈춰야 한다고 생각했다. 나는 매번 보상이 따랐던 행위를 멈추려고 애쓰고 있었다. 내 마음은 전속력으로 항해하는 커다란 배와 같았다. 배 뒤쪽에 실린 관성 때문에 닻을 내리는 작업이 난항을 겪고 있었다.

도파민의 함정

프린스턴 대학에서 나의 지도 교수이자 유기화학 교수였던 메이틀랜드 존스 주니어Maitland Jones Jr.는 탁월한 교수법으로 유명했다. '오르고orgo'라는 별명으로 불리던 유기화학은 학생들이 자발적으로 찾아서 듣는 수업이 아니라 억지로 참아가며 듣는 수업으로, 의대생들이 의과대학원에 지원하기 위해서는 필수적으로 이 수업을 들어야 했다. 우리는 약간의 재미를 가미하기 위해 학기 내내 존스 교수에게 장난을 쳤다. 대부분은 악의 없는 장난이었다. 예컨대 존스 교수가 수업 시간에 신문을 읽는 학생을 야단치면(당연한 일이었다), 그다음 주 수업이 시작되기 직전에 수강생 전원이 신문을 읽고 있는 척하는 식이었다(학생 200명이 동시에 신문을 펼쳐 든 모습을 상상해보라). 나도 기꺼이 장난에 동참했고, 몇 번은 주도적으로 장난을 계획하기도 했다.

유기화학 수업의 두 번째 학기가 끝나갈 무렵 존스 교수가 나를 자기 연구실로 불렀다. 그 며칠 전 내가 다른 학생 하나와 함께 존스 교수가 아끼는 강의실 칠판을 오일 스프레이로 코팅하는 장난을 친 터였다. 그날 분자 합성의 경로를 도식으로 설명하면서 즐거운 시간을 보내려 했던 존스 교수는 강의실에 들어와 어떤 장난은 용납되고 어떤 장난이 용납되지 않는가에 대해 일장 연설을 늘어놓았다. 그가 연설을 마치며 "누구든 간에 오늘 수업을 망친 사람에겐 퇴학 조치를 내릴 것"이라고 말했으므로, 우리의 장난은 명백하게 후자에 속했다. 그날 수업이 끝나자마자 나는 친구와 함께 자수하고 칠판을 깨끗이 청소했다. '그만하면 잘못을 만회한 것 아닌가? 왜 나를 연구실로 불렀지?'

내가 연구실에 들어서자 존스 교수는 나에게 가까이 오라고 손짓하더니 책상 위에 놓여 있는 뭔가를 가리켰다. 그게 뭔지 짐작도 가지 않았다. 책상을 보니 컴퓨터로 인쇄한 종이 한 장이 놓여 있는데 다른 종이가 그 위에 덮여 있었다. 존스 교수는 아주 느린 동작으로 위에 있던 종이를 살짝 내려 나에게 제일 윗줄을 보여주었다. 그것은 유기화학 수업을 듣는 학생들의 점수를 매긴 성적표였다. 나는 어리둥절했다. '이걸 나에게 왜 보여주지?' 존스 교수가 종이를 조금 더 내렸다. 1번. 저드슨 브루어 A+. "축하하네." 교수가 활짝 웃으며 말했다. "자네가 1등이야! 잘했어." 내가 유기화학을 아주 좋아하긴 했지만 1등을 하리라고는 기대하지도 않았는데! 아마도 그 순간 도파민 분비량이 확 늘어나 나의 측위신경핵은 크리스마스트리처럼 반짝였을 것이다. 마치 롤러코스터에 올라탄 기분이었다. 짜릿하고, 흥분되고, 아무 말도 나오지 않았다. 내가 이 일을 이렇게나 자세하게 회상할 수 있는 이유는 무엇일까? 바로 이것이 도파민이 하는 일이기 때문이다. 도파민은 맥락 의존적 기억의 형성을 돕는다. 특히 불확실한 순간들에 팡! 하고 뇌 안에서 폭죽을 터뜨린다.

우리는 인생에서 가장 좋았던 순간들을 생생하게 기억한다. 결혼식장에서 남편 또는 아내가 "예"라고 대답했을 때의 눈빛을. 첫아이가 태어난 병실에 대한 모든 것을. 또한 당시의 짜릿하고 오싹한 느낌들을 재생하기도 한다. 그런 경험을 재생할 때마다 우리는 뇌에게 감사해야 마땅하다.

우리가 이런저런 사건들을 기억하도록 만들어진 존재라는 사실이 문제될 건 없다. 기억 능력은 인류의 생존 메커니즘이니까. 원시시대 조상들에게는 음식이 있는 장소를 기억하는 일이 중요했다. 지금의 우리 역시 기억의 도움을 받으며 힘든 시기를 이겨내곤 한다. 생각하는 능력도 결코 나쁜 것이 아니다. 학교에서 수학 문제를 풀거나 직장에서 새로운 제안을 내놓는 능력은 우리의 삶을 개선하는 데 도움이 된다. 머릿속으로 여행 계획을 세우면 실제 여행에도 도움이 된다. 비행기 표를 미리 사두지 않고서 파리로 날아갈 수는 없지 않겠는가.

하지만 우리를 도와주는 '도파민'이 우리를 방해하는 경우도 있다. 생각의 주제가 '나'일 때 우리는 인스타그램에 사진을 올리거나 페이스북을 확인하는 데 너무 많은 시간을 쓰게 된다. 주관적 편견에 지배당할 때 우리의 시뮬레이션은 정확도가 떨어지고 시간과 정신적 에너지만 잡아먹는다. 안절부절못하거나 지루할 때 우리는 자신의 결혼식 날이라든가 미래의 어떤 신나는 일에 대한 몽상에 빠져들어버리곤 한다.

말하자면, 사고 능력과 그에 수반되는 모든 능력(시뮬레이션, 계획, 기억)이 그 자체로 문제가 되는 건 아니다. 문제는, 우리가 우리 자신의 생각에 갇힐 때다.

생각에 걸려 넘어지다

'롤로'라는 별명을 가진 로리 존스Lori Jones는 육상 장애물경주 선수로서 올림픽에 출전했다. 1982년 아이오와주에서 태어난 그녀는 100미터 장애물경주에서 고등부 주 신기록을 수립하고, 얼마 후에는 루이지애나 주립 대학의 대표 선수가 됐다. 2007년에는 처음으로 전미 실내 육상 선수권대회 우승을 차지하고, 2008년에는 실외

대회에서도 우승을 거머쥐었다. 그리고 마침내 올림픽 출전권을 따냈다. 나쁘지 않은 경력이다.

2008년 베이징 올림픽에서 존스는 예선경기를 잘 치러 100미터 장애물경주 결승에 진출했다. 그런 뒤 어떤 일이 벌어졌을까? 〈루이지애나〉지의 기자 케빈 스페인Kevin Spain은 결승전 경기를 다음과 같이 기록했다

> 롤로 존스는 세 번째 장애물에서 경쟁자를 따라잡았다. 다섯 번째 장애물에 이르자 선두로 치고 나갔다. 여덟 번째 장애물까지, 그녀는 올림픽 여성 100미터 장애물경주 결승전 경기장에서 힘차게 달리고 있었다.
> 장애물 두 개. 발을 아홉 번 떼면 되는 거리. 19미터. 루이지애나 주립 대학 출신의 뛰어난 선수는 금메달에서 꼭 그만큼 떨어져 있었다. 그것은 4년 동안 노력하고 준비한 순간이었고, 평생의 꿈이었다. 바로 그때 끔찍한 일이 벌어졌다.[2]

존스는 열 개의 장애물 중 아홉 번째 장애물에 발이 걸렸다. 그래서 올림픽 금메달을 따지 못하고 7위로 결승선에 들어왔다. 4년 뒤 〈타임〉지와의 인터뷰에서 존스는 당시를 이렇게 회상했다. "그때 저는 리듬을 잘 타고 있었어요……. 경기 도중에 내가 우승할 거라는 확신이 들었죠. '오, 내가 올림픽 금메달을 따는구나'라는 느낌은 아니었어요. 마치 다른 경기를 치르고 있는 것만 같았어요. 그런

데 조금 뒤에…… 난 스스로에게 '다리가 기술을 제대로 구사하고 있는 건가? 좀 더 힘차게 도약해야지'라고 말하고 있었어요. 그래서 무리를 했어요. 근육에 힘이 너무 많이 들어갔죠. 그때 장애물을 건드린 거예요."[3]

존스의 경험은 '생각'과 '생각에 갇히는 것'의 차이를 보여주는 좋은 예다. 그녀는 경기 도중에 머릿속으로 많은 생각을 했다. 이윽고 그녀의 생각은 그녀 자신의 움직임을 방해하기 시작했다. 그리고 그녀가 다리를 제대로 놀리고 있는지 확인하라고 스스로에게 말했을 때, 그녀는 "무리"를 했다. 문자 그대로, 그녀는 자신을 넘어뜨렸다.

스포츠, 음악, 경영 같은 분야에서 성공은 단 한 번의 대회나 공연, 또는 단 한 순간으로 압축된다. 그런 분야에서 사전에 준비를 하고, 코치에게 지도를 받고, 완벽해질 때까지 연습하고 또 연습하는 것은 좋은 일이다. 그러다가 결정적인 순간이 오면 코치는 우리에게 이제 무대에 나가서 실력을 보여주라고 말한다. 어쩌면 코치는 미소를 지으며 "마음껏 즐겨"라는 말로 긴장을 풀어줄지도 모른다. 왜 그럴까? 긴장한 상태에서는 육상 신기록을 세울 수도 없고, 환상적인 연주를 들려줄 수도 없기 때문이다. 존스의 경우 무리를 하다가 몸에 "힘이 들어가서" 넘어졌다.

이런 현상을 '수축contraction'이라고 한다. 수축은 우리가 우리 자신의 사고 패턴에 사로잡힐 때 어떤 일이 벌어지는가에 대해 몇 가지 단서를 제공한다. 스스로의 사고에서 벗어나지 못할 때 우리는 육체적으로나 정신적으로나 꽉 조여지고, 뭔가에 힘껏 붙들리고, 속박당하는 느낌을 받을 가능성이 있다. 사고실험을 한번 해보자. 예를 들어 흥분한 상태로 15분 동안 직장 동료에게 새로운 아이디어에 대해 자세히 설명했는데 동료가 손을 내저으면서 "에이, 그건 바보 같은 생각이야"라고 말한다면 어떻게 될까? 대화를 끝내고 자리를 뜬 뒤에도, 몇 시간 내내 그 대화를 곰곰이 생각하게 될까? 그 불쾌한 대화가 일으킨 긴장 때문에 어깨가 뻐근함을 느끼며 퇴근하게 될까? 만약 그 기억을 털어내지 못하면 어떤 일이 벌어질까?

작고한 심리학자 수전 놀렌-혹스마Susan Nolen-Hoeksema는 사람들이 "자신의 부정적 감정에 대해 반복적이고 수동적으로" 생각을 거듭할 때 어떤 일이 벌어지는가를 집중적으로 탐구했다.[4] 말하자면 사람들이 '숙고형 반응ruminative response styles'에 사로잡힐 때 벌어지는 일에 대한 탐구였다. 예컨대 위의 사례에서 당신의 아이디어가 바보 같다고 말한 동료에게 '숙고형'으로 반응한다면, 당신은 그것이 정말로 바보 같은 아이디어라는 걱정에 사로잡힐지도 모른다. 나아가 당신의 아이디어는 죄다 형편없다고 생각할 수도 있다. 평소 같으면 그런 말을 듣더라도 그냥 어깨를 으쓱이고(혹은 그 아이디어가 바보 같다는 점을 인정하고 그것만 철회하거나) 말았을 텐데.

당연하게도 슬픔을 느낄 때 숙고형으로 반응하는 사람들은 얼마간의 시간이 흐르고 나서도 우울증 증상을 더 많이 드러낸다는 점을 밝혀낸 연구 결과들이 있다.[5] 뭔가를 자꾸 생각하면 반복적인 생각의 고리에 갇힌다. 뭔가를 거듭 생각하는 행위는 만성적인, 또는 지속적인 우울증의 전조 증상이다. 참고로 숙고는 오래전부터 임상의들과 연구자들 사이에서 논의되던 주제다. 어떤 학자들은 숙고에도 선택적 이점이 있다고 주장하지만, 어느 누구도 학계의 의견을 일치시킬 정도의 근거를 제시하지는 못했다. 뭔가를 거듭 생각하는 행위를 진화 과정상의 '보상에 의한 학습'이라는 관점에서 바라보면 그 공백을 메우는 데 도움이 될까? 숙고를 특정한 유형의 사고에 '중독되는' 또 하나의 예라고(중독이란 의도와 반대되는 결과가 나오는데도 뭔가를 계속 사용하는 것이니까) 말할 수 있을까?

최근 야엘 밀그램Yael Millgram의 연구진은 〈슬픔도 선택이다? 우울증 환자들의 감정 조절 목표〉라는 연구를 수행했다. 연구진은 우울증을 앓는 사람들과 우울하지 않은 사람들에게 행복한 사진, 슬픈 사진, 중립적인 사진들을 각각 보여준 뒤 똑같은 이미지를 한 번 더 볼 것인지, 아니면 검은 화면을 볼 것인지 선택하도록 했다. 그리고 마지막엔 기분이 어떤지를 물었다.[6] 두 집단 모두 행복한 사진들을 본 뒤에는 행복한 감정을 느꼈고, 슬픈 사진들을 보고 나서는 슬픔을 느낀다고 답했다. 여기까지는 예상 가능한 결과다. 흥미로운 점은 이제부터다. 행복한 사진을 몇 장 더 볼지 선택하는 대목에서는 우울한 사람들이나 우울하지 않은 사람들이나 별 차이가 없었다. 하지만 우울증을 앓는 사람들은 슬픔을 유발하는 이미지 역시 더 많이 보겠다고 선택했다. 밀그램의 연구진은 훌륭한 과학자답게 새로운 참가자들을 모집하여 똑같은 실험을 한 번 더 진행했다. 하지만 이번에는 행복한 사진과 슬픈 사진을 보여주는 대신, 행복한 음악과 슬픈 음악을 들려줬다. 효과는 동일했다. 우울한 사람들은 슬픈 음악을 더 많이 듣기를 선택했다.

연구진은 실험을 한 단계 더 발전시켰다. 그들은 우울증을 앓는 사람들에게 기분이 좋아지거나 슬퍼지게 하는 인지적 전략cognitive strategy을 적용하면 어떻게 될지 알아보기로 했다. 우울한 사람들은 무엇을 선택할까?

세 번째로 모집된 피험자들은 먼저 감정적 자극에 대한 스스로의 반응을 증폭하는 방법과 감소시키는 방법을 배웠다. 연구진은 그들에게 첫 번째 실험과 똑같이 행복한 사진, 슬픈 사진, 중립적인 사진들을 보여준 뒤 전략을 선택하게 했다. 기분이 좋아지는 전략과 슬퍼지는 전략 중 어떤 것을 원하십니까? 우리는 이 이야기의 결말을 짐작할 수 있다. 우울증을 앓는 사람들은 기분이 좋아지는 쪽이 아니라 나빠지는 쪽을 선택했다. 우울증이 없는 사람들은 이러한 결과를 정말 이상하게 여길 것이다. 하지만 우울증을 앓는 사람들에게는 이것이 더 익숙하거나 자연스럽다. 그들은 슬픈 감정을 느끼는 데 습관이 들었기 때문이다. 슬픔은 그들의 몸에 잘 맞는 스웨터와 같다. 어쩌면 너무 많이 입어서 그 스웨터가 그들의 몸에 딱 맞게 변형되었을지도 모른다. 숙고 역시 이런 습관의 일환이다. 어쩌면 우울증을 앓는 사람들의 경우, 숙고 행위를 지속적으로 강화하여 마침내 그런 사고 유형이 그들의 정체성으로 굳어지기에 이르렀을 수도 있다. 네, 저는 그래요. 원래 우울한 사람이에요. 밀그램의 연구진은 이를 다음과 같이 설명했다. "그들은 자신의 감정적 자아를 정당화하기 위한 동기로 슬픔을 경험하는 것일 수도 있다."

디폴트 모드 네트워크

이제 우리는 몇 가지 단서를 얻은 셈이다. 이 단서들을 통해 우리가 사로잡힐 수 있는 사고의 유형들을 우리 뇌의 작동 원리와 연관시킬 수 있다. 먼저 몽상을 보자. 말리아 메이슨Malia Mason의 연구진이 몽상을 하는 동안 뇌에서 어떤 일이 벌어지는지를 알아보았다.[7] 그들은 피험자들을 훈련시켜 어떤 작업에 숙달되도록 했다. "이런저런 잡생각을 하면서도 수행할 수 있는" 지루한 일이었다. 연구진은 피험자들이 해당 과제를 수행할 때의 뇌 활동과 새로운 과제를 수행할 때의 뇌 활동을 비교했다. 그 결과, 훈련으로 숙달된 과제를 수행하는 동안에는 전전두엽피질과 후측대상피질이 상대적으로 활발하게 움직였다. 전전두엽피질과 후측대상피질은 카너먼의 '시스템 1'에 포함되는 중간선midline의 영역들이라는 사실을 기억하는지? 시스템 1은 자기 참조 활동에 관여하는 것으로 알려져 있다. 그래서 시스템 1은 우리 자신에 대해 생각하는 경우, 또는 강한 흡연 욕구를 느끼는 경우처럼 우리 자신과 관련된 어떤 일이 벌어질 때 활성화된다. 메이슨의 연구진은 몽상과 이 두 영역의 활성화 사이에 직접적인 상관관계가 있음을 발견했다. 비슷한 시기에 대니얼 와이즈먼Daniel Weissman이 이끄는 연구 팀에서도 집중력 저하가 이 두 영역의 활성화와 연관된다는 사실을 발견했다.[8] 주의가 흐트러지거나,

몽상에 빠져들거나, 나중에 할 일에 대해 생각하기 시작하면 우리 뇌의 이 두 영역에 불이 켜진다.

전전두엽피질과 후측대상피질은 이른바 '디폴트 모드 네트워크 default mode network(DMN)'의 중추에 해당한다. DMN의 정확한 기능에 대해서는 아직 논란의 여지가 있지만, 자기 참조적 기능을 수행할 때 그 활동이 활발해지는 것으로 보아 DMN은 '나me 네트워크'라는 추론이 가능하다. 아마도 DMN은 우리 자신을 우리의 내부 세계 및 외부 세계와 이어주는 두뇌의 연결 회로일 것이다. 특정한 상황에서 나 자신에 대한 기억을 떠올리거나, 두 종류의 자동차 가운데 무엇을 구입할지 고르거나, 어떤 형용사로 나를 묘사할지 고민할 때 우리 뇌에서는 DMN의 활동이 증가한다. 이런 생각들은 '나'라는 특징을 공유하기 때문이다. 내가 기억하고, 내가 결정한다.

이런 설명이 조금 혼란스럽게 들릴지도 모른다. 그래서 DMN이 발견된 과정을 잠시 소개하겠다. DMN은 2000년경 세인트루이스에 위치한 워싱턴 대학의 마크 라이클Marc Raichle이 우연히 발견한 두뇌의 연결 회로다. 라이클의 연구진은 실험에서 비교를 위한 기준점으로 이른바 '휴식 상태resting state'를 사용하고 있었기 때문에 이 뜻밖의 행운을 맞이할 수 있었다. 그들은 피험자들이 두 가지 과제를 수행하는 동안 fMRI를 이용해서 혈류의 상대적인 변화를 비교하는 연구를 진행하던 중이었다. A 상태에서 측정한 뇌 활동 수치에서 B 상태(기준점)의 뇌 활동 수치를 제외하여 상대적인 데이터를 얻는 실험이었다. 이 과정을 거치면 피험자의 뇌 활동이 그날그날 달라져서, 혹은 사람에 따라 뇌 활동이 달라서 생기는 차이를 통제할 수 있었다. 라이클의 연구진은 누구나 연습을 거치지 않고 수행할 수 있는 간단한 과제를 활용했다. 피험자들은 "아무것도 하지 말고 가만히 누워 계세요"라는 지시문을 들었다(그리고 지금도 그 지시문이 사용된다). 바로 이것이 기준점이 되는 '휴식 상태'였다.

수수께끼는 과학자들이 '네트워크 연결성network connectivity'을 살펴보기 시작하면서 나타났다. 네트워크 연결성이란 여러 영역이 동시에 활성화되거나 비활성화되는 정도를 의미한다. 만약 뇌에서 서로 다른 여러 영역들의 발화 시점이 거의 일치한다면 그 영역들은 뇌의 다른 어떤 영역들보다 서로 긴밀하게 소통하기라도 하는 양 '팀으로 업무를 수행할' 가능성이 높다. 라이클의 연구진은 피험자들이 휴식 상태 과제를 수행하는 동안 전전두엽피질과 후측대상피질이(그리고 다른 영역들도) 서로에게 말을 거는 듯한 현상을 여러 차례 발견했다. 그런데 휴식 상태라면 아무 일도 안 해야 하는 것 아닌가? 이것은 실로 중요한 질문이다. 신중한 과학자였던 라이클은 실험과 분석을 여러 번 되풀이했다. 몇 년 동안 데이터를 붙잡고 씨름하던 그는 2001년에 이르러 〈전전두엽피질과 자기 참조적 활동: 뇌 기능과 디폴트 모드 네트워크의 관계〉라는 제목으로 첫 번째 논문을 발표했다.[9] 다음 몇 년 동안에는 메이슨과 와이즈먼 같은 학자들이 더 많은 연구 결과를 발표했다. 그들은 DMN과 자기 참조적 활동, 그리고 주의력 결핍의 상관관계를 제시하고 입증했다. 이는 사람들이 하루 일과 시간 중 절반 정도는 딴생각을 하면서 보낸다는 킬링스워스의 연구와도 잘 들어맞는다. 사람이 원래 몽상을 하는 존재라면 '디폴트 모드 네트워크'는 아주 적절한 명칭이 아닐까. 라이클의 독창적인 논문이 발표된 지 10년쯤 후에, MIT 공과대학의 신경과학자 수 휫필드-가브리엘리Sue Whitfield-Gabrieli라는 신경과학자가 불확실성의 관에 마지막 못을 박았다.[10] 그녀가 설계한 실험은 단순하면서도 우아했다. 그녀는 피험자들에게 자기 참조적 성격이 명백한 과제(형용사들의 목록을 보면서 자기 자신과 일치하는 형용사를 고르기)를 수행하게 한 다음 휴식 상태 과제(아무 일도 하지 않기)를 수행하게 했다. 휴식 상태를 기준점으로 활용하는 대신 그 두 상태를 직접 비교한 것이다. 그러자 두 경우 모두 전전두엽피질과 후측대상피질이 활성화됐다. 그녀의 연구가 진부하고 재미없어 보일 수도 있지만, 신경과학 분야에서 직접 비교와 복제 연구replication study를 수행하기란 쉬운 일이 아니다. 새로운 것과 도파민의 관계를 기억하는가? 어쩌면 학술지에 제출된 논문을 심사하는 과학자들과 편집자들도 기존 연구를 재확인하는 논문을 볼 때는 뭔가 새로운 것을 발견했다고 선언하는 논문을 볼 때에 비해 흥분이 누그러들지도 모른다.

휫필드-가브리엘리가 자기 참조적 사고와 DMN 활동의 관계를 재확인하는 동안 우리 실험실에서는 명상 숙련자들의 뇌 활동을 측정하고 있었다. 나는 나 자신의 임상 연구에서 몇 차례 놀라운 결과들을 얻은 경험이 있었기에, 이번에는 실험실 동료들과 함께 과연 명상이 뇌 활동에 영향을 미치는지, 그 영향은 어떤 것인지 알아보고 싶었다. 우리는 명상 초보자와 명상 숙련자들의 뇌 활동을 비교하는 작업부터 시작했다. 숙련자들은 평균적으로 1만 시간 이상 명상 수행을 거친 사람들인 데 반해, 명상 초보자들은 fMRI 촬영 당일 아침에 우리에게서 세 가지 명상법을 배운 사람들이었다.

우리는 초보자들에게 다음과 같은 보편적이고 널리 알려진 명상법을 가르쳤다.

1. 호흡 알아차리기: 당신의 호흡에 주의를 기울이고, 마음이 달아나면 제자리로 데려오라.
2. 자비: 당신이 누군가의 행복을 진심으로 빌었던 순간을 생각하라. 그때의 기분에 초점을 맞추면서 마음속으로 모든 사람의 행복을 기원한다. 당신이 선택한 짤막한 문구들을 반복적으로 암송한다. 예를 들면 이렇게. 모든 사람이 행복하기를, 모두가 건강하기를, 아무도 해를 입지 않기를.
3. 선택하지 않은 알아차림: 당신이 알아차리게 되는 모든 것에 주의를 기울이라. 생각이든, 감정이든, 육체적 자극이든 다 좋다. 다른 무언가 당신의 의식에 들어올 때까지는 그것을 따라가라. 어떤 식으로도 그것을 붙잡거나 바꾸려고 하지 말라. 다른 뭔가가 당신의 의식에 들어온다면, 그게 또 지나가고 다른 것이 들어올 때까지 계속 주의를 기울인다.

왜 이 세 가지 명상법을 선택했을까? 우리는 서로 다른 명상법들의 공통점을 찾아내고 싶었다. 그래서 실험을 통해 서로 다른 명상 집단과 종교 공동체들이 공유하는 뇌 활동의 패턴이 있는지 알아내고 그 패턴에 한발 다가가기를 바라던 터였다.

명상 숙련자들의 뇌에서 특정 영역이 활성화된 증거를 찾아내기를 내심 기대하며, 우리는 실험 데이터를 분석했다. 숙련자들은 명상을 하면서 뭔가를 하고 있지 않을까? 명상은 휴식이 아닐 것이다. 적어도 우리는 명상과 휴식이 전혀 다르다고 생각했다. 하지만 명상 숙련자들의 뇌를 샅샅이 들여다봐도, 명상 초보자들보다 더 활발하게 움직이는 영역은 하나도 발견할 수 없었다. 우리는 머리를 긁적이며 스캔을 다시 들여다봤다. 역시 아무것도 발견하지 못했다.

그래서 이번엔 명상 숙련자들의 뇌에서 명상 초보자들의 뇌보다 활동량이 적은 부위가 있는지를 살펴보았다. 빙고! 우리가 찾은 부위는 네 군데로, 그중 둘은 다름 아닌 DMN의 중추에 해당하는 전전두엽피질과 후측대상피질이었다. 뇌 말초신경계의 상당 부분이 바로 이 두 영역과 연결된다.[11] 전전두엽피질과 후측대상피질은 전국의 항공로를 연결하는 허브 도시나 마찬가지인 셈이다. 우리의 실험 결과에 이 두 영역이 포함된 것은 우연이 아니었다.

명상하는 뇌를 촬영하다

나는 라이클의 선례를 따라 우리의 실험 결과를 검증하고 싶었다. 그리고 실험을 한 번 더 반복해서 우리가 발견한 것이 통계적인 우연도 아니며, 실험에 참여한 소수(집단별로 12명씩)의 명상 경험에

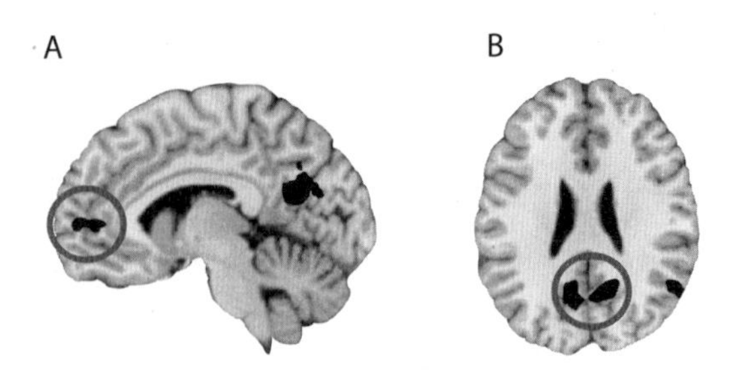

〈그림 7〉 명상하는 동안 활동이 줄어드는 '디폴트 모드 네트워크'
명상 중인 명상 숙련자들의 뇌에서는 전전두엽피질과 후측대상피질의 활동이 감소한다. A는 뇌를 측면에서 바라본 모습이며 원으로 표시한 부분이 전전두엽피질이다. B는 뇌를 머리 위에서 내려다본 모습으로, 원으로 표시한 부분이 후측대상피질이다.

만 적용되는 것도 아님을 확인하고 싶었다. 우리는 명상 경험이 있는 사람들을 추가로 모집하기 시작했다. 그리고 동료 연구원인 제니오스 파파디메트리스Xenios Papademetris에게 복제 연구를 한 번 더 해달라는 것보다 조금 더 어려운 부탁을 했다.

제니오스는 2000년 예일 대학에서 전기공학 박사 학위를 받은 뒤 약 10년 동안 의학용 영상을 개선하기 위한 참신한 방법을 개발해온 터였다. 나와 만났을 무렵 그는 바이오 영상 촬영용 의상 세트를 완성해서 뇌파검사EEG와 fMRI 촬영의 데이터를 사용하는 연구자들에게 무료로 대여하고 있었다. 당시 제니오스는 키 크고 겸손한 대학원생 더스틴 샤이노스트Dustin Scheinost와 함께 fMRI 촬영 속도를 높이는 연구를 진행하고 있었다. 속도가 빨라지면 연구자와 촬영 대상자가 실시간으로 fMRI 촬영 결과를 볼 수 있다. 말하자면 그들은 세계에서 가장 비싼 뉴로피드백 기계를 만들고 있었던 셈이다. 사람들이 자신의 뇌 활동을 실시간으로 관찰하고 피드백을 얻을 수 있게 해주는 기계. 비싼 만큼 값어치가 있는 기계였다. fMRI 촬영으로 얻은 뉴로피드백은 이전의 어떤 피드백보다 공간적 정확성이 높았다. EEG와 같은 기기들이 두피 바로 밑까지만 촬영할 수 있었던 반면 제니오스의 장비를 이용하면 뇌의 어느 곳에서든 땅콩만 한 넓이의 영역에서도 국지적 피드백을 얻을 수 있었다.

나는 제니오스와 더스틴의 실시간 fMRI 뉴로피드백을 시험할 겸, fMRI 기계 안에서 명상을 하면서 내 후측대상피질의 활동 그래프를 살폈다. 말하자면 MRI 기계 안에 가만히 누운 채로 눈을 뜨고 명상하면서 2초마다 나의 뇌 활동 변화가 그래프에 찍히는 것을 지켜본 것이다. 나는 어떤 대상(예컨대 나의 호흡)에 관한 명상을 하다가, 약간의 시간이 지난 뒤 그래프에 나타난 결과가 나의 경험과 어떤 관련이 있는가를 확인하고 다시 명상에 잠기기를 반복했다. 뇌 활동은 기준점과 비교해서 상대적으로 측정되므로, 우리는 촬영 장치 안에서 30초 동안 화면에 나타났다 사라지는 형용사들을 볼 수 있도록 실험을 설계했다. 이것은 휫필드-가브리엘리가 했던 실험과 비슷하다. 30초가 지나면 그래프는 나의 후측대상피질의 활동이 증가하는지 또는 감소하는지를 보여줬다. 스캐너가 나의 뇌 활동을 계속 측정하고 새로운 결과를 표시하여, 2초마다 새로운 막대가 생겨났다. 뇌 활동을 촬영하는 과정에서 신호가 약간 늦어지긴 했지만 그 과정은 굉장히 순조롭게 진행됐다. 나는 명상이라는 주관적인 경험과

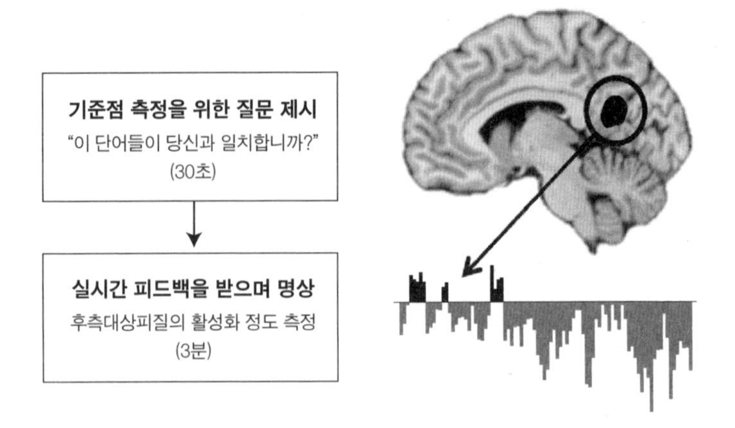

〈그림 8〉 명상 중 뇌 활동의 변화를 측정하기 위한 fMRI 뉴로피드백 실험
피험자는 먼저 기준점 측정을 위한 질문에 답한 뒤 실시간 피드백을 받으며 명상했다. 명상을 하는 동안 후측대상피질의 신호가 몇 퍼센트나 변화했는지(뇌 전체의 활동에 맞춰 보정)가 실시간으로 표시된다.

내 뇌 활동의 변화를 실시간으로, 눈에 보이는 그래프로 확인할 수 있었다.

새로운 첨단 장비를 가지고 사전 검사를 충분히 수행한 뒤, 우리는 첫 번째 연구와 흡사한 두 번째 명상 연구를 준비했다. 우리는 피험자들에게 명상의 본래 목표대로 자신의 호흡에 집중해달라고 부탁했다. 다만 이번 실험에서는 피험자들이 실시간 fMRI 뉴로피드백을 받으면서 명상한다는 점이 달랐다. 그들은 눈을 뜬 채 호흡에 주의를 기울이면서 때때로 그래프를 쳐다보고 자신의 뇌 활동이 호흡에 대한 자의식과 어떤 관계가 있는지를 눈으로 확인했다. 이런 방법으로 우리는 피험자들의 주관적 경험과 뇌 활동의 관계를 더 세밀하게 알아볼 수 있었다. 이전에는 피험자들에게 일정 시간 동안 명상을 하라고 지시한 다음 호흡에 얼마나 집중했는지, 아니면 집중이 흐트러졌는지 여부를 물어봐야 했다. 뇌 활동 데이터를 실시간으로 분석할 수도 없어서, 방금 명상을 끝낸 피험자에게 명상 도중의 뇌 활동이 어땠는가를 보여준다는 것은 아예 불가능했다. 5분짜리 명상을 하는 동안에도 순간순간 많은 일이 일어난다. 우리가 뇌 신호의 평균값을 계산하는 동안 이 짧은 순간들은 한데 엉켜버리고 말았다. 마지막 피험자의 데이터를 수집하고 몇 달이 지나서야 계산이 끝나곤 했다. 그래서 특정한 순간에 벌어지고 있는 일을 정확하게 파악하는 방법을 찾고자 했던 것이다. 특정 시점의 뇌 활동은 얼마나 활발한가? 우리는 신경현상학neurophenomenology이라는 분야로 옮겨가서 짧은 순간의 주관적 경험과 뇌 활동의 관계를 탐구하게 되었고, 어느새 아직 널리 알려지지 않은 인지신경과학cognitive neuroscience이라는 영역에까지 들어와 있었다.

이후 2년은 내가 의학 연구에 입문한 이래 가장 재미있고 신나는 시기였다. 명상 초보자든 전문가든, 우리의 뉴로피드백 연구에 참가한 거의 모든 사람들로부터 뭔가를 배울 수 있었다. 후측대상피질의 피드백을 얻어내는 데 중점을 두자(우리가 설계한 실험에서는 한 번에 하나의 영역에서만 피드백을 얻을 수 있었다), 명상 초보자와 명상 숙련자의 뇌 활동에 상당한 차이가 있음이 확인됐다. 예컨대 명상 초보자가 명상을 하는 동안에는 후측대상피질의 활동 기복이 심했다. 그리고 초보자들은 5분간의 명상을 끝내자마자 이렇게 말하곤 했다. "맞아

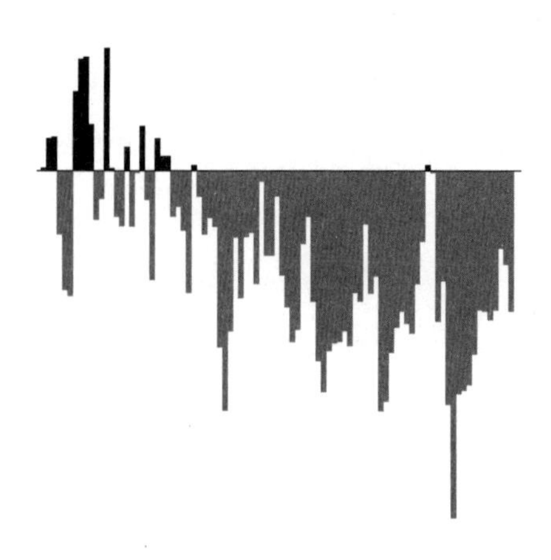

〈그림 9〉 자신의 뇌 활동의 변화를 실시간으로 관찰하며 명상을 수행한 명상 숙련자의 뇌 활동 그래프

수평선 위의 검은 막대들은 후측대상피질의 활동 증가를 의미하며, 수평선 아래의 회색 막대들은 명상 중 후측대상피질의 활동 감소를 의미한다. 활동량은 기준점(이 실험에서는 특정 형용사가 자신과 일치하는가를 판단하고 있을 때의 활동량)과 비교해 측정한 상댓값이다. 막대는 2초 간격으로 측정한 값을 표시한다.

요. 제 마음은 이리저리 떠다녔어요. 여기, 여기, 여기(그래프의 특정 지점들을 가리키며)에 나타난 것처럼요."

한편 명상 숙련자들은 명상을 하며 자신의 뇌 활동을 관찰하는 일에 익숙하지 않았다. 그래서 우선 그래프를 보면서 명상하기 연습을 했다. 이런 일이 일상적인 경험은 아니니까 말이다. 명상 숙련자들이 자신의 뇌 활동 그래프를 보는 일에 익숙해질 즈음에는 그래프의 선이 종종 위로 올라갔다. 유혹적인 그래프가 집중을 방해한 것이다. 나중에 깊은 명상에 잠기고 그래프를 쳐다보는 일에 이끌리지 않게 되고 나서야 그래프는 차츰 아래로 내려갔다. 그들에게 이것은 어떤 경험이었을까? 10년이 넘도록 날마다 명상을 했는데, 갑자기 명상 중에 뇌의 반응을 보여주는 그림이 눈앞에 나타난다. 그런데도 자신의 호흡에 집중해야 한다.

명상 숙련자들이 진행한 실험들 중 일부에서는 후측대상피질의 활동이 한참 동안 감소하다가 갑자기 증가하고 다시 감소하는 경향이 나타났다. 그들의 설명에 따르면, 원래 명상이 잘되고 있다가도, 그래프를 보며 '역시 잘하고 있군!'이라고 생각하는 순간 집중이 흐트러지고 뇌 활동이 크게 증가했다고 한다.

1분 동안 자신의 뇌 활동(후측대상피질의 활동)을 지켜보면서 짧은 명상을 수행한 명상 숙련자의 사례(〈그림 10〉)를 보자. 그는 1분 명상을 끝내자마자 자신의 주관적 경험이 그래프와 일치했다고 말했다.

1. 맨 처음에는 나만의 생각에 사로잡혀 있었어요. 이 단어들(기준점 과제)이 언제 끝날지 알아맞혀보려고 했죠. 그게 끝나야 명상이 시작되니까요. 내가 속으로 '좋아. 준비, 시작!'을 외치고 있는데 또 하나의 형용사가 화면에 나타나더군요. 그래서 '오, 제길' 하고 실망했죠. 그래서 저렇게 검은 막대가 높게 나타난 거예요.
2. 곧 마음을 가다듬고 깊은 명상에 들어갔죠.(첫 번째 회색 그래프)
3. 그러다 문득 이런 생각을 했어요. '야, 이거 신기한데.' (두 번째 검은 그래프)
4. 그러다 또 '잠깐, 다시 집중해야지'라고 생각했죠. 그러고는 다시 명상에 잠겼더니 저렇게(회색으로) 되더군요.(두 번째 회색 그래프)

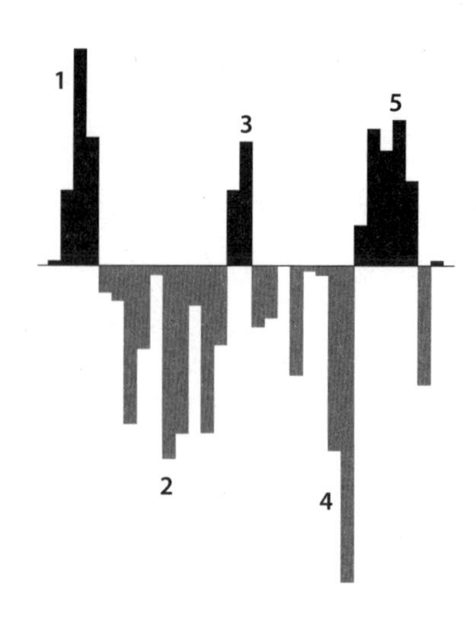

〈그림 10〉 1분 동안 짧은 명상을 수행한 명상 숙련자의 뇌 활동 변화

5. '오, 세상에, 어떻게 저럴 수가 있지? 내 마음의 변화를 그대로 보여주고 있잖아' 하는 순간 다시 저렇게(검은색으로) 바뀌었고요. (마지막 검은 그래프)

명상 초보자들 중에서도 뇌 활동이 숙련자와 비슷하게 나타난 사람들이 일부 있었다. 그들은 자신의 이야기에 사로잡히지 않고 현재에 집중하는 능력을 타고난 것 같았다. 그들의 후측대상피질 활동은 꾸준히 감소했다. 또 명상 숙련자들 중에서도 뇌의 활동 패턴이 초보자들의 패턴과 비슷한 사람들이 더러 있었다. 매 순간 측정한 그들의 뇌 활동은 오락가락하는 양상을 보였다. 더욱 흥미로

운 점은, 이 실험이 학습이나 교육을 목표로 설계된 것이 아니었음에도 명상 숙련자들과 명상 초보자들 모두 자신들의 경험에 대해 뭔가를 배웠다고 말했다는 사실이다. 실험의 원래 목적은 후측대상피질의 활동 감소가 명상과 관련이 있다는 지난번 실험의 결과를 재확인하는 것뿐이었는데 말이다.

예컨대 명상 초보자들 중 몇 사람의 뇌에서는 첫 3회의 명상이 진행되는 동안 후측대상피질의 활동이 크게 증가했다(명상은 회당 3분씩 진행했으므로 총 9분이었다). 그러다 다음번 명상에서 뇌 활동이 급격히 줄어들었다. 명상 초보자들 중 한 명은 자신이 "숨을 '내쉬고' '들이쉬는' 것을 생각하는 대신에 몸의 감각에 관심을 뒀다"고 증언했다. 다른 초보자는 뇌 활동이 감소했을 때 자신이 "하나도 긴장하지 않았다"고 말했다. "그땐 집중을 유지하기 위해 노력할 필요가 없었어요."

이런 사람들은 뇌 피드백을 활용해서 자신들의 명상법을 개선한 셈이다. 롤로 존스가 지나치게 애를 쓰다가 오히려 몸에 힘이 들어가 넘어졌던 것처럼, 우리 실험에 참가한 사람들은 명상을 잘하려는 노력에 사로잡힐 때의 결과를 실시간으로 보고 있었다. 과거에는 '애씀'(즉 알아차림의 질 또는 태도)이라는 요인을 고려하지 않은 채 실험 모델을 만들었던 셈이다. 우리는 이 실험의 결과를 보면서 명상을 개념화하는 방법에 대해 새로운 통찰을 얻었다.

우리는 피험자들이 자신을 속이지 않게 하기 위해 여러 방법으로 실험 환경을 통제했다. 자신의 경험보다 크고 멋있는 기계가 말해주는 결과를 신뢰하기가 쉽기 때문이다. 또 명상 숙련자들이 자신의 후측대상피질 활동을 실험의 요구에 맞게 조작할 가능성과 그들이 자극을 받을 때마다 이 '정신의 근육'을 수축시킬 수 있다는 점을 염두에 두었다.

이렇듯 특별한 신경현상학 데이터를 수집한 뒤 우리는 브라운 대학에 있는 나의 동료인 캐시 커Cathy Kerr에게 그것을 넘겨줬다. 캐시 커는 후안 산토요Juan Santoyo라는 대학생을 조수로 두고 있었는데, 후안은 우리의 실험 방법이나 목표에 관여한 적이 없으므로 명상이 후측대상피질의 활동 감소와 연관된다는 가설에 대해 전혀 모르는 채였다. 따라서 후안이야말로 우리 피험자들의 주관적 진술을 있는 그대로 기록하고, 그 진술의 시점을 표시하고, 피험자들의 경험을 '집중', '감각 관찰', '산만' 등으로 분류하는 작업에 적합한 인물이었다. 후안은 피험자들의 주관적 경험을 분류한 후에 시점 인증time stamp 방법으로 그들의 경험과 뇌 활동의 관계를 분석했다.

사로잡히지 않는 상태

우리 실험의 결과는 두 가지를 입증했다. 첫째, 후측대상피질의 활동에 관한 기존 연구들의 결론이 옳았다는 점. 기존 실험들에 따르면 사람들이 집중할 때(우리 실험의 경우 명상을 할 때) 후측대상피질의 활동이 감소했으며 산만해지거나 딴생각을 할 때는 활동이 증가했다. 메이슨과 와이즈먼의 연구도 그중 하나였다. 이와 같은 긍정적 통제positive control는 우리의 패러다임과 기존 연구들을 멋지게 연결해주지만, 명상과 후측대상피질의 관계에 대한 새로운 지식을 알려주지는 않았다.

두 번째 결과는 놀라운 것이었다. 후안이 피험자들의 경험을 분류할 때 사용한 항목들 중 하나는 '통제'였다. 통제란 자신의 경험을 조절하려는 노력을 뜻한다. 피험자들이 '통제' 활동을 하는 동안 후측대상피질의 활동은 증가했다. 또 하나의 항목인 '애쓰지 않음effortless doing'을 경험할 때 피험자들의 후측대상피질 활동은 감소했다. 이 사실들을 종합한 데이터는 주관적 경험의 상태와 후측대상피질 활동의 관계를 보여준다. 여기서 중요한 것은 어떤 사물에 대한 인식이 아니라 '우리가 그 사물과 어떤 관계를 맺는가'이다. 엄밀히 말해서, 만일 어떤 상황(또는 우리의 삶)을 통제하고 싶다면 원하는 결과를 얻기 위해 뭔가를 열심히 해야만 한다. 하지만 그와 반대로 편안한 마음으로 그 대상과 함께 춤추는 듯한 태도를 취할 수도 있다. 그럴 때 우리는 애를 쓰거나 힘들게 노력하지 않고 대상과 함께 상황의 전개를 따라간다. 우리 자신의 길에서 벗어나, 순간순간 벌어지는 일들을 알아차리는 상태에 머무르게 되는 것이다.

우리가 발견한 사실들이 정리되기 시작했을 때, 나는 휫필드-가브리엘리 박사에게 연락해서 우리의 데이터에 대한 객관적인 의견을 부탁했다. 명상 숙련자들이 초보자들에 비해 딴생각에 덜 사로잡혔다는 것이 가능한 일이라는 견해에 가브리엘리 박사도 동의했다. 이런 사실이 과거에 발표된 적이 있을까? 우리는 후측대상피질

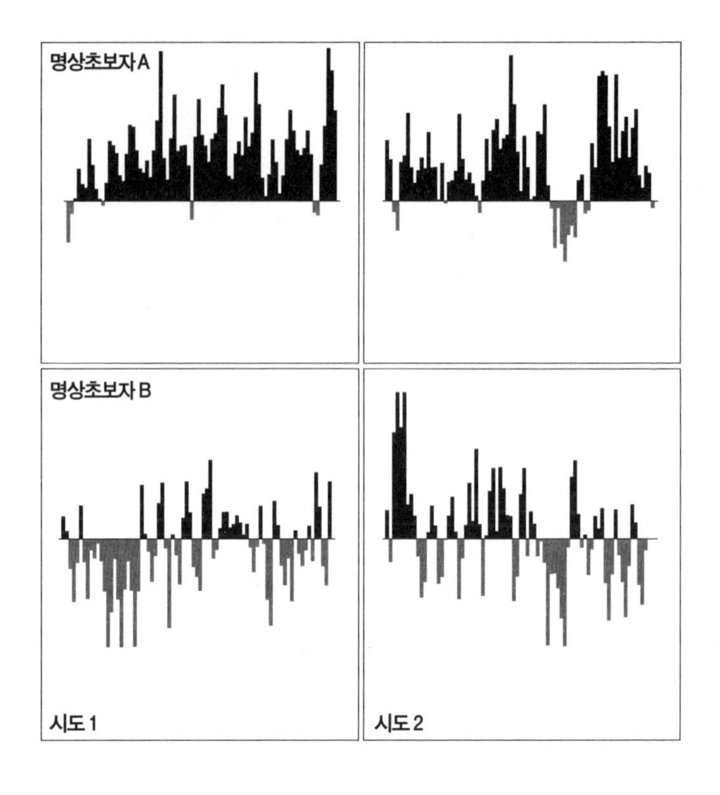

의 활성화와 연관된 선행 연구들을 모두 찾아보기로 했다. 나는 동료인 박사 후 과정 연구원 케이티 개리슨Katie Garrison과 함께 문헌을 샅샅이 뒤졌다. 연구의 내용이나 패러다임을 가리지 않고 후측대상피질 활동의 변화를 기록한 연구라면 모조리 수집했다.

우리는 라이클의 '휴식 상태' 연구, 메이슨의 '방황하는 마음' 연구, 그리고 자기 참조에 관한 논문들이 포함된 길고 심란한 목록을 만들었다. 우리가 발견한 연구들의 일부는 후측대상피질의 활동 증가를 선택에 대한 정당화(어떤 선택을 한 뒤 그것을 긍정하는 행위), 강박

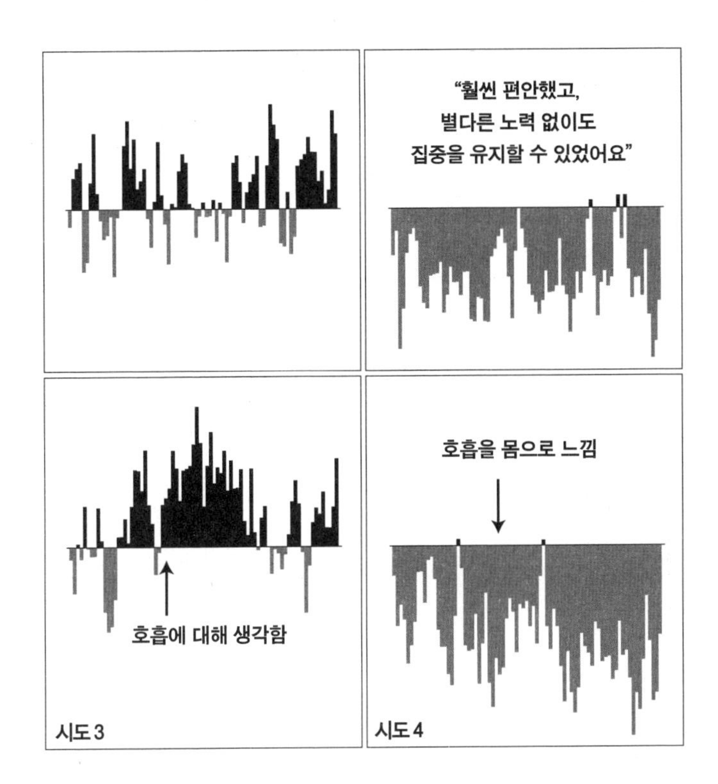

〈그림 11〉 짧은 명상을 수행한 명상 초보자들의 뇌 활동 변화
명상 초보자들이 실시간 fMRI 뉴로피드백을 받으면서 명상의 미세한 차이를 파악할 때 그들의 후측대상피질 활동은 감소했다. 그들은 눈을 뜬 채 명상하면서 3분 단위로 후측대상피질의 활동을 확인할 수 있었다. 피험자들은 명상이 한 번 끝날 때마다 자신의 경험을 구두로 설명했다.

신경 장애obsessive-compulsive disorder, 감정 소화하기emotional processing(우울증을 앓는 사람이 우울한 생각을 계속 되풀이하는 것과 같은 행동), 죄책감, 부도덕한 행동, 욕망과 연관시켰다. 2장에서 소개한 셔먼의 연구를 기억하는지? 청소년들이 인스타그램 피드를 보는 동안 뇌 활동을 측정했더니 그들 자신이 올린 사진이 '좋아요'를 많이 받을수록 후측대상피질의 활동이 증가했던 것 말이다.

이처럼 다양한 연구들은 무엇을 설명해줄까? 이런저런 생각을 해보고 나서 우리는 '오컴의 면도날 법칙'을 적용해보기로 마음먹었다. 오컴의 면도날이란 어떤 사실 또는 현상을 설명할 때 불필요한 가정을 해서는 안 된다는 원칙이다. 과학 분야에 이를 적용하면 가장 단순한 가설을 복잡한 가설보다 우선시해야 하며, 어떤 미지의 현상에 대한 설명은 우선 밝혀진 수치 또는 사건에서 찾아야 한다. 오컴의 면도날 법칙에 입각해서 우리는 우리의 모든 데이터와 일치하는 동시에 선행 연구들과도 일치하는 가설이 있는지 검토해보았다. 우리의 신경현상학 데이터에서 얻은 지식을 다른 연구에 적용했더니, 가장 단순한 설명은 롤로가 발을 헛디딘 이유와 동일했다. 우리의 데이터는 어떤 경험적인 교훈과 직접적인 연관을 나타냈다.

뇌의 DMN에 관한 연구들은 일상생활에도 도움이 되는 무언가를 알려주므로, 우리는 지금부터라도 그것에 더 많은 관심을 기울일 필요가 있다. 예컨대 우리는 우리의 경험을 밀고 당기는 데 사로잡힌다. 명상 수련회에 갔을 때 나는 정말 있는 힘을 다해 생각 중독과 싸우면서 내 생각을 밀어내려 했다. 만약 어떤 사고의 패턴(단순한 몽상이든 좀 더 복잡한 숙고형 반응이든)에 습관이 들어 있거나 중독된 상태라면 '쓸데없는 생각 버리기'에 사로잡히지 않기란 매우 어렵다. 알코올에 중독된 나의 환자들도 늘 그런 말을 했다. 우리의 뇌

데이터는 퍼즐의 가장 중요한 조각을 제공했다. 우리의 생각, 감정, 행동이 우리 자신과 어떤 관계를 맺는가가 가장 중요하다는 점. 생각은 우리 마음속에 있는 하나의 단어 또는 이미지일 뿐이다. 그런데 우리는 그것이 너무 훌륭하고 멋지다고 생각하여 머릿속에서 떨쳐내지 못한다. 욕망 또한 단지 뭔가를 원하는 상태일 뿐이지만 우리는 그 욕망에 빨려 들어간다.

결정적인 차이를 만드는 것은, 우리가 스스로의 생각 또는 감정과 어떤 관계를 맺는가이다.

명상가들은 자신의 경험들을 알아차리고 그것에 사로잡히지 않도록 스스로를 훈련한다. 사고나 감정을 있는 그대로 바라볼 뿐, 그것에 휘말리지 않는다. 후측대상피질은 '보상에 의한 학습'이라는 방법으로 우리 자신과 우리의 경험을 연결해준다. 우리는 정신적·육체적 수축을 통해 '우리'가 생각하고 있다거나 '우리'가 뭔가를 갈망하고 있다는 사실을 알게 되고, 이러한 연결로써 자신의 생각 또는 감정과 끈끈한 관계를 형성한다. 우리는 특정한 안경을 쓰고 세상을 바라보기를 거듭하다가, 나중에는 그 안경이 보여주는 풍경 그 자체를 우리 자신의 정체성과 동일시한다. 자아가 있어서 문제라는 얘기는 아니다. 매일 아침 눈을 떴을 때 우리 자신이 어떤 사람인지를 되새기는 것은 바람직한 일이다. 문제는 일상생활에서 극단적 감정에 사로잡히거나, 어떤 일(좋은 일과 나쁜 일 모두)이 벌어질 때 그것에 휘둘리는 것이다. 몽상에 빠져들거나, 반복적인 사고 패턴에 갇히거나, 욕망에 사로잡힐 때 우리는 육체와 정신의 일부가 수축하고, 좁아지고, 줄어들고, 닫히는 느낌을 받는다. 그것이 흥분이든 공포든 간에 우리는 그것에서 헤어나지 못한다.

6

사랑이라는 롤러코스터
: 사랑 중독

사랑은 죽음처럼 강한 것,
시샘은 저승처럼 극성스러운 것,
어떤 불길이 그보다 거세리오.
- 구약 〈아가〉 8장 6절

과학의 세계에서 보기 드문 유쾌한 사건이 벌어졌다. 스탠퍼드 대학의 연구자들이 일명 '사랑 대회The Love Competition'를 개최한 것이다. 연구자들은 fMRI를 이용해 대회 참가자들이 자신에게 특별한 누군가를 정신적으로 '사랑하고 있을 때' 뇌의 활동을 스캔했다. 사랑 대회의 목적은 뇌의 보상 중추를 가장 활성화하는 사람을 선발하는 것이었다. 대회 참가자들은 5분 동안 "누군가를 최대한 강렬하게 사랑하라"는 지시를 받았고, 그동안 측위신경핵을 중심으로 뇌 스캔이 이뤄졌다. 연구자들은 왜 중독과도 연관이 있는 뇌의 보상 중추에 초점을 맞췄을까?

사랑에 사로잡히다

나는 대학 졸업 직후의 여름을 이용해 여자 친구와 함께 일주일간 콜로라도주로 배낭여행을 떠났다. 차를 몰고 동부 연안으로 돌아오는 길에 우리는 세인트루이스에 잠시 들렀다. 둘 다 그곳에서 의과대학에 입학할 예정이었고, 평생을 함께하기로 약속한 터였다. 그곳에서 서로 50미터쯤 떨어진 아파트를 각각 임대하기로 하고 계약서에 서명한 뒤 한 시간쯤 지나서, 우리는 헤어지고 말았다.

'메리'와 나는 프린스턴 대학 2학년 때 사귀기 시작했다. 우리는 대학 캠퍼스 커플의 교과서였다. 둘 다 음악 활동에 열심이었기에 오케스트라에서 함께 연주했다(그녀는 플루트, 나는 바이올린). 그녀는 화학공학, 나는 화학 전공이었다. 우리는 함께 공부했다. 식사도 같이 하고, 사교 모임에도 같이 참여했다. 가끔 말다툼을 했지만 금방 화해했다. 우리는 서로를 뜨겁게 사랑했다.

대학 4학년 때 우리는 여러 곳에 MD-PhD 복합 과정으로 똑같이 원서를 냈다. 우리가 지원한 프로그램의 공식 명칭은 '의과학자 양성 프로그램MSTP'으로, 환자를 치료하면서 의학 연구를 병행하려는 사람들에게 의학과 과학의 두 학위를 단기간에 취득할 기회를 제공하는 과정이었다. 그 프로그램의 매력은 학비가 무료라는 점이었다. 합격자 전원이 연방 정부 기금으로 수업료를 지원받고, 소액이지만 생활비 지원도 받았다. 그런 만큼 자리가 많지 않은 프로그램이라 경쟁이 치열했다. 그해 가을, 메리와 나는 초조한 시간을 보냈다. 우리 둘 다 면접 기회를 얻어야 했고, 같은 학교여야 했다. 당시 나의 룸메이트들 중 하나는 나와 똑같이 MD-PhD 과정에 지원했고 다른 하나는 일자리를 구하는 중이었는데, 우리는 불합격 통보 편지를 받으면 기숙사 방 벽에 테이프로 붙여놓고 서로의 편지에다 손으로 '추신'을 써 넣으면서 스트레스를 해소하곤 했다. "추신: 넌 최악이야!"라고 쓰거나 "GO USA"(이듬해인 1996년에 애틀랜타에서 올림픽이 개최될 예정이었다) 따위의 엉뚱한 슬로건을 적어 넣는가 하면 모욕적인 말을 아무렇지 않게 휘갈기기도 했다.

12월, 메리와 나는 세인트루이스에 있는 워싱턴 대학에 우리 둘 다 합격했다는 소식을 듣고 행복해서 어쩔 줄 몰랐다. 워싱턴 대학은 교육 수준이 높고 학생 지원 제도가 잘 갖춰져 있어서 우리가 가고 싶어 했던 곳들 중 하나였다. 워싱턴 대학의 입학 담당관은 우리에게 입학 위원회가 "이 사랑스러운 젊은 커플"을 흔쾌히 받아들이기로 결정했으며 우리가 대학에 합류할 날을 고대하고 있다고 귀띔해주었다. 둘 다 의학을 전공했기에 우리는 서로를 도와주며 평생을 함께할 꿈을 꾸기 시작했다. 연구실에서 힘든 하루를 보내고 집에 돌아와 와인 한 잔씩 하면서 서로의 과학적인 문제 해결을 도와주는 상상. 완벽한 삶이었다.

그해 겨울방학 내내 나는 하늘에 둥둥 떠다니는 기분이었다. 나의 뇌는 여자 친구와 함께하는 미래를 끊임없이 시뮬레이션했다. 모든 예측이 성공과 행복을 가리키고 있었다. 그래서 나는 다음 단계를 밟기로 결심했다. '그녀에게 청혼해야지.' 나는 반지를 사서 캠퍼스로 가지고 와 프러포즈 계획을 세웠다. 거창한 미래를 그리고 있었던 만큼 계획도 거창했다.

나는 함께한 지난 2년 동안 우리에게 의미 있었던 모든 사람과 장소와 물건들을 망라해 일종의 보물찾기를 준비했다. 메리는 캠퍼스 안의 한 장소에서 단서를 찾아 다음 장소로 이동하게 된다. 그녀가 새로운 장소에 도착할 때마다 우리와 친한 친구나 저명한 교수가 그녀에게 빨간 장미 한 송이와 봉투 하나를 건네준다. 봉투에는 퍼즐 조각이 하나씩 들어 있다. 보물찾기가 끝나갈 무렵이면 모든 조각이 맞춰져서 "나에게 이메일을 보내줄래?"라는 문구가 나온다. 지금 보면야 바보 같지만, 당시 이메일은 새로운 통신수단이었으므로 마지막 단서를 이메일로 제시한다는 구상은 내 마음에 쏙 들었다. 메리는 '받은 메일함'에서 나의 고등학교 시절 단짝이었던 친구가 보낸 메일 한 통을 발견한다. 그녀에게 수학과 건물 맨 위층으로 올라가라는 지시를 전달하는 메일이다. 수학과 건물은 캠퍼스에서 가장 높은 건물이었다. 맨 위층에 올라가면 아름다운 캠퍼스를 360도 각도로 바라볼 수 있었다. 나는 어느 졸업생으로부터 그 건물 맨 위층의 열쇠 복사본을 물려받은 터였다. 그곳은 보통 짝이 있는 학생들이 놀러 가는 장소였다. 메리와 나도 그곳에 슬쩍 올라가본 적이 있었으므로 나는 그곳에서 청혼을 하면 좋겠다고 생각했다. 그녀가 올라오면, 나의 룸메이트들이 다가와 웨이터 역할을 한다. 그들은 우리가 제일 좋아하는 레스토랑에서 주문한 저녁 식사를 날라줄 예정이었다.

쌀쌀하지만 맑고 아름다웠던 어느 겨울날, 나의 프러포즈 계획은 차질 없이 진행되었다. 우리의 모든 친구들과 교수들은 각자의 역할을 완벽하게 해냈다. 그들 역시 나만큼이나 그 계획에 몰입하고 있었다. 우리가 건물 꼭대기로 올라갔을 때 메리는 "예스"라고 답했고, 우리는 프린스턴 시내의 저물녘 풍경을 내려다보며 저녁을 마무리했다. 그런데 6개월이 지난 더운 여름날 저녁, 세인트루이스에서 우리의 관계는 끝났다.

내가 왜 이 이야기를 지나치게 자세히 늘어놓고 있을까? 내가 예일 대학 금연 프로그램에 참가한 사람들에게 "나도 여러 가지 중독을 경험한 사람"이라고 소개했던 일화를 기억할 것이다(앞 장에서 언급한 '생각 중독'도 그중 하나였다). 당시에 나는 상황을 객관적으로 보지 못하고 있었다. 그때는 인정하지 않았지만, 나는 사랑에 중독된 상태였다.

최근 연애를 시작했던 때를 생각해보라. 첫 키스를 위해 몸을 구부렸을 때 배 속이 어떻게 울렁거렸는가? 두 번째 키스를 감행할 만큼 좋았는가? 연애가 뜨거워질수록 당신은 에너지를 얻었을 것이다. 인생이란 멋진 것이라고 생각했을 것이다. 당신의 이야기를 들어주는 사람이라면 아무나 붙잡고 당신의 애인이 얼마나 좋은 사람인가를 끊임없이 늘어놓았을 것이다. 머릿속은 그 사람 생각으로 가득했을 것이다. 그리고 다음번 문자, 다음번 전화 통화, 다음번 데이트를 간절히 기다렸을 것이다. 친구들이 당신더러 그 사람에게 중독됐다고 말했을지도 모른다. 다른 중독 증세와 마찬가지로 이 환희의 감정에도 반대급부가 있다. 당신에게 특별한 사람이 약속한 시간에 전화를 걸어주지 않을 때 당신은 초조해지고, 그 사람이 며칠 동안 멀리 떠나 있을 때 당신은 우울해진다.

나의 대학 시절의 연애를 보상에 의한 학습이라는 관점으로 바라보면 퍼즐 조각이 맞춰지기 시작한다. 앞에서도 말했지만 나는 무의식적으로 나 자신을 현혹하고 있었다. 그녀야말로 평생의 반려자라는 나의 주관적 편견을 강화했다. 나는 우리의 종교가 다르다는 사실을 애써 무시했다. 메리는 독실한 가톨릭 신자였는데, 나는 그것을 새로운 무언가를 배울 기회 정도로만 생각했다(역설적이게도 지금 나는 독실한 가톨릭 신자인 아내와 행복하게 살고 있다). 우리는 자녀 계획에 대해 이야기를 나눈 적이 없다. 때가 되면 둘이서 해결책을 찾겠거니 하는 막연한 생각뿐이었다. 우리는 사람이 많은 공공장소에서 대판 싸움을 벌인 적이 몇 번 있었다(그런 일을 회상하자니 지금도 얼굴이 찌푸려진다). 하지만 말다툼 한 번 안 하는 커플은 없다고 생각했다. 내가 메리의 아버지에게 그녀와 결혼해도 되는지 물었을 때 그분은 우리가 너무 어리다고 대답했다(잘해보라는 말씀과 함께). 존스 교수가 동료 교수에게 우리에 대해 똑같은 말을 하는 것을 우연히 들은 적도 있다. '저 사람들이 우리 사이에 대해 뭘 알겠어?' 나의 절

친한 친구이자 이미 이혼을 경험한 한 대학원생은 성급하게 청혼하지 말라고 내게 간곡히 당부했다. 우리 사이에 문제가 생길 것이 눈에 보인다고 말이다. 나는 화가 나서 몇 주 동안 그와 말도 하지 않았다.

나는 너무나 흥분해 있었고 고집불통이었다. 조종석 계기판에 표시되는 수치도 모조리 무시했다. '우리의 연료는 떨어지지 않았어. 이 비행기는 추락하지 않을 거야.' 나는 낭만적인 감정으로 비행기를 몰고 있었다. 사실 사랑이라는 코카인 파이프를 피우고 있었던 셈이다. 6개월 후에 정신을 차리고 현실을 받아들이긴 했지만, 약혼 당일에는 마지막으로 '사랑의 코카인'을 한껏 들이마셨던 셈이다. 내가 프러포즈를 어떻게 계획했는지 보라. 흥분과 기대의 연속이 아니던가.

낭만적인 사랑이 반드시 문제가 되는 것은 아니다. 현대 사회에서 사랑은 생각과 계획이나 마찬가지로 인류의 생존에 도움을 준다. 그러나 사랑에 완전히 사로잡혀 폭주하는 경우, 우리는 처참하게 실패한다. 이 역시 우리의 스트레스 나침반을 읽을 줄 몰라서 벌어지는 일일지도 모른다. 이럴 때 도파민은 우리를 위험에서 멀어지게 하는 대신 우리를 위험으로 이끌고 간다.

정열적인 사랑 테스트

신경과학자들과 심리학자들은 수십 년 전부터 연애 감정의 실체를 알아내기 위해 노력해왔다. 그들은 연애의 초기 단계가 과도한 행복감, 상대에 대한 강렬한 집중과 강박적 사고, 감정적 의존, 그리고 "사랑받는 상대와의 감정적 결합에 대한 갈망"으로 이뤄진다고 주장한다.[1] 낭만적 사랑에 대한 설명은 수천 년 전으로 거슬러 올라가는데, 그 내용의 대부분은 보상과 연관된 이미지를 포함한다. 예컨대 성경의 〈아가〉에서 화자는 다음과 같이 외친다. "그대 사랑은 포도주보다 달아라."(4장 10절) 문화인류학자 헬렌 피셔Helen Fisher는 TED 강연에서 알래스카주 남부에 살던 익명의 콰키우틀족 인디언이 1896년에 선교사에게 들려준 시를 소개했다. "당신을 사랑하는 것이 고통스러운 나머지 내 몸속에서 불이 타올라요. 당신을 향한 내 사랑의 불길 때문에 나의 온몸이 고통을 느껴요. 당신을 향한 내 사랑으로 고통이 끓어오르다 못해 넘칠 것만 같아요. 당신을 향한 내 사랑의 불이 고통을 다 태워버려요. 당신이 내게 해준 말을 기억하고 있어요. 나를 향한 당신의 사랑을 생각하고 있어요. 당신의 사랑이 나를 찢어놓고 있어요. 고통, 점점 커지는 고통. 당신은 나의 사랑을 가지고 어디로 가시려나요?"[2]

헬렌 피셔는 이 시의 모든 구절이 중독과 비슷하다는 점에 주목했다. 그래서 그녀는 심리학자 아서 애런Arthur Aron을 비롯한 다른 학자들과 협력해서 연애 감정으로 활성화되는 뇌의 부위가 알코올, 코카인, 헤로인 같은 약물이 활성화하는 부위와 동일한지를 알아보기로 했다. 약물로 활성화되는 부위 중 하나가 바로 보상회로에서 도파민의 원천에 해당하는 '복측피개부ventral tegmental area(VTA)'다. 피셔의 연구진은 피험자들과 면담을 하면서 연애 감정의 지속 기간, 강도, 범위를 조사했다. 면담을 마친 피험자들은 '정열적인 사랑 테스트'라는 설문지를 작성했다. 이 설문지에는 "나에게 X는 완벽한 연애 상대다"라든가 "때때로 나의 생각을 통제할 수가 없다. 계속 X 생각만 하게 된다" 같은 문장들이 포함되어 있었다. 이 테스트는 연애라는 복잡한 감정의 성격을 규명하기 위한 나름대로 신빙성 있는 도구였다.

연구진은 피험자들 가운데 진짜로 사랑에 빠진 것으로 판단되는 사람들을 fMRI에 넣은 뒤, 연애 상대의 사진을 보여주고('활성' 상태) 동성 친구의 사진도 보여주면서('비교' 상태) 뇌 활동을 측정했다. 앞서 언급했지만 뇌 활동을 절대치로 측정하는 방법은 없다(즉 특정한 수치를 기준으로 모든 사람을 줄 세울 수 있는 '온도계' 같은 건 없다). fMRI는 다른 상태와 비교해서 뇌 활동이 증가하거나 감소하는 정도를 측정하는 방법이므로 비교를 위한 조건(기준점)을 필요로 한다. 낭만적 사랑의 강렬한 감정을 억누르기란 어려운 일이기 때문에, 연구진은 피험자들이 연애 상대의 사진을 보고 있지 않을 때 단조로운 수학 문제를 풀게 하는 식으로 주의를 분산시켰다. 그러면 그들의 뇌 활동은 일상적인 상태(기준점)로 돌아갔다. 이 주의 분산의 과정은 정신이 찬물로 샤워를 하는 것이라고 생각하면 된다.

그리 놀라운 일은 아니지만 연구진은 사람이 사랑에 빠질 때 뇌에서 도파민을 생성하는 부위(복측피개부)의 활동이 증가한다는 사실을 발견했다. 자신의 연애 상대가 매력적이라고 느낄수록 피험자들의 복측피개부는 활발하게 움직였다. 이러한 실험 결과는 연애 감정이 우리 뇌의 보상회로를 활성화한다는 가설을 뒷받침한다. 어느 나라에서나 사랑을 표현하는 시, 그림, 노래 등이 끝없이 돌아다니는 것도 그래서가 아닐까? 피셔는 다음과 같은 명언을 남겼다. "낭만적 사랑은 지구상에서 중독성이 가장 강한 약물입니다."

그렇다면 스탠퍼드 대학이 후원한 사랑 대회는 어떻게 됐을까? 우승자는 켄트라는 이름의 75세 노신사였다. 그는 지금의 아내를 단체 미팅에서 처음 만났다고 말했다. 만난 지 사흘 만에 두 사람은 결혼을 약속했다. 사랑 대회의 전 과정을 촬영한 짧은 영상 속에서 켄트는 이렇게 말한다. "우리는 미친 듯이 서로를 사랑했어요. 우리가 처음 만난 순간부터 종소리와 호각 소리가 마구 울려댔습니다." 그의 말에 따르면 "처음처럼 강렬하진 않지만", "지금도 그 느낌을 간직하고 있"었다. 영상이 끝날 무렵 그가 50년 동안 같이 살아온 아내를 포옹하는 장면은 그의 말이 사실임을 아름답게 증명한다.

켄트의 말처럼 연애에 중독되지 않고서도 여전히 처음과 같은 사랑의 감정을 느낄 수 있다는 주장은 검토해볼 가치가 있다. 앞서 소개한 애런과 피셔의 연구를 다시 살펴보자. 애런과 피셔의 연구진은 뇌의 보상 중추들만이 아니라 후측대상피질의 활동도 함께 관찰했다. 알다시피 후측대상피질은 무엇보다 자기 참조와 깊이 연관되는 영역이다. 앞 장에서 나는 후측대상피질 활동의 상대적 증가가 '나'의 지표일 수 있다고 설명했다. 모든 사물과 사건에 개인적인 의미를 부여하고 그 생각에 사로잡히는 것이다. 애런의 실험에 따르면 연애 기간이 짧을수록 후측대상피질의 활동이 활발했다. 다시 말해 어떤 사람의 연애가 아직도 새롭거나 신선하다면 그 사람의 후측대상피질은 달아오르기 쉬웠다. 연애가 안정기에 접어든 경우에는(시간을 기준으로 대략 추정했다) 후측대상피질은 쉽게 동요하지 않았다. 이것은 아직 결말을 모르는 연애 초반에 우리가 관계의 새로움 또는 작업의 짜릿함에 사로잡힌다는 증거가 아닐까? 새로운 사람과 데이트를 시작할 때 우리는 상대를 끌어당기기 위해 온갖 친절한 행동을 한다. 하지만 그것은 사실 누구를 위한 행동인가? 바로 '나'다.

1~2년 뒤에 진행한 후속 연구에서 애런과 피셔의 연구진은 선행 연구와 같은 방법을 쓰되 장기간 연애를 하고 있는 사람들을 대상으로 실험을 진행했다. 이번 피험자들은 10년 이상 행복한 결혼생활을 하고 있으며 아직도 상대를 아주 많이 사랑한다고 답한 사람들이었다. 연구진은 이번에도 '정열적인 사랑 테스트'를 이용해 그들의 뇌 활동이 사랑의 특정한 측면과 어떤 관계를 이루는지 알아봤다. 여기서 사랑의 특정한 측면이란 바로 '집착'이었다. 행복한 애착을 유지하고 있는 사람들의 뇌 활동 패턴은 상대에게 집착하는 청소년과 비슷할까? 아니면 다른 학자들의 연구에서 나타났듯이 보상회로는 활성화된 상태지만 후측대상피질 활동은 줄어든 엄마들과 비슷할까?[3]

결과는 어땠을까? 후속 연구에 참가한 사람들은 평균 21년 동안 한 사람과 결혼생활을 지속하고 있지만 여전히 연애 감정을 느낀다고 주장했다. 그들이 배우자에 관해 열정적으로 생각할 때 뇌에서는 도파민에 의한 보상회로(즉 복측 피개부)가 활발하게 움직였다. 전반적으로 피험자들의 후측대상피질도 활동량이 증가했지만, 그 증가 정도는 '정열적인 사랑 테스트'의 집착 점수에 따라 차이를 보였다. 배우자에게 집착하는 성향이 강한 사람은 후측대상피질의 활동도 왕성했다. 실제로 피셔는 TED 강연에서 사랑을 중독에 비유하면서 다음과 같이 설명했다. "당신은 어떤 사람에게 집중합니다. 당신은 계속 그 사람에 대해 생각합니다. 당신은 그 사람을 갈망합니다. 당신은 현실을 왜곡합니다." 당신, 당신, 당신. 달리 말하면 '나, 나, 나'다. 사실 이런 경향은 우리 모두에게 얼마간 있다. 연애 초기에 우리는 상대가 자신과 잘 맞는 사람인가를 탐색한다. 그런데 시간이 흐르고 나서도 둘 중 하나가 이런 식의 자기중심적 태도를 유지한다면 둘의 관계는 원만하게 발전하지 못할 가능성이 높다. 만약 '나' 깃발을 땅에 꽂고 '나'는 이런저런 것을 가져야 한다고 선언한다면, 그 관계는 십중팔구 나빠지지 않겠는가. 중독은 아이를 보살피는 일도, 세계를 구원하는 일도 아니다. 중독은 스스로의 욕구를 채우고 채우고 또 채우면서 소용돌이 속으로 빨려 들어가는 것이다. 집착하는 사랑과 켄트가 보여준 것과 같은 '성숙한' 사랑이 다르다면, 낭만적 사랑 말고 다른 종류의 사랑들과 연계되는 특징적인 뇌 활동도 있을까?

이타적 사랑의 느낌

고대 그리스인은 사랑을 최소 네 가지 단어로 구분했다. 뜨겁고 정열적인 사랑을 가리키는 에로스, 부모와 자식 간의 정을 뜻하는 스토르게, 우정을 의미하는 필리아, 그리고 인류 전체를 향한 이타적인 사랑인 아가페.

사랑의 유형 중 비교적 단순한 앞의 세 가지와 달리, 아가페는 보다 신비로운 개념이다. 예컨대 기독교에서 아가페는 신이 신의 자녀들에게 베푸는 조건 없는 사랑을 뜻한다. 또한 아가페는 호혜적인 감정이다. 신은 인간을 사랑하고, 인간은 신을 사랑한다. 로마 시대의 작가들은 아가페의 무조건적이고 이타적인 성격을 온전히 표현하기 위해 이 단어를 '카리타스caritas'로 번역했다. '자선charity'이라는 영어 단어가 바로 카리타스에서 유래했다.

이 네 가지 사랑은 정확히 무엇을 의미하는가? 과학자인 나로서는 이 네 개념을 마음으로 받아들이기가 쉽지 않았다. 대학을 졸업할 무렵 나는 낭만적인 사랑의 좋은 면과 나쁜 면, 그리고 추한 면을 몸소 느끼고 있었다. 그렇다면 이타적인 사랑은 무엇이란 말인가? 당연한 말이지만 낭만적인 사랑이 실패하면 동화 같은 결말은 없다. 나와 메리의 이별도 마찬가지였다. 나는 의과대학원에 입학하자마자 생전 처음으로 불면증에 시달렸다. 메리와 나는 아주 가까운 곳에 살았고 온종일 같은 교실에서 공부했기 때문에 한층 더 괴로울 수밖에 없었다. 그러다 학기가 시작되기 일주일 전쯤, 우연히 존 카밧진의 《삶이 망가진 사람에게》를 집어 들었다. 그때 내 삶은 정말로 망가진 것만 같았으니까. 그런 뒤 개강 첫날부터 명상 강좌를 듣기 시작했고, 그렇게 해서 내 인생의 새로운 장이 열렸다.

매일 새벽같이 일어나 카세트테이프를 들으며 호흡 알아차리기 연습을 했다. 그걸 듣다가 잠든 적도 많았다. 6개월 정도 꾸준히 연습했더니 30분 동안 졸지 않고 버틸 수 있었다. 그때부터는 의과대학원의 지루한 수업 시간에도 명상을 했다(수업이 지루하니 당연한 일이다). 1~2년이 지나자 순간적으로 머릿속을 스치는 수많은 이야기(나는 생각 중독이었으니까)에 더 이상 사로잡히지 않게 되었다. '좋아, 명상이란 게 제법 도움이 되는걸?' 이런 마음으로 나는 동네의 명상 그룹을 찾아가 주 1회 단체 명상에 참가했다. 명상 강사의 강의도 듣고, 명상에 대한 글도 읽어나갔다.

명상에 대한 이론들은 이치에 맞았다. 내가 연습을 많이 할수록 명상 이론들도 자연스럽게 느껴졌다. 과거에 시도했다가 실패했던 종교적인 치유법들과 달리 명상은 실제 경험에 기반을 두고 있었다. 아마도 그것은 종교의 세계가 부실해서라기보다, 내가 종교(그 경험을 표현할 다른 단어를 못 찾겠다)에 대한 믿음이 깊지 못하고 신앙 경험이 부족해서였을 것이다. "내 말을 믿지 말고 너희가 직접 해보라." 싯다르타는 이렇게 말했다고 한다. 예컨대 나는 불안을 느낄 때마다 한 걸음 물러나 내가 하고 있는 생각을 찬찬히 살폈다. 그러면 어떤 과장된 생각(대부분은 미래의 어떤 일에 대한 것)이 불안감을 유발하고 있다는 사실을 발견할 수 있었다.

어느 날 저녁, 늘 하던 대로 30분간 명상을 한 뒤 그룹의 대표가 자비 명상에 대해 설명하기 시작했다. 자비란 진심으로 사람들의 행복을 비는 것이라고. 자비란 우리 자신에게서 시작해서 다른 사람들로 범위를 넓혀 궁극적으로는 만물을 사랑하는 것이라고. 이런 명상법은 수천 년 동안 행해지던 것이라고 말이다. 나는 약간 주저했다. 그 자비 명상이라는 방법이 얼마나 오래됐는지에 대해서는 그다지 관심도 없었다. '나만의 이야기에 사로잡혀 있는 데다 스스로 고통을 초래하고 있는 내가 자비와 무슨 상관이 있겠어?' 나는 강사의 설명대로 자비 명상법을 그저 집중력 향상의 도구로 이용하면 된다고 스스로를 설득했다. 문구를 암송한다. 마음이 어딘가로 달아나려 하면 이를 알아차리고 다시 문구를 외운다. 진부하고 감상적인 얘기들은 생략해버렸다.

몇 년 동안 자비 명상을 수행하고 나서야 이타적인 사랑이 실제로 어떤 느낌인가를 이해하기 시작했다. 레지던트 생활에 들어갈 무렵에는 내 가슴속의 따뜻한 기운을 느끼기 시작했고, 명상을 하는 동안 몸에서 일종의 수축이 완화되는 느낌을 받았다. 항상 그랬던 건 아니지만, 분명 그럴 때가 있었다. 나는 짜릿한 흥분을 동반하는 낭만적인 사랑에 익숙한 사람이었다. 그것과 다른 이 느낌이 자비일까?

레지던트 생활 동안 종종 이런 생각을 하면서 개인적으로 여러 가지 실험을 해봤다. 예컨대 자전거를 타고 출근할 때 누군가 나에게 경적을 울리거나 고함을 치면 내 몸에서 뭔가가 수축되는 느낌이 들었다. 누가 나를 향해 경적을 울린다(계기). 나는 고함을 치거나, 손가락으로 욕을 하거나, 일부러 그 차 바로 앞에서 달린다(행동). 무조건 내가 옳다고 느낀다(보상). 그러고는 이 수축된 느낌과 '내가 옳다'는 독선을 병원으로 가지고 들어가, 동료 의사들에게 도로 위의 다툼에 대해 늘어놓곤 했다.

그러다 어느 순간 나는 내가 환자들에게 즐거운 기분을 전달하지 못하고 있다는 사실을 알아차렸다. 그래서 차들을 향해 소리치는 대신 그들의 경적을 '자비' 실천의 계기로 이용한다면 나의 수축(그리고 태도)이 어떻게 변할까 시험해보기로 했다. 첫째, 나 자신에게 문구를 들려준다. "나에게 행복을." 둘째, 길 위의 운전자를 향해 문구를 외운다. "당신도 행복하세요." 이렇게 했더니 '내가 옳다'는 느낌과 그에 뒤따르는 수축의 악순환이 어느 정도 깨졌다. '오, 이게 도움이 되네?' 한동안 이렇게 해보니 직장에 도착했을 때의 마음이 한결 가벼워졌다. 수축은 사라졌다. 문득 이런 생각이 떠올랐다. '잠깐, 누군가 나에게 경적을 울리지 않더라도 사람들의 행복을 빌어줄 수 있잖아. 오늘 내가 만나는 모든 사람에게 자비를 실천하면 어떨까?' 그렇게 나는 거의 매일 유쾌하고 긍정적인 마음으로 병원에 도착하게 되었다. 이 자비라는 것은 고갈되지 않는 것만 같았다.

우리 연구 팀이 실시간 fMRI 뉴로피드백 실험을 하던 몇 년 전으로 돌아가보자. 앞 장에서도 언급했지만 나는 종종 우리 연구 팀의 실험용 쥐 노릇을 자청했다. 내가 스캐너 안에 들어가 명상을 하면, 그동안 대학원생 더스틴이 기계를 조작하곤 했다. 한번은 나의 뇌

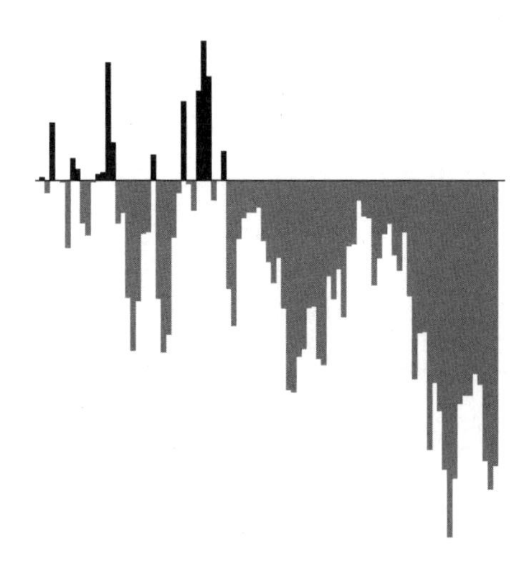

〈그림 12〉 자비 명상 중 저드슨 브루어 박사의 뇌 활동 변화
그래프는 fMRI 뉴로피드백 장비를 시험하기 위해 자비 명상을 하는 동안 후측대상 피질 활동을 기록한 것이다. 검은 막대는 뇌 활동의 증가를, 회색 막대는 활동의 감소를 의미한다. 모든 막대는 2초 단위로 측정한 결과를 표시한다. 명상은 중반쯤부터 성공적으로 진행됐다(이때 뇌 활동은 크게 감소했다).

활동 그래프를 지켜보면서 자비 명상을 해보기로 했다. 맨 먼저 더스틴의 행복을 기원하고, 그다음으로 기계실에서 일하는 기술자들의 행복을 빌었다. 따스한 기운과 함께 가슴이 열리는 느낌이 찾아왔다. 몸이 점점 따뜻해지면서 확장되는 기분이었다. 내가 생각해낼 수 있는 가장 정확한 표현은 다음과 같다. 자유롭고 충만하고 따뜻한 느낌. 나는 아무것도 하지 않고 있었다. 그 느낌은 저절로 찾아왔다. 그리고 그때의 감각은 연애 중에 느꼈던 아찔한 흥분과 확연히 달랐다. 그보다 더 많이 열려 있는 느낌이었다. 또한 그것은 내가 더 많은 것을 원하게 만들지도 않았다. 나는 3분간 시험 명상을 한 뒤 실시간 피드백 그래프를 확인했다. 그래프에 따르면 처음 1분이 지나고부터 후측대상피질 활동이 눈에 띄게 감소했으며(중앙 수평선 아래로 급격히 내려간 부분) 명상이 끝날 무렵에는 활동량이 더 떨어졌다.

고무적인 결과였다. 우리는 그 전에도 집단 분석에 근거하여 명상 중인 사람들의 후측대상피질 활동이 감소한다는 연구 결과를 발표한 바 있었다. 하지만 자비 명상을 하는 동안의 뇌 활동이 나의 경험과 완벽하게 일치했다는 사실은 조금 더 특별했다. 맨 처음 자비 명상을 접했을 때 나는 그걸 '사이비'로 여기지 않았던가.

우리는 명상 초보자와 명상 숙련자들로부터 더 많은 데이터를 수집한 뒤, 자비 명상 중의 뇌 활동 변화에 관한 첫 번째 논문을 발표했다.[4] 이 데이터는 어떤 경험에 사로잡혀 있을 때 후측대상피질이 수행하는 역할에 대한 우리의 지식과도 맞아떨어졌다. 명상 숙련자들은 스캐너 안에서 자비를 실천하는 동안 수축된 흥분과 반대되는 느낌(따뜻한 느낌, 열려 있는 느낌 등)을 받았다고 입을 모아 증언했다.

또한 우리의 연구 결과는 사랑의 퍼즐에 작은 조각 하나를 추가했다. 선행 연구들이 아이를 키우는 엄마들과 서로에게 집착하지 않는 연인들의 후측대상피질 활동이 감소했다는 점을 밝혔다면, 우리의 데이터는 사랑을 한다고 해서 반드시 뇌에서 자기중심성과 관련한 부위들이 활발하게 움직이지는 않는다는 사실을 재확인했다. 모든 사랑이 자기중심적인 것은 아니다. 만약 사랑을 하면서 늘 자신을 중심에 놓으려고 애쓴다면, 우리는 사랑의 광활하고 심오한 의미를 놓칠지도 모른다.

이러한 실험 결과들은 후측대상피질의 활성화 여부가 그냥 사랑에 빠진 상태와 사랑에 '중독된' 상태의 차이를 드러낸다는 애런과 피셔의 주장과도 일치한다. 흥미롭게도 우리의 연구에 따르면 낭만적 사랑을 하는 동안(그리고 코카인에 중독된 사람들에게서도) 활발하게 움직이는 것으로 알려진 뇌의 보상 경로가 자비 명상을 하는 동안에는 매우 잠잠했다. 그렇다면 집착하지 않는 사랑과 연관된 신경계의 활동이 따로 있을까? 그리스인들이 집착하지 않는 사랑을 가리키는 단어를 따로 만들었다는 사실을 봐도 그렇고, 나의 경험을 봐도 마찬가지다. 그리고 아직은 걸음마 단계지만 우리의 연구 결과들도 그 가능성을 시사한다. 절묘하게도 자비에 관한 우리의 논문이 발표된 것은 밸런타인데이 바로 전날이었다.

• 2부 •

기쁨의 새로운 원천을 찾아서

새로운 습관을 학습하기

7

흥분에서 기쁨으로

권태를 치료하는 약은 호기심이다. 호기심을 치료하는 약은 없다.
- 도로시 파커Dorothy Parker의 말로 알려짐

나는 특별한 재능을 가진 사람이 아니다. 열렬한 호기심이 있을 뿐.
- 알베르트 아인슈타인Albert Einstein

딴생각을 하지 않고 주의를 집중하는 능력은 우리가 아이들을 양육할 때, 회사를 설립할 때, 명상 수행을 할 때 그리고 환자를 돌볼 때 반드시 필요하다. 의학 분야에서 환자들이 가장 많이 제기하는 불만은 의사들이 자신의 말을 잘 듣지 않는다는 것이다. 명상은 이런 '정신의 근육'을 키우는 가장 좋은 방법으로 알려져 있다. 하지만 명상이라는 바다에 들어간 사람들 중 다수는 재빨리 해변으로 기어

나와서 스스로에게 말한다. "너무 어려워서 안 되겠어." "집중할 수가 없어." "이게 어떻게 도움이 된다는 거지? 지금 내 기분은 최악인데."

1998년, 의과대학원 2년을 마친(마음챙김도 2년 동안 수행한) 나는 생애 처음으로 일주일짜리 명상 여행을 떠났다. 내가 살던 동네의 명상 강사인 지니 모건Ginny Morgan이 세인트루이스 서쪽 외곽에 위치한 가톨릭 피정 센터를 빌리고, 웨스트버지니아주의 어느 수도원에서 반테 구나라타나Bhante Gunaratana라는 저명한 명상 지도자를 초빙했다. 일주일간 반테가 명상을 가르치고 지니는 관리자 역할을 한다고 했다. 구나라타나가 쓴 《가장 손쉬운 깨달음의 길》을 읽어본 나로서는 그에게서 직접 명상법을 배울 생각에 기대가 컸다(그리고 수도자와 함께 있으면 어떨지도 궁금했고 말이다!).

명상 여행에서는 별다른 지시 없이 조용히 명상하는 시간을 많이 줬다. 구나라타나는 원래 예배당이었던 명상실 앞쪽에 몇 시간이고 명상 자세로 앉아 있었고, 나머지 사람들은 그를 중심으로 반원형으로 둘러앉았다. 우리는 앉아서 하는 명상과 걸어 다니면서 하는 명상 중 하나를 자유롭게 선택할 수 있었다. 질문이 생각나면 종이에 써서 제출하고, 그러면 매일 저녁 전원이 명상실에 모일 때 구나라타나가 대답을 해주곤 했다. 다른 사람들의 질문을 듣고 다 같이 배우자는 취지였을 것이다.

여행 이틀째 되던 날, 나는 좌절해서 의욕을 잃었다. 지니의 어깨에 기대 울면서 "난 못 하겠어요", "너무 어려워요"라는 말을 토해냈다. 이런 사람들을 많이 봐온 구나라타나는 나와 일대일로 만나 주기도 했다. 그는 "명상을 시작할 때 호흡에 맞춰 7까지 숫자를 세면" 마음을 진정시키는 데 도움이 된다는 조언을 해줬다. 문제는 내 마음이 도무지 집중하려 하지 않는다는 것이었다. 아무리 노력해도 내 마음은 세상의 하고많은 것들 가운데 하필이면 나 자신의 호흡에 집중하는 일에 귀중한 시간을 쓰는 이유를 납득하지 못했다. 돌이켜보면 내 마음을 탓하기도 어렵다. 마음속에 더 멋진 것들(유쾌한 추억, 앞으로 진행할 실험에 대한 계획 등)이 가득한데 왜 호흡처럼 재미도 없고 흥분되지도 않는 대상에 주의를 집중하고 싶겠는가? 생각에 중독된 사람에게 호흡과 멋진 것들 중 하나를 선택하라고 하면 답은 당연히 후자일 것이다.

우리는 흥분을 행복으로 착각한다

처음 명상을 배울 때는 호흡에 주의를 집중하고 마음이 달아날 때 다시 호흡에 주의를 돌려야 함을 강조한다. 이것은 단순한 원칙이지만 우리가 체득한 보상에 의한 학습 메커니즘에 반하는 일이다. 앞에서 여러 차례 언급했지만, 우리가 뭔가를 학습하는 가장 효과적인 방법은 행동을 결과와 연결하는 것이다. 싯다르타 역시 이런 원리를 설파한 바 있다. 싯다르타는 자신을 따르는 제자들에게 원인과 결과를 인식하고 자기 행동의 결과를 똑똑히 알아야 한다고 거듭 훈계했다. 현대인의 삶에서 우리가 강화하는 행동은 어떤 것인가? 대부분의 경우, 스트레스에서 멀어지는 행동은 아닐 것이다. 스트레스 나침반이 실제로 우리에게 말해주듯이(물론 이것을 알려면 스트레스 나침반 사용법을 배워야 하겠지만), 우리는 잘못된 장소에서 행복을 찾고 있다.

나는 2008년부터 팔리어 불교 경전을 원문으로 읽었다. 그중에는 '연기'에 관한 내용(1장을 보라)이 있었다. 경전을 읽는 동안 나는 "우리는 행복을 찾다가 길을 잃어버리는 경향이 있다"는 싯다르타의 가르침을 발견했다. 아마도 싯다르타는 그러한 관찰을 토대로 고통과 행복에 관한 혁신적인 교리를 만들었을 것이다. "평범한 중생들이 행복이라고 부르는 것을 '고귀한 사람들Noble Ones'은 고통이라고 부른다. 평범한 중생들이 고통이라고 부르는 것을 고귀한 사람들은 행복으로 여긴다."[1] 버마의 명상 지도자 사야도 우 판디타Sayadaw U Pandita가 "우리는 흥분을 행복으로 착각한다"고 말한 것도 같은 뜻이 아닐까? 흥분은 우리를 방황하게 하고, 우리로 하여금 고통에서 멀어지는 대신 고통에 다가가게 한다.

싯다르타는 진정한 행복과 고통의 차이를 어떻게 알았을까? 첫째, 그는 사람들을 세심하게 관찰하면서 강화를 통한 학습의 기본 원리를 파악했다. "(사람들이) 감각적 쾌락에 젖을수록 감각적 쾌락에 대한 그들의 갈망은 커진다. 감각적 쾌락의 그 뜨거움에 화상을 입는 일도 늘어난다. 그러나 그들은 감각적 쾌락에 의존하는 과정 속에서 일정한 만족과 기쁨을 얻기도 한다."[2] 행동(감각적 쾌락에 젖어든다)이 보상(기쁨)으로 이어지고, 보상은 그 과정의 반복을 촉진한다

(갈망). 만일 내가 어떤 낭만적인 몽상에 빠져 몇 시간을 그냥 흘려보냈다면, 그 몽상에서 얻은 흥분 때문에 나는 그것을 더 갈망하게 된다. 나의 환자들이 술을 마시거나 약물을 복용할 때도 똑같은 일이 벌어진다.

흥미로운 사실은 싯다르타 자신도 이런 사치와 도취의 과정을 극한까지 경험한 사람이라는 점이다. "처음에 나는 세상의 모든 쾌락을 다 찾아보려 했다. 세상에 있는 쾌락이란 쾌락은 모두 경험했다. 나는 세상의 모든 쾌락이 어디까지 확장되는가를 보고 지혜를 얻었다."[3] 싯다르타는 원래 왕자였다. 전설에 의하면 싯다르타의 어머니가 그를 임신했을 때 왕궁에 모인 예언자들은 그 아기가 나중에 강력한 독재자 혹은 위대한 영적 지도자가 될 것이라고 예언했다고 한다. 예언을 들은 왕은 아들을 강력한 독재자로 만들기 위해 자신의 힘으로 할 수 있는 모든 조치를 취했다. 그는 아들에게 "어려움과 슬픔을 하나도 겪지 않도록 해주면 영적 지도자의 운명은 실현되지 않으리라"고 판단했다.[4] 왕은 어린 왕자를 애지중지하면서 그가 하고 싶다는 것은 다 들어주며 사치스러운 생활에 파묻히게 했다.

아이러니하게도 이처럼 합당해 보이는 전략이 역풍을 몰고 왔다. 온갖 욕구를 끝까지 채워본 왕자는 그것이 자신에게 지속적인 만족을 주지 않는다는 사실을 깨달았다. 일시적인 만족은 더 많은 것을 원하게 만들 뿐이었다. 그는 절대로 끝나지 않는 이 악순환에 대해 곰곰이 생각하다가, 욕망의 작동 원리와 욕망에서 벗어나는 법을 깨달았다. "다들 들으라. 세상의 온갖 욕구는 그저 욕구일 따름이니, 내가 그것을 직접 경험하지 못했을 때는 그 욕구의 실체를 몰랐다. 나는 이 세상의 가장 훌륭하고 완전한 진리를 모르고 살았다……. 그런데 이 모든 것을 직접 경험하고 나서는 진리에 눈을 떴노라. 내 안에서 지혜와 통찰이 생겨났노라. '흔들리지 않는 고요야말로 내 마음의 해방이로구나.'"[5]

다시 말하면, 싯다르타는 자신의 행동으로 실제로 얻는 것이 무엇인가(어떤 행동이 행복을 가져다주고 어떤 행동이 스트레스와 고통을 장기화하는가)를 명확히 알고 나서야 이를 바꾸는 방법을 알아낸 셈이다. 그는 자신의 스트레스 나침반 읽는 법을 배웠다. 그러고 나니 방향감각을 되찾고 다른 길로 가기란 지극히 쉬운 일이었다. 습관 형성의 기본 법칙을 따르면 된다. 스트레스의 원인이 되는 행동을 중단하면 기분은 금방 좋아진다. 행동과 보상, 원인과 결과를 연결하라. 중요하면서도 역설적인 원칙 하나. 스트레스를 유발하는 행동을 중단하기 위해서는 상황을 변화시키거나 해결하기 위한 어떤 행위에 돌입하는 것보다 그저 우리가 하고 있는 행동을 의식하는 편이 낫다. 엉망진창이 된 삶 속에 들어가서 꼬인 것을 풀려고 애쓰기보다는(그 와중에 더 많이 엉킬지도 모른다), 한발 물러나 문제가 저절로 풀리도록 놓아두자. 뭔가를 하는 것에서 그저 존재함으로 나아가자. 나는 팔리어 경전에서 이 대목을 읽다가 무릎을 탁 쳤다. 정말 중요한 통찰이다. 왜일까? 나 역시 경험 속에서 그 악순환을 여러 번 목격했기 때문이다. 나도 스트레스를 유발하는 행동을 스스로에게 행복을 주는 행동으로 착각하고 무작정 되풀이한 경험이 있다. 나의 환자들에게서도 그런 모습을 봤다. 그리고 그것은 인간의 학습에 관한 이론과도 일치한다.

욕망의 출구를 찾다

2006년 '내 생각과 대결'을 벌인 뒤에, 나는 생각들과 싸우거나 생각들을 조종하려 하는 대신 그 흐름이 저절로 출구를 찾게 놓아둔 채 내 몸과 마음에서 어떤 일이 벌어지는가를 지켜보기 시작했다(드디어!). 나는 원인과 결과에 주의를 기울이기 시작했다. 그리고 레지던트 수행을 끝낸 2008년부터는 내 마음에 대해 진짜로 알아보기 위해 장기간의 명상 여행에 참가했다. 2009년에 갔던 1개월짜리 명상 여행에서는 마침내 '연기'라는 쳇바퀴를 진정으로 이해하기 시작했다.

그날 나는 자가 명상 센터의 명상실에 앉아 있었다. 갖가지 생각들이 떠오르는 것을 인식하고(원인), 그 생각들이 내 몸에 어떻게 작용하는가에 주의를 기울였다. 머릿속 시뮬레이션이 충분하지 않아서였을까? 내 마음은 성적인 환상과 나의 고민 또는 걱정거리에 대한 끊임없는 반추 사이를 왔다 갔다 했다. 유쾌한 환상에 빠지고 나면 갈망이 찾아오는 식이었다. 그럴 때마다 배 속이나 명치 부분이 수축되고 요동치는 느낌이었다. 그 순간 나는 유쾌하지 않은 걱정을 하고 있을 때도 내 몸의 느낌이 그것과 똑같다는 사실을 깨달았다. 내가 나의 생각 안에 빨려 들어간다는 것이 무엇인가를 똑똑히 알 것 같았다. 그 생각들이 좋은 것인지 나쁜 것인지는 중요하지 않았다. 어떤 생각이든 연쇄적인 생각의 흐름은 똑같은 결과로 이어졌다. 그 결과는 바로 쉴 새 없이 충족시켜줘야 하는 갈망이었다. 명상 센터의 강사들에게 나의 '놀라운 발견'에 대해 설명했더니, 강사들은 의례적인 미소를 지었다. "축하해요, 이제 당신도 출발점을 찾았군요"라고 말하는 듯한 표정이었다. 그래서 나는 그것을 출발점으로 삼았다. 여행 기간 내내 기회가 닿을 때마다 욕구를 끝까지 채워봤다. 생각들이 떠오르고, 더 많은 생각에 대한 욕구로 이어지는 과정을 지켜봤다. 밥을 먹다가 맛있다는 감각을 느끼고 나서 더 먹고 싶다는 욕망이 생겨나는 과정을 지켜봤다. 한참 동안 앉아서 명상을 하다가 불안을 느끼고 일어나고자 하는 욕망이 찾아오는 과정에 주의를 기울였다. 나는 욕구를 최대한 채워주면서 끝까지 탐색했다. 그러자 환상에서 깨어나는 맛을 알게 됐다. "흥분을 행복으로 착각"하는 저주가 풀린 것이다. 나의 스트레스 나침반이 작동하는 원리가 조금씩 이해되기 시작했다. 그동안 내가 잘못된 방향으로 움직이고 있었기 때문에 그 과정에서 더 많은 고통을 초래했다는 사실도.

내가 생각의 환상에 취해 있었던 것처럼, 우리는 일상 속에서 고통을 행복으로 착각할 때가 많다. 그것을 어떻게 알 수 있느냐고? 우리가 스스로의 고통이 영속화하는 과정을 멈추지 않기 때문이다. 다른 사람에게 버럭 화를 내거나, 위안이 되는 음식을 먹거나, 스트레스 때문에 뭔가를 구입하는 행동을 하루에 몇 번이나 하는지 생각해보라. 소비를 통해 행복해지라고 권하는 수많은 광고들을 보라. 그 광고들은 우리에게 X라는 상품을 구입하면 행복해질 거라는 관념을 주입한다. 그러한 자극이 효과를 거두는 이유는 인간에게 고유한 보상에 의한 학습 메커니즘을 이용하기 때문이다. 이 메커니즘에 따르면 행동은 보상으로 이어지고, 보상은 미래의 행동을 만들며 강화한다.

명료하게 보기

우리가 만들어온 스트레스 대처법은 궁극적으로 스트레스에서 해방되는 방식이 아니라 오히려 스트레스를 지속시키는 방식이다.

싯다르타는 스트레스를 행복으로 오인하는 것이 문제라고 강조했다. "과거의 육체적 쾌락은 매우 뜨거워서 살갗이 타버릴 것처럼 고통스러웠다. 미래의 육체적 쾌락은 매우 뜨거워서 살갗이 타버릴 것처럼 고통스러울 것이다. 현재의 육체적 쾌락은 매우 뜨거워서 살갗이 타버릴 것처럼 고통스럽다. 그러나 육체적 쾌락에 대한 열망에서 벗어나지 못하고, 관능적 욕망에 지배당하고, 뜨거운 열망에 불탄다면 그 사람의 감각기관은 고장을 일으킨다. 감각적 쾌락이 실제로는 살갗을 아프게 하는데도 그는 그것을 '쾌감'으로 잘못 인식한다."[6] 나의 환자들은 이와 같은 오류를 날마다 경험한다. 그들은 자신의 스트레스 나침반 사용법을 모른다. 담배를 피우거나 마약을 남용해서 얻는 단기적 보상이 그들을 잘못된 방향으로 이끈다. 배가 부른데도 스트레스 해소를 위해 음식을 계속 먹는다든가, 자기 페이스를 유지하지 못하고 넷플릭스 드라마를 끝없이 시청할 때의 우리도 마찬가지다.

만약 보상에 의한 학습이 인간의 자연스러운 성향이라면, 그것을 활용해서 일시적 '행복'에서 지속 가능한 평안과 만족과 기쁨의 상태로 옮겨 가는 법을 학습하면 좋지 않겠는가? 아니, 지금까지 우리는 왜 그런 학습을 하지 않았을까?

스키너는 행동을 바꾸기 위해서는 반드시 보상이 필요하다고 주장했다. "행동을 바꾸려면 그 행동의 결과를 바꿔야 한다. 그것이 조작적 조건형성이다. 하지만 나중에 뒤따라올 다른 결과를 예상하면서 행동을 먼저 바꿀 수도 있다."[7] 스키너의 제안처럼 결과(보상)를 바꾸지 않고도 행동을 바꾸는 것이 가능할까? 우리가 행동으로부터 얻는 것을 더 명료하게 보기만 하면, 현재의 행동 때문에 치르는 대가가 더 뚜렷이 드러난다. 다시 말해 어떤 행동에 따르는 보상을 한동안 맛보지 않는다면, 그 보상은 우리가 애초에 생각했던 것만큼 달콤하지 않을 수도 있다는 얘기다. 14세기 페르시아의 신비주의자이자 서정시인인 하피즈Hafiz는 이러한 진리를 〈그리고 박수갈채And Applaud〉라는 제목의 시에 담아냈다.

> 언젠가 한 젊은이가 내게 와서 말하길,
>
> "선생님,

저는 오늘 기운이 넘치고 두려운 것도 없습니다.

그래서 진실을 알고 싶어요.

제가 좋아하는 모든 것의 진실을요."

그래서 나는 대답했노라.

"좋아하는 것들?

좋아하는 것들이라!

이보게 젊은이,

자네가 좋아하는 모든 것에 대해

진정 내 의견을 듣고 싶은가?

내 눈에는 명료하게 보인다네

자네는 온갖 정성을 쏟아가며

그럴싸한 타락의 소굴을 만들었군.

그래서 자네가 좋아하는 쾌락을 모두 그 안에 담았네.

게다가 자네는 그 소굴 전체를

무장한 경비병과 사나운 개들로 둘러쌌군.

자네의 욕망들을 지키기 위해서겠지.

그렇게 자네는 때때로
살짝 도망칠 수도 있다고 생각했겠지.

그리고 자네는 그 메마른 몸뚱이에 집어넣기 위해
억지로 빛을 짜내려 하는군.
영양가라곤 하나도 없어서
새도 탁 뱉어버릴
말린 대추야자 씨 같은 곳에서
그 빛을 얻으려 하는군.[8]

우리 자신이 행복이란 무엇인가를 정의하고 흥분과 기쁨의 차이를 명료하게 보게 되기 전까지, 습관은 쉽사리 변하지 않을 것이다. 우리는 계속해서 욕망의 과실을 따먹으러 달려갈 테니까.

더 행복해지는 습관

역사가 오래된 팔리어 경전 중에 〈아나파나사티 수타Anapanasati Sutta〉이라는 것이 있다. 아나파나사티 수타는 호흡에 대한 마음챙김이라 할 수 있다. 이 경전은 들숨과 날숨을 알아차리라는 지시로 시작된다. "항상 주의를 기울이면서 숨을 들이마신다. 주의를 기울이면서 숨을 내쉰다."[9] 지시문은 다음과 같이 이어진다. "길게 숨을 들이마시며 생각한다. '지금 나는 숨을 길게 들이마시고 있구나.' 숨을 길게 내쉬면서 생각한다. '지금 나는 숨을 길게 내쉬고 있구나.'" 다음으로는 수행을 위한 과제들이 제시된다. "온몸에 주의를 기울이고, 기쁨을 느끼고, 머릿속에서 뭔가를 만들어내라(이것은 '정신적 조립mental fabrication'으로 번역된다)." 명상 지도자들은 대부분 호흡에서 멈추는 것 같다. 내가 배웠던 것도 바로 그 부분이었고, 실제로 몇 년 동안 내 호흡과 하나가 되기 위해 수행했다.

〈아나파나사티 수타〉를 계속 읽어보면 '각성의 7요소'가 나온다. 그 7요소는 다음과 같다. 마음챙김sati, 지금 일어나는 현상에 대한 흥미dhamma-vicaya, 정진vīirya, 환희pīti, 고요passaddhi, 집중samadhi, 마음의 평안Upekkhā.[10]

7요소 자체도 중요하지만 어쩌면 그것이 나열된 순서 역시 그만큼 중요할지도 모른다. 원인-결과 모델로 돌아가면, 싯다르타는 우리가 고통으로부터 멀어지려고 애쓰면서 현재의 경험에 주의를 기울일 때 원인과 결과에 대한 흥미가 저절로 솟아난다고 설했다. 만약 스트레스를 줄이거나 없애는 것이 목표라면, 우리는 단지 우리의 경험에 주의를 돌리기만 하면 된다. 그러면 그 순간 우리가 스트레스를 늘리고 있는지, 혹은 줄이고 있는지에 대한 흥미가 저절로 솟아난다. 다른 행동은 필요하지 않다. 그저 유심히 보기만 하면 된다. 이것은 훌륭한 책을 읽는 과정과도 같다. 훌륭한 책을 읽기를 원한다면, 일단 독서를 시작하면 되는 것 아닌가. 그 책이 좋다는 생각이 들면 저절로 흥미가 생겨서 계속 읽게 되니 말이다. 마음챙김 수행도 마찬가지다. 우리가 지금 하고 있는 행동에 대해 탐색을 많이 할수록 그 일에 대한 흥미가 커진다. 스스로에게 질문을 던질 수도 있다. "이 행동에서 내가 실제로 얻는 것은 무엇인가? 이 행동은 나를 고통에 가까워지게 하는가, 아니면 고통에서 멀어지게 하는가?" 책이 정말로 좋아지면 자신도 모르게 새벽 3시까지 읽어내기도 한다. 황홀경에 빠진 다음에는 몇 시간이고 조용히 앉아서 독서를 할 수도 있지 않은가.

이 정도면 진짜로 집중이 시작된 것이다. 앞에서 말한 7요소가 모두 갖춰지면 집중은 자연스럽게 생겨난다. 집중을 강제할 필요도 없고, 몽상이나 딴생각에 빠져 있다가 번번이 집중의 대상으로 돌아올 필요도 없다. 이것은 내가 처음에 배웠던 집중하는 방법과는 다르다. 처음에 익힌 집중법은 다음과 같다. 주의를 기울이라. 마음이 달아나면 다시 데려오라. 반복. 반면 팔리어 경전은 원인과 결과를 활용하라고 가르친다. X에 적합한 조건을 만들라. 그러면 X는 자연스럽게 생겨난다.

'마음챙김'과 '흥미'라는 막대를 같이 쥐고 손으로 문질러보자. 그러면 다섯 걸음 뒤에 불이 붙고 집중은 저절로 찾아올 것이다. 집중을 강제한다는 것은 정말로 힘든 일이다. 자격증 시험에 대비해서 공부를 하거나, 페이스북 피드보다 재미없는 뭔가에 대해 늘어놓는 배우자의 이야기를 경청하려고 애쓴 적이 있는 사람이라면 잘 알 것이다. 마음이 불안할 때 집중하기가 얼마나 어려운지는 우리 모두 잘 알고 있다. 반면 마음이 평온할 때는 지하철 안에서도 좋은 책을 얼마든지 읽을 수 있다. 주변이 소란스러워도 동요하지 않는다.

어떤 대상(우리의 호흡, 대화, 또는 다른 어떤 것)에 집중하려고 애쓸 때, 그런 상태를 우리의 '디폴트 모드'로 만들려면 어떻게 해야 할까? 지금 이 순간 우리의 행동에서 무엇을 얻는가(어떤 보상을 얻는가)를 명료하게 보려면 어떻게 해야 할까? 뭔가에 흥미를 느끼거나 호기심을 품을 때, 나아가 뭔가에 정신없이 빠져들 때 기분이 어떤지를 그저 알아차리는 것에서 출발하면 어떨까? 나의 경우 진짜로 호기심을 느낄 때는 스스로 열려 있고 에너지와 기쁨이 충만하다는 느낌을 받는다. 그런 느낌은 각성의 7요소 중 맨 먼저 나열된 두 가지(마음챙김과 흥미)를 결합시킨 결과로 얻는 보상과 일치한다. 이것은 우리가 원하는 뭔가를 얻을 때 찾아오는 어떤 종류의 짧고 강렬한 '행복'과 대조를 이룬다. 메리에게 청혼하기 위해 보물찾기를 준비했을 때, 나는 그 과정에서 얻는 흥분을 행복으로 착각했다. 그 차이를 확실히 깨닫게 된 것은 몇 년 후의 일이었다. 흥분은 불안을 유발하며, 더 많은 것을 원하는 수축된 갈망과 함께 찾아온다. 호기심에서 비롯한 기쁨은 수축감과는 다르다. 조금 더 부드럽고 열려 있는 느낌이다.

이 두 가지 보상의 결정적인 차이는 주의를 기울이고 호기심을 느끼는 데서 생겨나는 기쁨에 있다. 주의 기울이기와 호기심 갖기는 사실상 깨어 있는 동안이라면 언제든 가능한 일이다. 알아차림 또한 특별한 노력 없이 어느 때고 할 수 있는 일이다. 우리는 그저 마음챙김 상태에 편안히 머무르면 된다. 반면 흥분을 하려면 우리에게 어떤 일이 일어나거나 원하는 뭔가를 획득해야 하며, 뭔가를 획득하려면 행동이 필요하다. 흥분에서 기쁨의 각성으로 전환하기 위해, 우리는 계기(스트레스)를 알아차리고, 행동을 수행하고(열려 있고, 호기심을 지니고, 마음을 열어놓는 상태로 들어가기), 보상을 주의 깊게 관찰해야 한다(기쁨, 평안, 평정). 그리고 보상에 의한 학습 과정을 활용하자. 이 단계들을 자주 밟을수록 우리는 더 깊이 집중하고 더 행복해지는(흥분하지 않으면서 행복해지는) 습관의 패턴을 형성하게 된다. 이와 같은 존재의 방식이 언제나 가능하다는 사실도 발견할 수 있을 것이다. 물론 적절한 조건(예컨대 우리 자신의 길에서 벗어나기)은 갖춰져야 하겠지만 말이다.

호기심을 느끼는 뇌

'보상에 의한 습관 형성' 시스템을 활용해 중독을 이겨내거나, '보상에 의한 행복' 중 '흥분' 유형을 넘어설 수 있다는 것. 어쩌면 이런 이야기가 직관에 반하거나 역설적인 주장으로 여겨질지도 모른다.

우리는 어떻게 뭔가에 매혹당하거나 도취될 정도로 흥미를 느낄 수 있을까? 우리가 호기심을 느끼며 기뻐하는 것과 이기적인 행동에서 흥분을 얻는 것을 어떻게 구별할 수 있을까? 다시 말해, 명상할 때 우리가 제대로 하고 있는지를 어떻게 알 수 있을까? 간단히 대답하자면 기쁨(이타적인 감정)과 흥분(이기적인 감정)의 차이를 알아차리기란 쉽지 않다. 특히 마음챙김 수행을 시작하는 단계라면 이타적인 존재 방식을 많이 경험해보지 못했을 것이다. 그리고 당연한 이야기지만, 이타적인 존재 방식에 도달하려고 애를 쓰면 쓸수록 우리는 그 상태에서 멀어지게 된다. 만약 신경과학 실험실에 접근할 권한을 가진 사람이라면, 스스로의 뇌를 들여다보면서 자신이 어떤 대상에 흥미를 가질 때 어느 영역이 활발하게 움직이는지 혹은 덜 움직이는지를 알아볼 수도 있다. 예컨대 우리가 호흡에 주의를 집중할 때 자기 참조와 연관된 뇌의 영역들은 어떻게 움직이는지 말이다.

예를 한번 들어보자. 우리는 실험실의 fMRI에 명상 초보자 한 사람을 집어넣고 그녀에게 일반적인 '호흡 알아차리기' 명상 수칙을 알려줬다. "호흡을 하면서 육체적 자극이 강하게 느껴질 때마다 그것에 주의를 집중하세요. 그리고 호흡의 자연스럽고 즉흥적인 변화를 따라가세요. 그걸 바꾸려고 하지 말고요." 그 결과 그녀는 집중하기가 쉽지 않았다고 털어놓았다(나의 명상 초보자 시절 경험을 생각하면 충분히 이해되는 일이다). 우리는 그녀의 후측대상피질 활동을 측정하고 있었다. 우리가 수행한 다른 연구의 피험자들과 마찬가지로 그녀가 집중하기 어려웠다고 말한 주관적 경험은 뇌 활동이 증가한 시점과 강한 상관관계를 나타냈다. 특히 명상이 끝날 무렵에 그런 경향이 두드러졌다(216쪽의 그림 A를 보라). 다음으로 명상 숙련자에게 똑같은 지시를 하고 실험을 진행했다. 우리의 예측대로 명상 숙련자의 후측대상피질 활동은 기준선에 비해 일관되게 낮게 나타났다(그림 B를 보라). 그리고 다른 명상 숙련자에게 "호흡에 주의를 집중하세요. 특

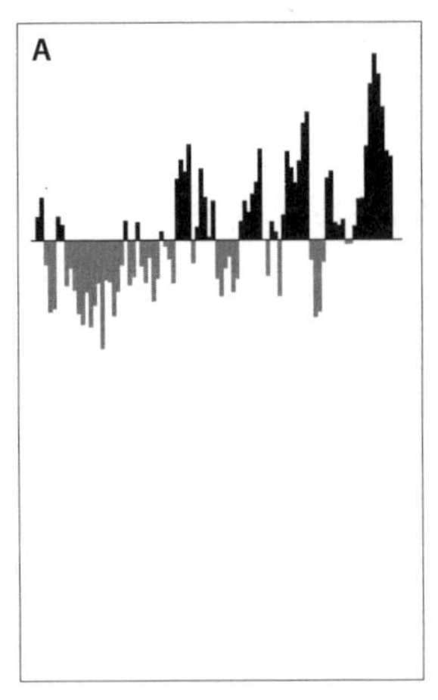

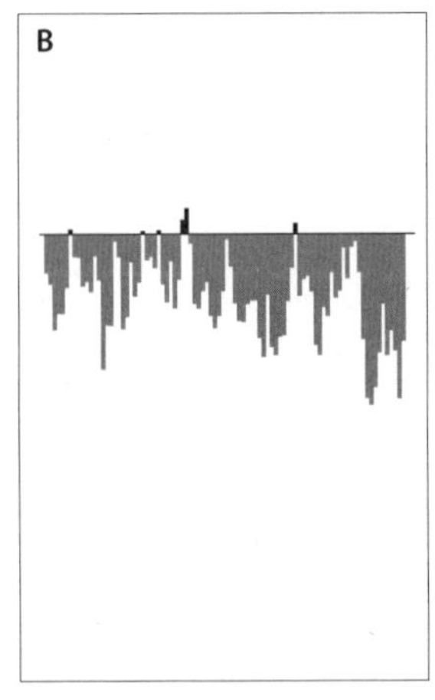

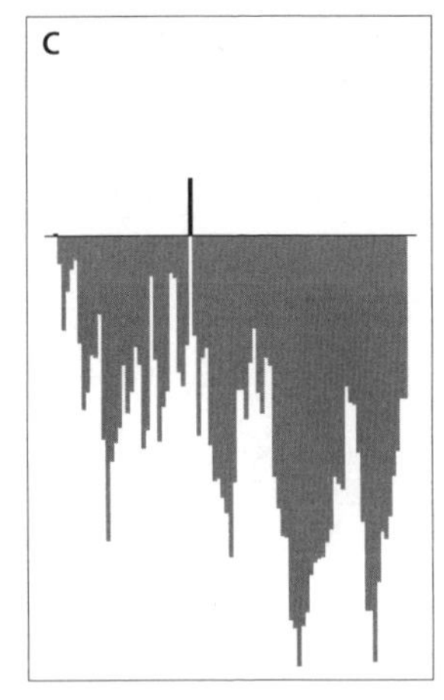

〈그림 13〉 호흡 알아차리기 명상 중 후측대상피질의 활동 변화

A는 명상 초보자에게 호흡에 주의를 기울이라고 지시했을 때, B는 명상 숙련자에게 호흡에 주의를 기울이라고 지시했을 때, C는 다른 명상 숙련자에게 호흡에 주의를 기울이되 특히 흥미, 호기심, 기쁨 같은 감정을 의식하라고 지시했을 때의 뇌 활동 변화를 보여준다. 뇌 활동이 기준선보다 증가하는 경우 그래프에서 수평선 위의 막대(검은색)로 표시되며, 뇌 활동이 기준선에 비해 감소하는 경우엔 수평선 아래의 막대(회색)로 표시된다. 명상은 회당 3분씩 진행했다.

히 호흡과 함께 솟아나는 흥미, 호기심, 기쁨 같은 감정들에 주의를 기울이세요"라고 지시했더니 흥미롭게도 그의 후측대상피질 활동이 크게 감소했다. 그의 후측대상피질 활동이 감소한 시점은 그가 '흥미와 기쁨'을 느낀 시점과 일치했다. 심지어는 그가 '자신의 호흡이 손과 발에 어떤 영향을 미치는지 궁금해했을 때'(그림 C)도 후측대상피질의 활동이 감소했다.

기쁨과 흥분의 경험들에 기여하는 더 큰 네트워크의 일부로 짐작되는 뇌의 한 부위에 국한된 사례이긴 하지만, 이러한 실험 결과는 집중에 적합한 조건(호기심도 포함된다)을 만들기만 해도 자기 참조 과정을 '더 키우지 않는' 효과가 있다는 결론을 가리킨다. 앞으로 사람들이 명상하는 동안 이런 유형의 뉴로피드백을 제공하면 어떨까? 그러면 이기적인 생각에서 이타적인 생각으로, 흥분한 상태에서 기뻐하는 상태로, 그리고 수축 상태에서 열린 상태로 나아가는 데 도움이 되지 않을까? 내가 스캐너 안에서 자비 명상을 하는 중에 경험한 것처럼 말이다.

집중을 유지하는 것이 문제라면, '호기심'과 같은 마음의 상태 또는 태도를 활용해 자연스럽게 집중에 이르는 방법을 찾을 수 있을지도 모른다. 만약 그것이 가능하다면 이제 인간의 본성인 보상에 의한 학습과 별다른 연결 고리가 없는 무자비한 강요의 방법은 폐기할 수 있다.

실은 이런 도구와 기술들이야말로 보상에 의한 학습의 본질인지도 모른다. 그리고 그것이 가능하다면 우리는 서구인들의 머릿속에 단단히 박힌 "소매를 걷어붙이고 일해", "고통이 없으면 얻는 것도 없어"식의 노력을 강요하는 방법론에 기대지 않고도 삶을 변화시킬 수 있다. 이를 깨닫기 전에는 나 역시 내가 가장 잘 아는 기술들을 맹목적으로 이용했다. 역설적으로 그것들은 나를 반대 방향으로 움직이게 만들었다. 이제 다른 방법을 써보자. 신호(스트레스)를 인식하고, 행동(흥미와 호기심 가지기)을 수행하고, 우리의 스트레스 나침반과 일치하는 방법으로 우리 자신에게 보상(기쁨, 고요, 집중, 평정 알아차리기)한다. 그리고 이 과정을 되풀이하면 된다.

퓰리처상을 수상한 시인 메리 올리버Mary Oliver의 시로 이것을 설명해보자.

> 삶의 규칙
>
> 관심을 가지라.
>
> 놀라고 감탄하라.
>
> 그 일에 대해 이야기하라.[11]

8

관용의 선물

착한 일을 할 때 나는 기분이 좋습니다. 나쁜 일을 할 때
나는 기분이 나쁩니다. 이것이 나의 신앙입니다.
-에이브러햄 링컨Abraham Lincoln

타일러 드롤Tyler Droll과 브룩스 버핑턴Brooks Buffington이 개발한 '익약Yik Yak'이라는 소셜 미디어 앱이 있다. 사람들은 익약을 통해 익명으로 글을 올리거나, 자신이 있는 곳에서 일정한 거리 안에 위치한 사람들의 주장을 볼 수 있다. 익약 블로그에 따르면 익약은 2013년 출시된 지 6개월 만에 미국에서 아홉 번째로 많이 다운로드된 소셜 미디어 앱이 되었다. 무엇 때문에 익약이 그렇게 인기를 모았을까?

익약 앱을 최초로 실행할 때 보이는 화면의 설명에 그 답이 나온다. "당신 주변의 사람들이 무슨 생각을 하는지 실시간으로 알아보세요! 좋다고 생각하는 게시물에는 '찬성'을, 동의하지 않는 게시물에는 '반대'를 투표하세요. 자기소개도 암호도 필요 없습니다. 익명으로 모든 활동이 가능합니다." 〈뉴욕 타임스〉에 실린 기사 '그 폭력은 누구의 책임인가? 익명의 익약은 대답하지 않는다'는 이스턴 미시간 대학 우등반에서 벌어진 사건을 소개했다. "교수들(세 명의 여교수)이 종말론적 문화에 대한 강의를 하는 중, 강당에 모여 있던 230여 명의 신입생들이 익약이라는 소셜 미디어를 이용해 그 교수들에 관한 비공개 대화를 시작했다. 10여 개의 게시물 중 대부분은 교수들을 비하하는 내용으로, 저속하고 성적인 언어와 이미지가 사용되었다."[1]

이 학생들은 원래 '종말론'이라는 특정한 문화에 대해 배우기로 해놓고는 그 시간에 다른 문화에 참여하고 있었던 셈이다. 타인과의 직접적인 상호작용 대신에 포인트 또는 반짝이는 아이콘 형태의 스키너식 보상을 기반으로 형성된 앱 문화 말이다. 익약의 웹 사이트는 '보상'에 대해 숨기지 않는다. "야카르마Yakarma 포인트를 모으세요. 훌륭한 약스Yaks를 올리고 보상을 받아 가세요!" 어쩌면 금빛으로 반짝이는 별을 얻는 것보다 달콤한 보상은 뒷담화의 기회일지도 모른다. 다른 유형의 흥분과 마찬가지로 뒷담화에는 구미를 당기는 힘이 있다. '맛 좋은 뒷담화juicy gossip'라는 표현도 있지 않은가. 우리가 대학 강의실에 앉아 있고, 손 안에는 휴대전화가 있다고 치

자. 우리는 우스운 포스트를 보고 갑자기 활기를 얻는다. 뜻밖의 자극에 몸에서 도파민이 분비된다. 그러면 가만히 앉아 있을 수가 없다. 우리의 마음은 흥분으로 소용돌이친다. 우리는 예전 것을 능가하는 포스트를 올리기 위해 애쓰게 된다. 이 모든 활동은 익명으로 이뤄지기 때문에 안전하다(우리의 입장에서는). 미들베리 칼리지 2학년 학생인 조던 시먼은 말러의 〈뉴욕 타임스〉 기사를 통해 이렇게 말했다. "감정적인 상태에서 뭔가를 올리기는 정말 쉽죠. 그 사람은 술에 취했을 수도 있고, 우울했을 수도 있고, 누군가에게 복수를 하고 싶었을 수도 있습니다. 게다가 자신이 책임질 일은 하나도 없잖아요."

어린 시절을 돌아보면 학교 운동장이나 교실에서 우리를 괴롭히던 아이의 얼굴이 하나쯤 떠오를 것이다. 그러나 대개의 경우 그런 아이는 한둘에 지나지 않았다. 최근 들어 자기중심적 사이버 괴롭힘이 급증한 원인은 무엇일까? 소셜 미디어의 익명성과 경쟁을 부추기는 성격 때문은 아닐까? 코미디언 루이 C.K.Louis C.K.는 텔레비전 토크쇼 진행자 코넌 오브라이언Conan O'Brien과의 인터뷰(2013년 9월 20일)에서 스마트폰에 관한 예리한 통찰을 제시했다.

> 있잖아요, 저는 스마트폰이 해로운 물건이라고 생각합니다. 아이들에게는 더욱 해로워요. 그건 좋지 않아요. 누가 말을 걸어도 아이들은 그 사람을 쳐다보지도 않아요. 공감 능력도 키우지 못하고 있어요. 원래 아이들이 못된 행동을 하는 건 사실입니다. 시험 삼아 해보

는 거죠. 처음 만난 어떤 아이에게 "넌 뚱뚱해"라고 말했다고 쳐봐요. 그 아이의 얼굴이 일그러지면 '오호, 기분이 안 좋은가 보군'이라고 생각하죠. 하지만 "넌 뚱뚱해"라고 글로(휴대전화 문자메시지 같은 걸로요) 쓰는 경우엔 상대 아이의 반응을 못 보기 때문에 '음, 이거 재밌는데'라고 생각하는 겁니다.

2장에서 우리는 이동통신 기기의 매혹적인 성격을 살펴봤다. 그 기기들은 여러 가지 방식으로 자기중심적 행동(셀카를 올리거나 자신의 몸을 노출하는 일)을 강화함으로써 우리를 손쉽게 유혹한다. 하지만 루이 C.K.는 뭔가 다른 것에 주목한다. 스마트폰 기술의 어떤 특징(예컨대 얼굴을 마주 보지 않는다)이 우리가 다른 사람과의 상호작용을 학습하는 방식을 결정해버림으로써 삶을 위태롭게 할 수도 있다는 것이다. 익명의 소셜 미디어 앱은 정말로 중독성이 강하다. 이런 앱들은 스키너주의의 단순한 원칙대로 달콤한 보상은 모두 제공하되 아무런 책임(부정 강화)을 지우지 않는다. 우리는 스스로 하는 행동의 결과를 완전하고 정확하게 분석할 수가 없다. 그래서 주관적 편견에 빠져들어 이런 유형의 보상을 점점 더 많이 찾고, 우리가 유발하고 있을지도 모르는 손해는 외면하게 되는 것이다.

스키너가 쓴 《월든 투》의 서문에는 다음과 같은 대목이 나온다. "바람직한 관계에서 비난이나 질책은 즉각적으로 표현되며, 이는 아주 단순한 규칙 또는 규범에 따라 이뤄진다." 학교 당국은 학교폭력의 가해자를 처벌할 수 있고, 소셜 미디어 앱은 문제를 일으킨 이용자의 접근을 제한할 수 있다. 하지만 이런 유형의 규칙들이 반항적인 10대들을 더 자극할 가능성 또한 존재한다. 앞서 언급했듯이 보상에 의한 학습에서 '보상'은 즉시 주어져야 효과가 있다. 익약에 글을 올려 좋은 반응을 얻으면, 우리는 곧바로 보상(야카르마 포인트)을 받는다. 학교에서의 정학이나 그와 유사한 형태의 처벌은 보상을 얻고 한참 지난 뒤에야 이뤄진다. 게다가 앱 사용을 제한하는 것은 인지적 조절(혹은 다른 유형의 조절일 수도 있다)의 범주에 속한다. 말하자면 수업 시간에 휴대전화를 켜놓으면 안 된다는 사실을 알면서도 우리는 약해지는 순간 스스로를 절제하지 못한다. 뒷담화가 가져다주는 한순간의 짜릿한 흥분에 중독되기 때문이다.

스키너가 보상에 의한 학습의 원칙을 제시하며 생각했던 규범들은 지금 통용되는 것과 달랐을 것이다. 그는 처벌이 성공하려면, 즉 처벌이 행동과 정확히 연결되려면 처벌 역시 즉각적이어야 한다고 주장했다. 예컨대 담배를 피우다 부모님에게 들켰는데 부모님이 그 자리에서 담배 10개비를 피우게 했다면 어떤 일이 벌어질까? 니코틴은 일종의 독극물이다. 우리의 몸이 독극물에 내성을 기를 기회가 생기기 전에 담배를 잔뜩 피우면 신호는 점점 더 강해진다. "몸에 해로운 행동이야! 그만! 그만!" 우리는 역한 느낌을 받고 실제로 구토를 한다(보통은 여러 번). 몸이 지금 하고 있는 행동을 멈추라는 신호를 강하게 보내기 때문이다.

우리와 부모님에게는 좋은 일이다! 담배와 처벌의 연결 고리가 유지된다면, 다음번에는 담배를 보기만 해도 역한 느낌을 받을 테니까. 담배를 피우면 어떤 일이 벌어질지 몸이 예측하고 경고하기 때문이다. 이와 비슷한 사례로서 알코올의존증 치료약인 안타뷰스Antabuse를 복용하면 즉시 숙취와 비슷한 느낌이 찾아온다. 그러면 온라인 괴롭힘과 악의적 뒷담화에 대해서도 즉각적인 처벌을 도입하는 방안을 상상해볼 수도 있겠다. 하지만 포괄적인 규칙이냐 즉각적 처벌이냐를 떠나서, 규범을 더 만드는 것이 최선의 길일까?

분노에 휩싸이는 순간

2010년에 나는 특정한 유형의 명상(선 수행)을 연습하여 몸에 익힌다는 목표를 세우고 한 달간 침묵 수행 여행을 떠났다. 선 수행은 정석대로 할 경우 몇 시간 동안 지속하기도 한다. 당시 나는 선 수행에 관한 책을 몇 권 읽은 후이기도 했고 그 전에는 2년간 나의 명상 선생님이었던 조지프 골드스타인Joseph Goldstein의 현명한 지도 아래 선 수행을 연습한 바 있었다. 다른 유형의 집중법과 마찬가지로 선 수행을 하려는 사람이 선 상태에 이르기 위해서는 그에 적합한 조건을 만들어야 한다. 선에 이르기 위한 조건들 중 하나는 마음의 상태들, 즉 명상을 방해할 가능성이 있는 '방해물'들을 제거하거나 일시적으로 유예하는 것이라고 알려져 있다. 여기서 '방해물'에는 유쾌한 환상과 분노도 포함된다. 나는 이것을 이해할 수 있었다. 그 전해 수련회에서 경험한 바에 따르면, 몽상이나 분노에 휩쓸릴 때마다 나는 나 자신에게 사로잡혀 명상의 목표에서 멀어졌다. 책에 따르면 선 수행은 이런 방해물들에 더 민감했다. 걸음 하나만 잘못 디뎌도 과거의 습관 패턴이 되살아나기 때문에 조건을 처음부터 다시 만들어야 했다.

수련회에 참가했던 시기에 나는 직장에서 어려움을 겪고 있었다. '제인'이라는 동료가 있었는데, 그녀와 잘 지내기가 어려웠다. 그녀와의 일을 자세히 얘기할 필요는 없으니(물론 뒷담화는 달콤하지만!) 그냥 그녀를 생각할 때마다 화가 치밀었다고만 해두자. 원래 나는 수련회에 참가할 때 일기를 쓰곤 하는데, 그해 수련회의 초반에는 날마다 제인에 관한 이야기를 썼다(어떤 문장에는 밑줄까지 쳐가면서). 그때 난 조용하고 아름다운 장소에 와 있었고, 나를 둘러싼 물리적 환경은 집중하기에 딱 좋았다. 그러나 내 마음은 엉망진창이었다. 제인에 관한 생각이 떠오를 때마다 머릿속 시뮬레이션을 끝없이 반복했다. 시뮬레이션 속에서 이런저런 행동을 해봤지만 분노는 점점 커지기만 했다. 물론 그것은 나의 시뮬레이션이었기에 분노는 정당화되었다. 제인이 나를 무례하게 대했으니까. 제인이 나에게서 뭔가를 빼앗아 가려 했으니까……. 그 구덩이에서 빠져나오기까지는 정말 오랜 시간이 걸렸다. 그리고 내 마음이 평안해지기까지는 그보다 훨씬 오래 걸렸다.

이렇게 고초를 겪으면서 나는 팔리어 경전의 한 구절을 떠올렸다. "뭔가를 자주 떠올리고 곰곰이 생각하면 나중에는 그것이 마음의 경향이 된다."[2] 스키너식으로 말하자면 "분노가 나의 습관이 된" 상태였다. 나는 날마다 쳇바퀴를 돌릴 뿐이었고, 그러는 동안 모래밭에 점점 깊이 빠져들고 있었다.

수련회 사흘째 날, 나는 나 자신에게 들려주는 문구를 하나 생각해냈다. 한 가지 생각에 사로잡혀 구덩이에 빠지기 직전, 얼른 마음의 균형을 되찾으라고 스스로에게 알려주기 위한 말이었다. 그 문구는 '크게big'였다. 크게. 크게. 크게. 나에게 '크게'는 분노 때문에 마음이 닫히기 시작할 때 스스로에게 마음을 크게 열어젖혀야 함을 상기시키는 의미가 있었다. 얼마 후, 걸어 다니면서 명상하던 중 나는 또다시 분노의 환상에 빠져들어 부유하기 시작했다. 이런 마음의 상태에는 매우 유혹적인 구석이 있다. 소승불교 경전 중 하나인 〈법구경〉은 분노를 가리켜 "뿌리에는 독이 있지만 줄기 끝에는 꿀이 묻어 있는 독초를 가지는 것"이라고 묘사한다. 나는 나 자신에게 질문을 던졌다. "이 생각을 계속 하면서 내가 얻는 것이 무엇인가?", "나 자신에게 어떤 보상이 자주 돌아오기에 내가 늘 이 구덩이에 빠져 있는 건가?" 해답은 휘황찬란한 빛과 같았다. 아무것도 없다! 분노, 그것은 정말로 뿌리에는 독이 있는데 줄기 끝에만 꿀을 바른 무엇이었다!

나 스스로를 정당화하는 자기 참조적인 생각 그 자체가 보상이라는 말이 무슨 뜻인지, 나는 그때 처음으로 이해했다. 니코틴중독 환자들 중 담배가 실제로는 맛이 좋지 않다는 사실을 깨달았던 사람들처럼, 내가 분노의 날을 시퍼렇게 세우면서 수축의 '전율'을 얻는 행위에는 그 행위 자체를 끝없이 연장하는 이상의 의미가 없다는 사실을 마침내 깨닫게 된 것이다. 유교의 창시자인 공자의 충고를 귀담아들었으면 얼마나 좋았겠는가. "복수의 여행을 떠나기 전에 무덤 두 개를 파라."

내가 이 수련회에서 집중 명상이라는 목표에 다가가는 대신 분노의 감정을 빙빙 맴돌고만 있다는 사실을 명료하게 보고 나니 어떤 장막이 걷힌 느낌이었다. 담배의 주술에서 풀려나기 시작한 나의 환자들처럼 나 역시 분노의 주술에서 풀려나기 시작했다. 분노가 솟아나는 것이 보일 때마다 그것을 놓아버리기도 조금씩 수월해졌다. 왜냐하면 나는 그 분노의 독을 즉시 맛볼 수 있었기 때문이다. 누군가 나를 지팡이로 때리면서 "이제 화는 그만 내!"라고 소리칠 필요도 없었다. 스스로 충분히 분노했다는 사실을 아는 것만으로 분노의 감정을 놓아버릴 수 있었으니까. 수련회 기간 중에 더는 화가 나지 않았다거나 이제는 화를 내지 않는다고 주장하려는 것은 아니다. 여전히 나는 분노를 느낀다. 하지만 그 분노에 대한 흥분은 덜 느낀다. 이제 분노 자체가 보상이 되지는 않는다.

보상에 의한 학습이라는 관점에서 이런 변화는 매우 흥미로운 현상이다. 우리가 보상과 처벌을 통해 학습한다는 이론으로 돌아가 보자. '나쁜 행동'에 처벌을 가하는 것(그리고 이 방식이 효과를 거두려면 처벌은 즉시 이뤄져야 한다)이 아닌 대안적인 성공 전략이 존재할까? 앞서 소개한 루이 C.K.의 말처럼, 어쩌면 행동의 결과를 명료하게 보는 것 자체가 강도 높은 처벌이 될지 모른다. 만약 우리의 행동이 누군가에게 피해를 입혔는데 그 피해가 눈에 보인다면, 나중에 그 행동을 되풀이할 기분이 나지 않을 것이다. 내가 수련회 기간 동안 분노에 사로잡히는 행동의 결과를 깨달았듯이, 우리는 해로운 행동의 마법에서 풀려날 것이다. 왜 그럴까? 그런 행동은 해로우니까. 하지만 결정적인 것은 우리가 무슨 일이 일어나는가를 실제로 봐야 하며, 정확하게 봐야 한다는 것이다. 이 대목에서 마음챙김은 대단히 유용하다. 이제 주관적 편견이라는 안경을 치워버려야 한다. 주관적 편견이 실제로 벌어지고 있는 일에 대한 우리의 해석을 왜곡하기 때문이다("음, 이거 재밌는데"). 안경을 벗고 스스로의 행동이 가져오는 결과들을 명료하게 바라보자. 즉각적인 피드백을 받지 못한다면(즉, 행동의 결과들을 보지 못한다면) 우리는 완전히 엉뚱한 뭔가를 학습하게 될 것이다.

판 뒤집기

나의 친구이자 철학자인 제이크 데이비스Jake Davis와 토론을 벌인 일이 있다. 토론 주제는 '보상에 의한 학습'을 윤리적 행동의 영역으로 확장할 수 있는지 여부였다. 제이크와 이야기하기에 더할 나위 없이 좋은 주제였다. 그는 한때 테라바다 불교* 수도사로서 일상생활의 '율vinaya'을 따르며 금욕적인 생활을 했던 친구이기 때문이다. 테라바다 율의 규칙은 몇 가지나 될까? 테라바다 불교의 전통에 따르면 남자 승려들에게는 200개가 넘는 규칙이 있고 여자 승려들에

* Theravada. 태국의 국교.

게는 300개가 넘는 규칙이 있다(남녀의 차이가 상당하다). 제이크는 윤리를 학습된 행동으로 접근하는 것도 흥미로운 일이라고 생각했다. 그는 자료 조사를 시작했고, 몇 년 뒤 〈완전히 깨어 있는 상태로 행동하기: 주의 기울이기와 감정의 윤리학〉이라는 제목의 165페이지짜리 논문으로 심사를 거뜬히 통과하여 박사 학위를 받았다.[3]

제이크의 논문은 윤리적 상대주의와는 거리가 멀다. 윤리적 상대주의란, 문화권이나 시대적 배경 등의 요인에 따라 관점이 달라지므로 윤리적 판단 또한 특정한 관점에 입각한 상대적 판단으로서만 가능하다는 견해다. 제이크는 윤리적 상대주의의 실례로 강간당한 젊은 여자들에게 가족이나 공동체의 명예를 더럽혔다는 혐의를 씌워 살해하는 '명예 살인'을 들었다. 어떤 사람들은 명예 살인을 비윤리적인 일로 간주하겠지만, 어떤 사람들은 그것이 가문의 명예를 지키기 위해 필요한 전통이라고 확신할지도 모른다. 제이크는 상대주의에 의존하는 대신 윤리적 평가의 핵심 기준으로서 개개인의 감정적 동기를 제시한다. 그는 이것을 다음과 같은 질문으로 표현했다. "어떤 일에 대한 우리의 감정에 대해 우리가 어떻게 느끼는가가 윤리적으로 의미를 지니는가?" 다시 말하자면 이런 질문이다. 보상에 의한 학습이 마음챙김과 만나는 지점(이 경우에는 불교의 윤리)이 우리 개개인에게 상황 윤리를 제공하는가? 우리는 우리 자신의 행동의 결과를 보고 윤리적 결정을 내릴 수 있는가? 이런 질문을 던진 다음 제이크는 윤리학의 몇 가지 사조를 분석한다. 그중에는 필리파 풋Philippa Foot의 아리스토텔레스적 논의, 존 스튜어트 밀John Stuart

Mill의 실용주의, 이마누엘 칸트Immanuel Kant와 데이비드 흄David Hume의 이론, 심지어는 쾌락주의까지 포함된다. 제이크는 이 모든 사조들이 하나의 철학적 견해에서 유래했음을 보여주면서 그 이론들의 한계도 함께 지적한다.

다음으로 제이크는 현대 철학의 증거들을 논한다. 어떤 상황에서 누군가 우리를 불공정하게 대우한다고 느낄 때, 우리는 왜 금전적 손해를 보는 한이 있더라도 그 사람을 처벌하려 하는가? 윤리학 연구에 활용된 바 있는 이른바 '최후통첩 게임Ultimatum Game'은 정확히 이런 경향을 시험하기 위해 설계되었다. 피험자 A(보통은 컴퓨터 알고리즘이 이 역할을 하지만, 다른 피험자들에게는 실제 사람으로 제시된다)가 피험자 B(실제 피험자)에게 정해진 액수의 돈을 특정 비율로 나눠 가지자고 제안한다. 피험자 B는 그 비율을 듣고 제안을 수락하거나 거절할 수 있다. 만약 B가 제안을 거절하면 A와 B 모두 돈을 한 푼도 받지 못한다. 여러 시나리오로 실험한 뒤 피험자 B가 어떤 제안은 수락하고 어떤 제안을 거절하는지를 분석하면 공정성의 기준점이 정해진다. 이 게임을 실제로 해본 사람들은 상대방이 "불공정하게" 행동할 때 분노와 혐오 같은 감정이 커졌다고 증언했다.[4]

하지만 명상을 하는 사람들은 동일한 시나리오에서 더 이타적으로 행동했다. 명상 숙련자들의 경우 불공정한 제안이라도 기꺼이 받아들이는 경향이 명상을 하지 않는 사람들에 비해 높았다.[5] 울리히 커크Ulrich Kirk의 연구진은 최후통첩 게임을 하는 피험자들의 뇌 활동을 측정함으로써 이러한 현상과 관련하여 모종의 통찰을 제공했다. 그들이 관찰한 부위는 통증에 대한 자각 및 감정적 반응을 담당하는 전측뇌섬엽anterior insula이었다. 이전의 실험들에서 전측뇌섬엽의 활동은 불공정한 제안을 거절할지 여부를 예측하게 해주는 변수였다[6]. 커크의 연구진에 따르면 명상을 하는 사람들은 명상을 하지 않는 일반인들에 비해 전측뇌섬엽의 활동이 적었다. 연구진은 명상하는 사람들의 뇌섬엽 활동이 덜 활발했기 때문에 "부정적인 감정 반응에 휘둘리지 않고 행동할 수 있었다"는 결론을 제시했다. 아마도 명상을 하는 사람들은 자신의 감정이 생겨나고 그 감정이 자신의 판단을 흐리는(즉 '공정함'이라는 주관적 편견에 빠져들게 만드는) 과정을 더 쉽게 볼 수 있었을 것이다. 그리고 상대 피험자를 처벌하는 것이 보상이 되지 못한다는 사실 또한 볼 수 있었기에 그 행동을 실행에 옮기지 않기로 했을 것이다. 그들이 '내가 한 방 먹여주겠어!'라는 습관 고리에서 벗어날 수 있었던 이유는, 그 행동이 다른 반응만큼 그들에게 보상을 해주지 않기 때문이었다. 제이크는 박사 논문에서 이를 다음과 같이 표현했다. "복수의 반응은 사실 이득보다 비용이 클지도 모른다." 공정성은 별개의 문제로 하고 우리 자신의 입장에서만 보아도, 상대에게 치사하게 굴 때가 상대에게 친절을 베풀 때보다 고통스럽다.

제이크는 우리가 문화적 · 상황적 규범에 근거한(그리고 그런 규범들에 대한 주관적 편견에서도 자유롭지 못한) 윤리적 가치들을 학습해야 한다는 결론을 제시한다. 그는 행동심리학과 신경생물학 이론들을 토대로 다음과 같이 주장한다. "윤리적 공동체의 모든 구성원이 편견 없이 깨어 있는 상태에서 누구나 내릴 만한 윤리적 판단에 호소하면 된다. 그러면 우리는 개인과 집단이 때로는 보편적 진리를 잘못 판단하고 때로는 제대로 판단한다는 점을 이해할 수 있다." 즉 우리의 과거 반응에서 비롯한 우리 자신의 주관적 편견을 볼 수만 있어도 인류 사회의 보편적 윤리를 학습하는 데 큰 도움이 되는 셈이다.

불교 명상 지도자 스티븐 배철러도 같은 생각인 듯하다. 배철러는《불교 이후After Buddhism》라는 책에서 각성의 계발이란 "다른 사람의 감정, 필요, 욕망, 두려움에 대한 감수성을 근본적으로 재조정하는 일"이라고 썼다. 다음으로 그는 다음과 같이 주장했다. "마음챙김이란 다른 사람의 신체를 '읽어내는' 능력을 향상시켜 그의 상태와 고충에 공감한다는 뜻이다." 다시 말해 '명료하게 본다'는 것이 도움을 준다. 배철러는 이 '명료하게 보기'가 우리에게 고유한 '이기주의 성향'을 극복하기 위해 꼭 필요하며, 나아가 "자기 본위적 반응을 놓아버리는" 데도 도움이 된다는 결론에 도달한다.[7] 자신에 대한 집중과 주관적 편견이라는 안경은 우리의 시야를 흐리고 두려움, 분노 등의 감정을 통해 세상에 반응하는 습관을 형성한다. 만약 그 안경을 벗어버릴 수 있다면 우리는 행동의 결과들을 보다 명료하게 보게 되고(다른 사람의 신체 언어를 더 잘 읽어내게 된다는 뜻이다), 그럼으로써 매 순간의 예상치 못한 상황에 더 능숙하게 반응할 수 있을 것이다.

우리가 접하는 사물들을 더 열린 눈으로 바라보면, "내가 왜 그래야 하지?"라든가 "이 규칙이 나에게는 어떻게 적용되지?" 따위의 질문들에서 비롯한 포괄적인 행동 수칙을 넘어설 수 있다. 우리가 어떤 사람에게 "뚱뚱하다"라고 말한 뒤 그의 얼굴을 봤다고 생각해보자. 그 얼굴에 나타난 반응은 우리에게 많은 것을 알려준다. "이것이 그 이유란다." 아이들이 행동의 결과를 학습하면서 성장하는 과정도 그렇다. 외적으로 부과된 규제에 대해 그것을 우회할 방법을 찾거나 빈틈을 찾아 빠져나가게 만드는 대신, "못되게 굴지 마라"라는 규칙을 확장하여 더 넓은 범위의 윤리적 결정에 적용하게 만들면 어떨까? (이것은 특히 10대와 20대 젊은이들에게 적합한 방법이다.) 우리가 생물학적 본성—진화 과정에서 터득한 학습 능력—을 따르면서 그저 몸이 말해주는 것에 주의를 기울이기 시작한다면, 우리에게 부과되는 규칙은 더 단순해질 수도 있다(더 쉬워진다는 보장은 없지만). 계기가 찾아온다. 못되게 군다. 그런 행동이 나와 상대방에게 얼마나 큰 고통을 안겨주는지 본다. 그 행동을 되풀이하지 않는다.

베푸는 기쁨

세상의 불의를 목격할 때마다 불이 붙는 사람들은 '정당한 분노는 좋은 것'이라고 쉽게 생각한다. 소파에서 벌떡 일어나 연설하는 정치인을 향해 주먹을 흔들어대는 행동이 투표 의욕을 높여줄 거라고 생각한다. 경찰의 잔혹 행위를 촬영한 유튜브 동영상을 시청하다가 시민단체에 가입하거나 지역사회 활동에 참여하게 될지도 모른다. 만일 우리가 화를 전혀 내지 않으면 어떤 일이 벌어질까? 분노가 없어지면 우리는 게으름을 피우며 소파에 가만히 앉아만 있게 될까?

개인적으로 나는 '분노의 명상' 수련회 때 나의 습관이 집중에 도움이 되지 않는다는 사실을 깨달았다. 나는 분노라는 감정에 대해 덜 흥분하기 시작했고(주술에서 풀렸다), 그 결과 분노에서 해방된 에너지를 다른 곳으로 돌릴 수 있었다. 왜 그럴까? 우리 모두 경험한 적이 있겠지만 분노는 기운을 고갈시키기 때문이다! 수련회 기간 동안 새로운 목표를 얻은 나의 에너지는 예전보다 딴생각을 적게 하고 집중은 더 많이 하는 마음 상태를 만드는 데 쓰였다. 나의 주의를 빼앗아 가던 분노가 잦아들자 나는 고도의 집중에 적합한 조건을 만들 수 있었다. 그러자 한 번에 1시간 가까이 집중이 유지되기 시작했다. 반가운 변화였다.

바로 앞 장에서 '집중에 필요한 요소들' 중 하나로 기쁨을 들었다. 앞에서도 말했지만 이 기쁨은 흥분한 상태와 다르고, 불안한 상태도 아니다. 내가 확장되는 느낌의 고요한 기쁨. 반면 분노와 그에 선행하는 흥분은 우리를 반대 방향으로 이끌기 때문에, 우리는 어떤 유형의 행동들이 기쁨을 유발하는지를 알아야 한다. 언젠가 명상 수행을 하던 중 나는 테라바다 불교의 가르침 중 하나인 3단계 교리를 배웠다. 1단계는 관용이고, 2단계는 고귀한 행동이며, 이 두 가지를 실행한 다음 3단계인 정신의 계발로 나아간다. 3단계로 나아가는 방법 중 하나가 명상이다. 전통과 경험에서 얻은 유의미한 통찰을 압축해서 소개하면 다음과 같다. 만약 온종일 못된 행동을 하며 돌아다닌 사람이 있다면, 그 사람은 가만히 앉아서 명상하기가 어렵다. 왜일까? 그 사람이 하나의 대상에 집중하려고 애쓰는 순간부터 그날 감정이 격해졌던 모든 경험들이 머릿속으로 행진해 들어와서 집중하기가 불가능하기 때문이다. 정신 집중의 전문가인 명상 교사 리 브래싱턴Leigh Brasington의 표현을 빌려보자. 누군가에게 거짓말을 하지 않았고, 남을 배신하지 않았고, 뭔가를 훔치지도 않은 상태로 명상용 방석에 앉는 사람은 "내다 버릴 쓰레기가 적은" 사람이다. 이런 식의 고귀한 행동이 2단계라면 1단계인 관용은 어떻게 해석해야 할까?

관용을 베풀 때의 마음은 어떠한가? 기분이 좋고, 열려 있고, 기쁨에 찬 느낌이다. 관용을 실천할 때 우리는 놓아버리는 것이 어떤 느낌인지를 배울 수 있다. 누군가에게 선물을 주는 것 자체가 뭔가를 놓아버리는 행동 아닌가. 하지만 모든 관용이 똑같지는 않다. 만일 선물을 주면서 대가를 기대한다면 어떤 일이 벌어질까? 어떤 식으로든 인정받으리라는 기대를 품고 큰돈을 기부하면 기쁨을 느낄까? 상사 또는 데이트 상대에게 잘 보이려는 의도로 문을 잡아줄 때 우리는 어떤 종류의 만족을 얻을까? 승려 타니사로 비쿠Thanissaro Bhikkhu는 〈조건 없는 관용: 부처의 문화〉라는 제목의 에세이에서 팔리어 경전의 한 구절을 인용해 이상적인 선물의 세 가지 요건을 제시한다. "선물을 주기 전에는 선물을 주려는 사람이 기쁜 마음이어야 한다. 선물을 주는 순간에는 주는 사람의 마음이 고양되어야 한다. 선물을 주고 나서는 만족을 느껴야 한다."[8] 이 세 요건은 보상에 의한 학습 원리와 흡사한 면이 있다. 선물을 주는 사람이 기쁘다(계기). 선물을 주는 동안 마음이 고양된다(행동). 선물을 주고 나서 만족을 느낀다(보상).

문을 잡아주는 시나리오를 두 가지 관점에서 살펴보자. 누군가와 첫 데이트를 하는 중, 상대에게 좋은 인상을 심어주고 싶은 우리는 앞질러 가서 얼른 문을 잡아준다. 만약 자신이 선한 행동을 하고 있다는 어떤 신호(보상)를 얻기를 바란다면 문을 잡아주면서 "고마워요" 혹은 "사려 깊은 분이시네요"라는 인사말을 듣거나, 최소한 감사의 표시로 고개를 끄덕이는 인사라도 받기를 기대할 것이다. 목례마저 받지 못한다면 기분이 좋아지지 않는다. 뭔가를 기대했는데 그걸 얻지 못했으니까. 이와 같은 '인정의 부재'는 항상 남을 돕지만 감사를 받지 못한 느낌이 들어 집에 돌아오면 힘이 빠지고 허탈한 느낌에 빠져드는 사람들(말하자면 '현대의 순교자들')이 경험하는 극도의 피로를 설명하는 원인이다.

두 번째 시나리오를 보자. 만약 이타적인 동기에서 문을 잡아준다면 우리는 무엇을 기대하겠는가? 아무것도 기대하지 않는다. 보상을 바라는 것이 아니었으니까. 데이트 상대가 고마워하든 말든 달라지는 건 없다. 그래도 문을 잡아주고 나니 기분이 좋아진다. 그 행동 자체가 보상이 되기 때문이다. 뭔가를 베푸는 것은 기분 좋은 일이다. 특히 베풀면서 그 대가로 인정을 기대하지 않을 때, 즉 아무런 조건을 붙이지 않을 때 기분은 더욱 좋다. 팔리어 경전의 그 구절은 바로 이런 경우를 가리키는 것이 아닐까? 이기적이지 않은 마음으로 뭔가를 베푼다면 '구매자의 후회'*를 경험할 일이 없다. 왜냐하면 아무것도 구매하지 않았으니까. 그 행위 자체라는 보상이 우리에게 만족감을 남기고 좋은 기억을 생성함으로써 다음에도 같은 행동을 하도록 유도한다. 관용이 건강과 행복에 도움이 된다는 점을 입증한 과학 연구도 수없이 많다. 여러분을 설득하기 위해 내가 그 연구들을 하나하나 열거해 설득하기보다는, 여러분이 직접 실험을 해보면 어떨까? 이 실험은 fMRI 스캐너나 이중 맹검double bind** 설계 없이도 얼마든지 가능하다. 누군가를 위해 문을 잡아주면서, 보상을 기대하고 잡아줄 때와 이타적인 마음에서 잡아줄 때 당신이 느끼는 행복(기쁨, 따뜻한 마음 등)에 어떤 차이가 있는지를 살펴보라. 실험 결과가 스트레스 나침반을 정확하게 읽는 방법을 습득하는 데 도움을 주는가? 당신을 스트레스에서 멀어지게 하는 보상과 스트레스와 가까워지게 하는 보상을 구별할 수 있겠는가?

* buyer's remorse. 고심 끝에 뭔가를 사고도 잘못 산 것 같아 불안해하는 심리.

** 선입견을 배제하기 위해 실험자와 피험자 모두에게 실험에 관한 특정한 정보를 제공하지 않고 실험을 진행하는 방법.

9

몰입

당신의 '나'가 길을 막고 있다.
- 혜해慧海 스님의 말로 전해짐

어렸을 적에, 어머니는 우리 집 텔레비전 수신기를 잠가놓았다.

어머니는 텔레비전의 전력 공급선에 차단 스위치를 설치하고 열쇠는 혼자만 간직했다. 아버지는 내가 여섯 살 되던 해에 돌아가셨고, 어머니는 아이 넷을 혼자 키우느라 일을 많이 하셨다. 방과 후와 여름방학 기간에 우리를 다른 방향으로 유도하는 것이 없었더라면, 우리는 만화영화나 모험극의 유혹적인 빛 속으로 쉽게 끌려 들어

갔을 것이다. 텔레비전 앞을 지나가기만 해도 욕망의 방아쇠가 쉽게 당겨졌고, 다음 순간 우리는 기분 좋은 아둔함이라는 보상을 받고 있었다. 그것은 환상의 세계(또는 카메라 앞에 선 다른 사람들의 생활)로의 정신적 도피였다. 어머니는 우리가 바보상자를 보면서 자라기를 바라지 않는다고 말했다. 텔레비전에 중독되기를 바라지 않는다는 뜻이었다. 어머니는 우리가 보다 흥미롭고 덜 어리석은(그리고 덜 중독적인) 다른 소일거리를 찾기를 바랐다. 요즘 미국인들은 하루 평균 4시간 동안 텔레비전을 시청한다고 하니, 나는 어머니에게 감사할 따름이다.

어머니의 차단 스위치 때문에 나는 어쩔 수 없이 집 밖으로 나가서 스스로 놀 거리를 찾아야 했다. 그리고 야외에서 놀다보니 자전거를 타게 됐다. 중학교 때는 친구 찰리와 함께 온종일 BMX 자전거를 타거나 고치면서 시간을 보냈다. 우리는 신문 배달을 해서 번 돈으로 새로운 부품을 구입했고, 자전거에 조금이라도 먼지가 앉으면 곧바로 닦았다. 동네에서 멀지 않은 곳에 나무가 우거진 공터가 있었는데, 그곳의 비포장 길에는 비탈과 언덕이 여럿 있었다. 오르막 다음에 내리막이 이어지는 까다로운 구간에서는 속도와 타이밍을 완벽하게 조절해야 했다. 너무 느린 속도로 통과하면 내리막 경사로의 가장자리에 부딪칠 위험이 있었고, 너무 빠르면 목표 지점을 지나쳐 훅 날아갔다. 우리는 그 길을 실컷 달리면서 누가 빠른지 시합도 하고 끝없는 점프 연습도 했다.

인디애나폴리스에서 어린 시절을 보낸 찰리와 나는 운 좋게도 메이저 테일러 벨로드롬Major Taylor Velodrome 근처에 살았다. 그곳은 성인 사이클 선수들이 고정 기어 자전거를 타고 시합을 벌이는 야외 원형 경기장이었다. 경주용 트랙 옆에는 진짜 BMX 자전거를 위한 흙길이 있었는데, 우리는 그 길을 이용했다. 그 길에는 경사진 모퉁이(물론 흙으로 만들어진)도 있었고 거대한 경사로와 테이블톱 점프대,* 심지어 3단 점프대까지 있었다! 여름이면 주말마다 어머니들이 우리를 그곳으로 데려가 마음껏 달리게 해줬다.

대학에 입학할 무렵, 산악자전거가 처음으로 시장에 나왔다. 나는 대학 신입생 때 산악자전거를 하나 구입해서 날마다 타고 다녔다. 캠퍼스 안에서도 타고 다니고, 친구들과 인근의 산악자전거 전용도로를 달리기도 했다. 의과대학 시절에는 처음으로 전방 서스펜션이 달린 자전거를 구입해서 난이도 높은 길에서도 달릴 수 있게 됐다. 세인트루이스에서 1시간만 이동하면 훌륭한 자전거도로가 나왔고, 의과대학의 모든 수업에는 나와 함께할 열정적인 동급생들이 있었다(학교 공부가 빡빡해도 자전거 타러 나갈 시간은 언제나 있기 마련이다). 여름방학에 나는 친구들과 함께 산악자전거 주행이 가능한 장소를 찾아 콜로라도와 와이오밍 등지로 여행을 떠났다. 두랑고의 어마어마한 내리막길을 완주하고 알래스카의 케나이 반도에서는 끝없이 이어지는 좁은 산길을 따라 달렸다. 이 거창한 여행을 하면서, 우리는 각각 얼마나 '영웅적'이었는가를 기준으로 주행을 평가했다.

* 점프 중에 옆으로 90도가량 꺾는 기술을 테이블톱 점프라고 한다.

내가 몰입을 경험하기 시작한 것도 그 무렵이었다. 몰입은 스펙트럼에서 '습관'의 반대쪽 끝에 위치한다. 넋 놓고 텔레비전을 시청하는 것, 혹은 누군가 인사말을 건넬 때 자동적으로 "네, 저는 잘 지내요. 어떻게 지내세요?"라고 대답하는 것은 자극에 대한 반응이긴 하지만 방관적인 반응이다. 그럴 때 우리는 마치 자동조종장치 앞에 앉아서 어디론가(우리도 어딘지 모른다) 흘러가는 느낌을 받는다. 그럴 때 알아차림의 수준은 몽상에 빠질 때나 방향감각을 잃었을 때와 유사하다. 이와 반대로 몰입 경험 중의 알아차림은 생생하고, 활기차고, 적극적이다. 우리는 '이곳'에 있다. 카메라와 아주 가까운 곳에서 행동에 적극적으로 개입한 나머지 우리가 그 행동과 분리된 존재라는 사실을 잊어버린다. 당시에는 그런 것을 표현하는 용어를 알지 못했지만, 산악자전거를 타면서 나 자신을 완전히 잊어버린 경험은 나중에 내가 그 주행이 얼마나 '영웅적'이라고 평가했는지와 직접적인 연관이 있었다. 대학 시절에 작곡을 하면서도 몇 번인가 초월적인 경험을 했지만, 그것은 내가 속한 사중주단 또는 오케스트라가 멋진 합주를 했을 때 일어난 일이라고만 생각해온 터였다. 그런데 자전거 위에서는 몰입의 순간들을 점점 자주 경험하고 있었다.

몰입의 조건

1970년대에 심리학자 미하이 칙센트미하이Mihály Csíkszentmihályi는 사람들이 암벽등반과 같이 "재미있고 독특한 활동"을 경험하기 위해 물질적 이득을 기꺼이 포기하는 이유를 연구하던 중 '몰입'이라는 용어를 만들어냈다.[1] 그는 무아지경과 비슷한 몰입의 경험을 개념화하고 정의하는 것을 평생의 과제로 삼았다. 〈와이어드〉지와의 인터뷰에서 칙센트미하이는 몰입을 "어떤 활동 그 자체가 재미있어서 완전히 빠져든 상태"로 정의했다. 몰입 상태에서는 놀라운 일들이 벌어진다. "자아가 멀리 달아납니다. 시간은 날개를 단 듯 순식간에 가지요. 마치 재즈 음악을 연주할 때처럼 모든 행동, 몸짓, 생각이 다음 행동, 몸짓, 생각으로 자연스럽게 넘어갑니다."[2]

몰입의 요소들은 다음과 같다.

- 현재에 근거하고 현재에 초점이 맞춰진 집중
- 행동과 인지의 통합
- 자의식을 성찰(자기평가)하지 않음
- '행동'이 몸에 밴 암묵적 지식으로 변했으므로 주어진 상황에서 어떤 일이 벌어져도 대처할 수 있다는 자신감
- 시간에 대한 주관적 경험이 평소와 달라져 '현재'가 계속 펼쳐지는 것만 같음
- 활동 자체에서 내재적인 보상을 경험함[3]

산악자전거를 타던 시절 나는 때때로 나 자신과 자전거, 그리고 주변의 자연에 대한 감각을 모조리 잃어버리곤 했다. 지금 있는 곳을 벗어나는 느낌은 아니었다. 그보다는 특별한 영역으로 들어가는

느낌*과 더 비슷했다. 인지와 행동이 통합되었고, 그 속에 모든 것이 저절로 들어왔다. 나는 그곳에 있지 않았다. 그러면서도 나는 그곳에 있었다. 내 인생에서 최고로 멋진 경험 속에 말이다. 그 순간을 가장 잘 묘사하는 언어는 바로 이것이다. '맛있다.'

누구나 몰입을 경험한 적이 있을 것이다. 지금 하고 있는 일에 빠져든다. 스포츠 경기에 참가하거나, 음악을 연주하거나, 음악을 듣거나, 어떤 프로젝트를 진행하다가 문득 고개를 들어보니 5시간이 지났다. 밖은 어두워졌고 방광은 터지기 직전인데 깊이 집중한 나머지 그것을 알아차리지도 못했다. 원할 때마다 이런 경험을 이끌어낼 수 있다면 얼마나 좋을까?

몰입을 자주 경험하면서 나는 자전거를 타는 동안 몰입에 도달할 확률을 높여주는 조건들을 조금씩 인식하게 되었다. 1년이 넘게 몰입을 경험하고 나서는 과학자의 모자를 쓰고 내 경험을 들여다보기 시작했다. 나는 몰입의 조건들을 밝혀내고, 가능하다면 그 경험을 재현해보고 싶었다.

몰입광들의 모험담을 소개하는 책은 여러 권 나와 있다(2014년에 출간된 스티븐 코틀러Steven Kotler의 《슈퍼맨의 부흥The Rise of Superman》이 대표적이다). 몰입광들은 몰입 상태에서 얻는 완벽한 쾌감을 추구하느라 부상과 사망의 위험을 감수하면서도 극한 스포츠를 즐긴다. 그렇다. 몰입 역시 중독성이 있다. 이런 책의 저자들도 몰입의 비결을 찾아

* 영어로 몰입은 'flow'지만 몰입의 경험은 'being in the zone'으로도 표현한다.

내려는 시도를 했다. 대개의 경우에는 육상 선수들을 비롯한 몰입광들에게 질문을 던지는 방법으로 정보를 얻었다. 2014년 다큐멘터리 감독인 지미 친Jimmy Chin은 '몰입'에 대해 자주 이야기했던 세계적인 극한 스포츠 선수인 딘 포터Dean Potter와 인터뷰를 했다.

> 지미: 당신은 격렬한 스포츠를 여러 개 하잖아요. 베이스점핑,* 외줄타기, 프리 솔로.** 이 운동들의 공통점은 무엇인가요? 아드레날린이 분비된다는 것 말고?
> 딘: 그 세 종목의 공통점은 두려움, 피로, 아름다움, 그리고 미지의 세계로 들어간다는 점입니다. 나는 고양된 인식의 상태로 들어가게 해주는 경험을 위해서라면 목숨이 위태로워지는 상황에 기꺼이 나 자신을 내던집니다. 자칫 실수를 했다가는 죽을 수도 있는 순간 내 감각들은 생존이라는 목표를 위해 극대화되거든요. 그 순간 나는 일상적인 의식 수준을 뛰어넘어 아주 세세한 것까지 보고, 듣고, 느끼고, 직관으로 알게 됩니다. 인식의 고양을 추구하기 위해 나 자신이 위험해질 수도 있는 행동을 하는 거죠.
> 그리고 나의 예술을 하는 동안 나는 나 자신을 비우고 명상을 하면서 움직입니다. 그때는 아무것도 신경 쓰지 않고 나의 호흡에만 집중해요. 그러면 '공空'의 상태가 됩니다. 빈 공간은 채워져야 하잖아요. 왜 그런지는 모르겠지만 그 빈 공간에는 모든 걸 빨아들이는 힘

* 건물, 교각, 절벽 등에서 낙하산을 펼치며 뛰어내리는 것.

** 로프를 쓰지 않는 단독 등반.

> 이 있어요. 그 속에서 나는 나의 가장 심오한 생각들의 뿌리를 인식하고 세상 만물과 연결된 느낌에 도달합니다.[4]

비극적인 이야기지만 포터는 2015년 스포츠 경기 중에 사망했다. 요세미티의 어느 절벽에서 베이스점핑을 하던 중이었다.

포터의 관찰에 따르면 우리는 몰입을 형성하는 특정한 조건을 예측할 수 있다. 그중 하나가 극단적인 위험이다. 위험한 상황에 처할 때는 스스로에 대해 곰곰이 생각할 시간이 없다. 그럴 때 우리는 '우리 자신'을 살리는 과제에 집중한다. 생존이 확보된 뒤 다시 불이 켜진 자아는 마치 자식을 염려하는 부모처럼 기겁을 한다. '방금 얼마나 위험했는 줄 알아? 다칠 뻔했잖아. 다시는 그러지 마.' 언젠가 오지로 스키 여행을 떠났을 때 나에게도 그런 일이 일어났다. 매우 가파르고 부서지기 쉬운 눈 더미를 넘어가야 하는 상황이었다. 눈 더미 바로 밑에는 강이 흐르고 있었는데 물결이 사나웠다(그 강은 얼어붙은 호수와 이어져 있었다). 등에는 일주일 치 식량과 장비가 담긴 무거운 등산용 배낭을 메고 있었다. 나는 뛰어난 스키 선수가 아니었기에 스키를 벗고 그것을 닻처럼 이용해 체중을 지탱하면서 발을 차며 눈 더미로 올라갔다. 발차기. 닻 내리기. 발차기. 닻 내리기. 발차기, 닻 내리기. 마침내 눈 더미를 무사히 넘고 나서야 주변 풍경이 눈에 들어왔다. 엄청난 양의 아드레날린이 솟구치며 머릿속에서 날카로운 비명이 터져 나왔다. '너, 죽을 뻔했어!' 일단 집중부터 하고, 걱정은 나중이다.

몰입 상태에 진입하고 그 상태를 유지하기 위해 무엇이 필요한가에 대해 학자들은 수십 년 동안 논쟁을 이어오고 있지만, 통제된 환경에서 몰입 상태를 재현할 수 있는 확실한 방법에 대한 합의는 존재하지 않는다. 우리가 몰입할 때 뇌의 어떤 부위가 활성화(또는 비활성화)되며 어떤 신경전달물질이 관여하는지도 합의된 바가 없다. 그렇다고 죽음에 가까이 가는 경험들을 실험실에서 인위적으로 만들 수도 없는 노릇이다.

몰입에 요구되는 조건들(죽음보다 덜 위험한 조건들)에 대한 다른 단서들은 어떨까? 칙센트미하이는 과제의 난이도와 그 과제를 수행하는 사람의 숙련도가 균형을 이뤄야 한다고 강조했다. 그게 무슨 뜻일까? 산악자전거를 타고 나서 이 질문을 곰곰이 생각해보니 그 의미가 조금씩 이해되기 시작했다. 평평하고 쉬운 길에서 자전거를 탈 때 내 마음은 쉽게 다른 데로 흘러가곤 했다. 반대로 지나치게 어려운 기술을 시도할 때는 넘어지거나 자전거가 멈춰버렸다(그러면 나는 스스로에게 실망했다). 하지만 완벽한 조건이 갖춰진(지루하지 않을 정도로 어렵지만 지나치게 힘들지는 않은) 길에서 주행할 때는 몰입 상태로 접어들 확률이 훨씬 높아졌다.

뇌과학 이론에 따르면 이 '균형'이라는 개념은 이른바 '자기 참조적 네트워크'의 특징과도 일치한다. DMN은 우리가 과제에 집중할 때는 잠잠해지지만, 지루함을 유발하는 환경에서는 불이 켜진다. 그리고 우리가 스스로를 평가하거나 다양한 방법으로 자기 참조를 하는 동안에는 활발하게 움직인다. 당연한 이야기지만 명상을 하는 동안에는 DMN이 매우 잠잠해진다. DMN의 활동 감소는 칙센트미하이가 말했던 "자의식을 성찰하지 않"는 상태에 상응하는 것인지도 모른다.

몰입의 다른 요소들 역시 명상의 여러 측면과 놀랍도록 비슷하다. 현재에 근거하고 현재의 순간에 초점을 맞추는 집중. 지속적으로 펼쳐지는 '현재'에 대한 주관적 경험. 내재적 보상. 이 책의 여러 장에서 이미 살펴보았듯이 이러한 설명들은 마음챙김에도 적용 가능하다. 정식으로 명상 수행을 하든, 혹은 아니면 단지 일상생활을 영위하면서 마음챙김을 실천하려고 노력하든, 자신의 길에서 벗어나 순간적인 삶의 몰입 상태에 들어설 때 우리는 굉장히 기분이 좋아진다. 그래서인지 칙센트미하이 역시 몰입을 훈련하는 하나의 방법으로서 명상을 언급한 바 있다.

기쁨과 몰입은 어떨까? 바로 앞 장에서 우리는 관용을 베풀 때 기쁨이 솟아날 수 있다는 점을 살펴봤다. 관용은 초점을 우리 자신에게서 멀어지게 하고 다른 곳에 맞추는 일이기도 하다. 그러면 다른 기쁨의 원천들은 어떨까? 몰입에 도움이 되는 기쁨의 상태가 있을까? 농구 선수로서 선수 생활의 대부분을 시카고 불스 팀에서 보내고 명예의 전당에 이름을 새긴 마이클 조던Michael Jordan이 좋은 예를 보여준다. 선수로 뛰는 동안 조던이 40점 이상 득점한 경기는 무려 172회나 된다. 그가 보여준 모습 가운데 가장 인상적인 것은 무엇인가? 그는 '안에 들어간in the zone' 상태일 때 혀를 쏙 내미는 습관이 있었다. '안에 들어가다'는 스포츠광들이 자주 쓰는 표현으로 '몰입 상태'와 마찬가지로 마음이 편안하고 나아가 기쁨을 느끼는 상태를 의미한다. '안에 들어가' 있을 때마다 조던은 상대 팀 선수들의 방어망을 뚫고 골을 넣었다. 자신에게 불이 붙었음을 느낄 때, 우리는 편안한 마음으로 경기를 즐기면서 경쟁자를 가볍게 제친다.

시카고 불스 팀이 연속 3회 챔피언십 우승을 차지했을 무렵 조던의 코치는 필 잭슨Phil Jackson이라는 사람이었다. 원래 잭슨은 운동선수들에게 명상을 권하기로 유명했다. 그는 스포츠심리학자이자 명상 강사인 조지 멈퍼드George Mumford를 시카고 불스 팀에 데려와 선수들에게 명상을 가르쳤다. 1~2년 후에는 멈퍼드를 통해 코비 브라이언트Kobe Bryant와 LA 레이커스 팀 선수들에게 명상을 시키기도 했다. 얼마 후 레이커스는 연속 3회 챔피언십 우승을 차지했다. 그는 시합 전의 짧은 명상을 통해 선수들로 하여금 긴장을 이완하고, 승리에 대한 기대 또는 패배에 대한 두려움을 놓아버린 채 매 순간의 상황에 집중하도록 했다. 잭슨은 《필 잭슨의 일레븐 링즈: 승리를 만드는 리더십》이라는 책에 다음과 같이 썼다. "우리가 바랄 수 있는 것은 성공에 가장 유리한 조건을 형성하되 결과에 대해서는 마음을 비우는 것이다. 그러면 시합이 훨씬 재밌어진다."[5]

비밀 소스

팔리어 경전에서는 '기쁨'이 명상 중에 정신을 집중하기 위한 명시적인 조건으로 제시된다. 7장에서 설명했듯이 기쁨은 각성의 네 번째 요소로서 평안으로 이어지며, 평안은 집중을 위한 조건을 만들어준다. 호기심과 마찬가지로 기쁨도 수축보다는 확장의 성격을 띤다. 8장에서 언급한 '분노의 수련회'에서 나는 하나의 대상에 집중하기 위한 조건을 만드는 연습을 했다. 배운 바에 따르면 이런 유형의 명상에 필요한 '조리법'에는 다섯 가지 재료가 들어간다. '요리책'에 따르면 다음의 재료를 한데 섞으면 저절로 집중이 된다고 나와 있다.

마음을 대상으로 가져온다(자극, 작동)

마음이 대상에 계속 머물게 한다(유지, 연장)

대상에 관심을 가진다(기쁨)

대상에 만족하면서 행복을 느낀다(행복)

마음이 대상과 하나가 되게 한다(정착)[6]

수련회 기간 동안 나는 이 조건들을 실현하면서 하나의 대상에 집중하는 시간을 점점 늘려나갔다. 나의 집중력은 점점 향상됐다. 하지만 한번은, 모든 조건을 갖췄다고 생각했는데 사실은 뭔가가 부족했던 모양이다. 집중의 상태가 도무지 만들어지지 않았다. 나는 가만히 앉아서 어리둥절해하고 있었다. '전에는 이렇게 해서 잘 됐는데. 내가 빼먹은 재료가 뭐지?' 그렇게 마음의 상태를 점검해보니, 내가 기뻐하지 않고 있음을 알 수 있었다. 그리고 그게 우스워 마음속으로 깔깔 웃자, 그 순간 다시 명상 상태에 진입할 수 있었다.

다른 모든 재료는 이미 섞여 있었다. 마지막 재료 하나를 넣기만 하면 되는 것이었다.

나는 산악자전거를 타거나 수련회에서 명상할 때 현재의 순간에 집중하기 위한 조건들을 반복해서 재현할 수 있음을 경험했다. 자기평가의 부재와 내재적 기쁨을 경험했다. 나의 이런 경험들은 명상이 몰입 상태로 들어가는 길이 될 수 있다는 칙센트미하이의 주장을 뒷받침한다. 칙센트미하이는 《몰입의 즐거움》이라는 책에서 다음과 같이 썼다. "이론적으로는 우리가 스스로의 의지로 습득할 수 있는 어떤 기술 또는 훈련도 가능하다. 우리가 원한다면 명상과 기도도 가능하다." 하지만 몰입의 조건을 설명하는 과정에서 칙센트미하이는 활동을 수행하는 사람의 태도 또는 동기를 강조한다. "중요한 것은 그 활동을 대하는 태도다. 신과 가까워지기 위해 기도를 하거나, 단단한 가슴 근육을 만들기 위해 운동을 하거나, 지식을 늘리기 위해 공부를 하는 사람은 그 활동에서 얻을 수 있는 다른 것을 많이 놓치게 된다. 어떤 활동을 그 자체로 즐겨야 하며, 결과보다 자신의 주의를 통제하는 능력을 중요하게 여겨야 한다."

태도를 중시하는 칙센트미하이의 이론을 해석하는 방법 중 하나는 태도가 몰입의 요소에 어떤 영향을 미치는지 알아보는 것이다. 예컨대 우리가 어떤 환상적인 상태 또는 '신성함'에 도달하기 위해 명상을 한다면 암묵적인 자기 참조가 방정식에 포함된다. 자아가 수축하는 동안, 혹은 어떤 경험에 집착하는 동안 '우리'는 '우리의' 경험과 분리되며, 그런 상태로 둘은 하나가 될 수 없다. 다시 말하면

'내'가 '나의' 자전거를 타고 있는 것이다. 나는 그 안에 들어가지 않았기 때문에 지금 펼쳐지고 있는 자기 초월적 경험을 묘사할 수 없다. 몰입을 달성하기 위해 애를 쓸수록 흥분과 수축이 우리가 몰입에 도달하는 것을 방해한다. 우리의 '나'가 우리를 방해하는 셈이다.

우리의 태도와 그 태도가 몰입에 미치는 영향을 바라보는 또 하나의 관점은, 태도가 걱정 또는 자기 의심을 낳을 수도 있다는 것이다. 만약 산악자전거를 타고 비탈을 내려오다 사고를 낼까봐 걱정한다면 실제로 사고가 날 확률도 높아진다. 영화 〈스타워즈: 제국의 역습〉에서 루크를 제다이 기사로 훈련시키던 요다 역시 이 점을 지적한다. 루크가 X-윙 전투기를 몰다가 늪지대에 빠진 직후다. 훈련 중인 루크는 '포스'를 이용해 전투기를 빼내려고 애쓴다. 전투기를 들어 올리려 안간힘을 쓰지만 그가 노력하면 할수록 전투기는 더 깊이 빠져든다. 루크가 요다에게 전투기를 못 빼내겠다고 하소연하자 요다는 맹목적으로 매달리지만 말고 다른 방법을 써보자고 제안한다.

> 요다: "네가 배운 걸 다 잊어야 해."
>
> 루크: "알았어요. 한번 시도해볼게요."
>
> 요다: "아냐! 그러지 마! 뭔가를 하든가, 안 하든가다. 시도한다는 건 없어."

요다가 하려는 말은 걱정이나 회의처럼 패배를 가정하는 태도가 임무 수행을 방해할 수 있다는 것이다. 걱정이나 회의는 본질상 자기 참조적인 성격을 띤다. 만약 어떤 과제를 수행할 수 있을지를 걱정하거나 의심하는 일을 중단한다면, 그것이 우리의 능력으로 수행 가능한 과제인 경우 우리는 성공한다. 이때 자아는 필수적인 요소가 아니다.

생물학의 일부 통계도 이런 주장을 뒷받침한다. 우리의 실시간 fMRI 뉴로피드백 연구에 참가했던 명상 숙련자들 가운데 하나는 실험 도중 자신이 우연히 몰입 상태에 빠져들었다고 진술했다. 1회의 실험이 끝나고 나서 그녀는 이렇게 말했다. "몰입이 되는 느낌이 있었어요. 나의 호흡과 하나가 되면서…… 몰입은 점점 깊어졌어요." 그 시간대에 그녀의 후측대상피질 활동은 눈에 띄게 감소했다. 후측대상피질은 DMN에서 자기 자신에 대한 집착과 가장 긴밀하게 연결되는 영역이다. 우리는 몰입을 필름에 담은 것이다!

이는 객관적으로 입증된 증거가 아니며 피험자의 증언에 의존하고 있긴 하지만, 후측대상피질의 활성화와 몰입의 연관성을 보여주는 좋은 사례가 된다. 후측대상피질 외에도 우리 뇌의 다른 여러 영역과 네트워크가 몰입에 관여하는 것으로 추측되지만 아직 그 구체적인 내용이 정확히 밝혀지지는 않았다. 몰입에 도움이 된다고 알려진 상태, 예컨대 재즈 즉흥연주를 하거나 랩을 자유롭게 흥얼거리는 상태에서 뇌의 다른 영역을 대상으로 수행한 연구들도 있지만, 지금까지 몰입과 일관된 연관성을 나타낸 영역으로는 후측대상피질이 유일하다.[8] 자아를 잃어버리는 것이 몰입의 핵심이라는 점

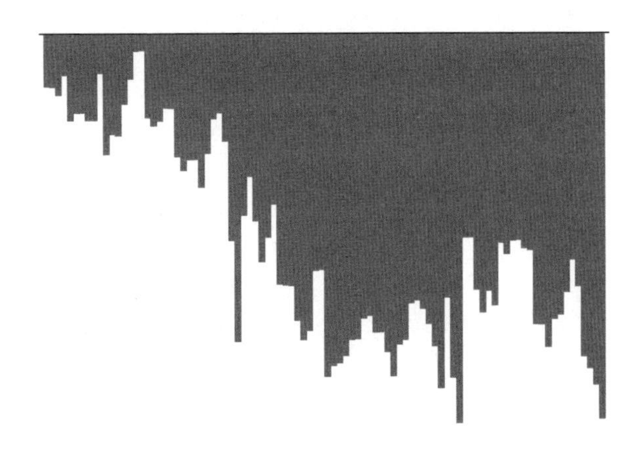

〈그림 13〉 '몰입 경험'과 후측대상피질의 활동 감소
명상 숙련자가 몰입 상태에 도달하는 동안 기록한 fMRI 그래프. 몰입 상태에 진입하던 시점(그래프 중앙)에 후측대상피질 활동은 눈에 띄게 감소했고, 이것은 피험자의 주관적 진술과 일치한다.

을 감안한다면 후측대상피질은 몰입 상태에 이르기 위한 필수적인 조건들 중 하나의 지표일지도 모른다.

몰입 연습

음악 연주는 몰입에 이르기에 적절한 경험 중 하나다. 소규모 재즈밴드든 대규모 오케스트라든 상관없다. 과거를 돌아보면 나 또한 고등학교 시절 사중주단에 참여하면서 몰입을 경험했던 것 같다. 대학 시절에는 프린스턴 오케스트라 전체가 무대 위에서 초월적인 경험을 한 일이 있었다. 원정 공연을 떠난 우리는 영국 왕립 음악학교에서 라흐마니노프의 교향곡 제2번 2악장을 연주하고 있었다. 연주가 시작된 지 얼마 되지 않아 모든 사물과 사람이 하나가 되었다. 시간이 멈추고 우리만 움직이고 있었다. 엘리엇T.S. Eliot이 자신의 대표작인 〈네 개의 사중주〉에서 노래한 것과 비슷한 일이 일어났다.

> 소용돌이치는 세상이 멈춘 지점에, 육신도 없고 육신 아님도 없네.
> 오지도 않고 가지도 않는 정지 너머에, 춤이 있네.
> 멈추지도 않고 움직이지도 않는다고 해서 정지된 것으로 보지 마오.
> 과거와 미래가 만나는 곳, 오는 행위도 없고 가는 행위도 없네.
> 그 점, 그 정지점 외에는 상승도 하강도 없네
> 춤이 없을지라도 거기에는 오직 춤이 있네.
> 우리는 거기 있었다고 말할 수 있을 뿐, 어디라고는 말할 수 없네.
> 말한다면 그걸 시간 안에 두는 것이기에.[9]

연주회가 끝나고 나서 우리 모두가 그에 대해 이야기했다. 마법 같은 일이 벌어졌다고. 어쩌면 그것은 마침내 유명한 공연장에서 연주한다는 모두의 기대와 오랜 연습이 완벽하게 융합된 결과인지도 모른다. 누가 알겠는가? 어쨌든 다음 며칠 동안 오케스트라 단원들 모두의 얼굴에서 빛이 뿜어져 나오는 것만 같았다.

의과대학과 대학원 시절에도 나는 칙센트미하이가 말한 "즐거운 활동을 하는 순간의 오묘한 경험" 속에서 기쁨을 찾았다. 당시 나는 준전문가 수준의 사중주단에 들어가서 연주를 했다. 우리 사중주단의 이름은 이탈리아어로 '힘내라!'는 의미의 '포르차Forza'였다. 우리 넷 모두 음악으로 생활비를 버는 사람은 아니었다. 순전히 연주 자체가 좋았기에 기꺼이 연습했고, 공연도 했다.

기술을 배우는 것(이 경우에는 연주에 능숙해질 때까지 악기 연습을 하는 것)은 몰입에 이르기 위한 중요한 조건이다. 몰입을 하려면 그 곡을 학습해야 한다. 그리고 학습의 과정에서 어떻게 연습하느냐도 중요하다. 극단적인 예를 하나 들어보자. 만약 바이올린 음계 연습을 되는대로 대충 한다면, 심지어 어떤 음을 부정확하게 연주한다면 아예 연습을 하지 않는 것보다 나쁠지도 모른다. 왜냐고? 틀린 음으로 연주하는 것을 학습하게 되기 때문이다. 케이크 조리법에 나오는 재료들을 제대로 섞는 일이나 명상의 필수 조건들을 제대로 갖추는 것과 마찬가지로, 악기 연습의 질은 연주 중 몰입 상태에 도달할 것인지 아닌지에 결정적인 영향을 미친다. 연습의 질이 높다면 결과가 좋을 가능성도 커질 것이다. 나는 동료 맷 스타인펠드Matt Steinfeld(줄리어드 음악학교에서 음악을 공부한 뒤 심리학자 겸 명상가가 된 사람이다)와 함께 〈작곡을 통한 마음챙김 수행의 심리적 효과〉라는 논문을 쓰면서 악기 연주에 몰입하기 위한 조건을 몇 가지로 정리했다.[10] 다음은 몰입, 그리고 보상에 의한 학습과 관련한 중요한 조건들을 나열한 내용이다. 이는 음악만이 아니라 다양한 방면의 학습에 적용할 수 있다.

- 자신을 학대하지 말 것. 음악인이라면 누구나 알겠지만 우리의

가장 큰 적은 우리 자신일 수 있다. 리허설을 하면서 스스로를 책망하고, 공연을 하면서 초조해하고, 또는 공연을 망쳤다고 우리 자신을 괴롭히는 행동이 바로 우리의 적이다. 이런 습관 고리에 깊이 빠져들수록 성공과는 멀어지고 실패에 가까워진다.

- 서두르지 말 것. 새로운 곡에 집중하면서 연주법을 익히는 과정은 처음에는 지루하게 느껴질 수 있다. 그래도 우리는 그 곡과 구성에 맞는 기술을 확실하게 습득해야 한다. 어떤 곡을 처음부터 끝까지 익히는 과정을 생략하고 연주부터 하려고 드는 것은 조바심이나 게으름의 표현일지도 모른다.
- 연주를 망쳤다 해도 스스로를 탓하지 말 것. 실수할 때 곧바로 그것을 놓아버리는 법을 배우면 더 큰 실수를 피해 갈 수 있다. 우리의 실수를 계속 분석하거나 누가 알아차렸는지 궁금해하는 것도 결국 자기를 의식하는 행동이다. 집중을 흐트러뜨리는 그런 생각을 차단하면 사소한 실수가 커다란 실수(아니면 총체적 파국)로 바뀌는 사태를 막을 수 있다.
- 양보다 질을 우선할 것. 피곤할 때라든가 집중이 안 될 때는 연주를 중단하는 법을 배워야 한다. 우리의 자아는 계속하라고 말한다. 우리 자신과 동료 연주자들에게 오늘 6시간이나 연습했다고 자랑할 수 있다는 이유로 말이다. 설혹 하루에 몇 시간 연습해야 한다고 '정해져' 있더라도 죄책감을 느끼지 말라.

주의를 집중하지 않고 연습을 하면 나쁜 습관이 들기 더 쉽다. 유명한 미식축구 코치 빈스 롬바르디Vince Lombardi는 "연습을 한다고 완벽해지지는 않는다. 완벽한 연습을 해야 완벽해진다"고 말했다. 음악의 좋은 점은 우리가 우리 자신에게 초점을 맞추는 일상적인 경험을 초월할 수 있도록 마법의 재료를 더해준다는 것이다. 음악 자체가 좋아서 음악을 연주할 때면 그 재료들이 하나로 뭉쳐지고, 그러면 음악은 저절로 기분 좋고 희망적인 "할렐루야"를 노래하기 시작한다. 완벽한 연습이 우리를 몰입 상태로 이끌어준다.

극한 스포츠 선수 딘 포터는 비록 짧지만 행복한 인생을 살았을 것이다. 자신이 몰입 상태에 도달하기 위해 어떤 조건들을 재현해야 하는가를 알아냈으니까. 결국은 큰 대가를 치르긴 했지만 말이다. 《슈퍼맨의 부흥》을 보면, 포터는 앉아서 명상하는 것보다 훌쩍 날아가는 것을 더 좋아했다고 한다. 그의 표현에 따르면 그것은 몰입에 도달하기 위한 "과정들을 생략하는" 방편이었다. "나는 쉬운 방법을 선택한다." 포터는 이렇게 말했다. "15초의 몰입을 경험하기 위해 2시간 동안 가만히 앉아서 명상을 할 수도 있다. 하지만 내 목숨을 걸고 그곳에 곧바로 도달할 수도 있다. 그럴 때의 쾌감은 몇 시간 동안 지속된다."[11]

흥미롭게도 시간이 흐르면서 나는 그 반대의 경우를 발견하게 되었다. 적절한 재료들을 혼합하는 방법을 배우는 과정에서 나의 명상 수행은 깊이를 더해갔고, 그러자 산악자전거를 타거나 악기를 연주하는 활동을 하는 도중에 몰입 상태에 도달하고 그 상태에 머무르는 능력도 함께 향상됐다. 몰입에 유리한 조건들을 찾아 마음을 다해 연습하면 우리의 뇌 안에서 몰입에 관여하는 신경의 경로들이 강화되는 것일까? 내재적 보상이 되는 행동(산악자전거 타기, 명상, 악기 연주 등)의 계기로 작용하는 조건을 알게 된다면 우리의 뇌는 그런 '행동'을 학습할 것이다. 이는 뇌가 다른 모든 것을 학습하는 과정과 동일하다. 역설적인 말이지만 스스로를 세상으로부터 단절시키는 습관들(텔레비전 보기, 술 마시기, 약에 취하기)에 무심코 빠져드는 대신, 우리는 뇌에서 보상에 의한 학습을 담당하는 바로 그 경로를 이용해 세상에 더 적극적으로 관여할 수 있다.

10

회복력 훈련

> 세상의 모든 것과 연결된 느낌을 받을 때 당신은 모든 일에 책임을 느낀다. 그러면 더 이상 그것들을 외면해버릴 수 없게 된다. 당신의 운명은 다른 사람들의 운명과 엮인다. 당신은 온 우주를 어깨에 짊어지는 법을 배워야 한다. 그걸 배우지 못하면 그 무게에 짓눌릴 테니까. 당신은 온 세상을 사랑할 만큼 강해져야 한다. 그러면서도 마음을 비워 세상의 가장 끔찍하고 무서운 것들과 한자리에 앉아야 한다.
>
> – 앤드루 보이드Andrew Boyd

두 명의 수도승에 관한 유명한 우화가 있다. 나이 많고 현명한 수도승이 젊은 수도승과 함께 말없이 산길을 걷고 있었다. 그들은 물살이 세차고 빠른 강의 가장자리에 이르렀다. 수도승들이 강을 건널 채비를 하는 동안 젊고 아름다운 여인 하나가 강가에 오더니 흐르는 물을 물끄러미 쳐다본다. 여인은 물살에 휩쓸려 떠내려갈 것이 두렵다면서 두 수도승에게 강 건너는 것을 도와달라고 부탁한다. 수도승들은 서로의 얼굴을 쳐다본다. 그들은 여자의 몸에 손을 대지 않는다는 서약을 하지 않았던가. 다음 순간, 나이 든 수도승이 아무 말 없이 여인을 업어 강 건너편으로 데려다주고는 길을 계속 간다. 젊은 수도승은 자신의 눈을 의심한다. 어떻게 수도승이 계율을 위반할 수 있단 말인가? 강을 다 건넌 뒤 젊은 수도승은 나이 든 수도승에게 따진다. 나이 든 수도승은 대꾸가 없다. 몇 시간이 지나도 젊은 수도승의 마음은 진정되지 않는다. 마침내 그는 자제력을 잃고 대뜸 소리친다. "우리는 수도승으로서 여자의 몸에 손을 대지 않겠다는 서약을 하지 않았습니까! 어찌 그 여인을 어깨에 올리신단 말입니까?" 현명한 수도승은 이렇게 대답한다. "나는 그 여인을 강 건너편에 내려놓고 왔느니라. 너는 왜 아직도 그녀를 짊어지고 다니느냐?"

나이 든 수도승은 상황을 기반으로 윤리적 의사 결정을 내렸다. 그와 함께 길을 가던 젊은 수도승은 나이 든 수도승이 규칙을 어겼다는 사실은 알았지만, 그가 젊은 여인을 도와줌으로써 세상의 고통을 덜어냈다는 사실은 보지 못했다. 현명한 수도승은 우리에게 도움이 되는 지침과 모든 상황에 적용하기에는 지나치게 엄격한 도그마를 구별하려 한 셈이다. 이 이야기는 우리가 스스로의 견해를 계속 고집하며 자신을 방해할 때 어떤 일이 벌어지는가를 아름답게 보여준다.

내가 이 책을 통해 강조하고자 한 것은, 습관이 형성되는 과정에 주의를 기울인다면 그 습관을 깨뜨릴 수 있다는 생각이다. 별생각

없이 몽상을 하든 혹은 마약을 구입하기 위해 도둑질을 하든, 우리 자신의 행동에 사로잡힐 때마다 우리는 평생 짊어지고 다니는 짐(업보)을 더 무겁게 만드는 셈이다. 어떤 업무를 끝내야 하는데 시간을 낭비했을 때, 혹은 가족들이 얼마나 힘들어하는지 알면서도 다시 중독에 빠져들었을 때 우리 자신을 가혹하게 질책하면 그 짐은 더 불어난다. 때때로 우리는 신들로부터 벌을 받아 죽음의 세계인 하데스의 언덕 위로 커다란 바위를 밀어 올려야 하는 시시포스가 된 기분이다. 바위를 다 올린 뒤 시시포스는 그걸 언덕 아래로 굴려 처음부터 다시 밀어 올린다. 그는 이 고된 노동을 끝없이 반복해야 한다. 우리의 삶도 이와 비슷하게 느껴질 수 있다. 언덕 위로 바위를 밀어 올려도 얻는 것은 아무것도 없고, 시간이 갈수록 바위는 무거워지기만 한다. 하지만 인생이 반드시 시시포스의 고난과 같은 것은 아니다. 우리는 땀을 흘려가며 습관이라는 짐을 어깨에 올리지 않아도 된다. 그 습관들로 이뤄진 바위를 산으로 올리고 또 올리지 않아도 된다. 과도한 짐이 쌓이고 있다는 사실을 알아차리더라도 너무 걱정하지 말자. 계속 걸어가면서 짐을 하나씩 내려놓으면 되니까. 몸이 가벼우면 여행길이 즐거워진다. 이 과정을 반복하면 조금씩 줄어드는 짐과 함께 발걸음도 점점 가벼워지고, 마침내는 몰입 상태에서 우리의 여정을 즐기게 된다.

스스로 선택한 짐을 지고 다니는 젊은 수도승을 바라보며, 우리는 회복력이라는 렌즈를 동원할 수도 있다. 회복력은 다음과 같이 정의된다.

어떤 물질 또는 대상이 원래의 모양으로 돌아가는 성질(탄력성)

어려운 일을 겪고 나서 빠르게 회복하는 능력(강도)

두 수도승의 이야기에서 알 수 있듯이, 젊은 수도승에게는 탄력성이 없다. 사실 행복(또는 신성함)을 추구하는 과정에 이렇다 할 규칙 같은 건 존재하지 않는다. 일반적인 행복의 공식은 'X라는 행동을 하면 Y'라는 형태다. 하지만 그런 유형의 행복은 우리 외부에 있는 어떤 것에 의존하며, 우리와 우리의 환경이 항상 변화하고 있다는 사실은 고려되지 않는다. 우리의 세계가 변화하기 때문에 대개의 경우 'X라는 행동을 하면 Y'라는 공식은 성립하지 않거나 금방 효력을 상실한다. 우리가 평생 살아가면서 형성하는 습관들도 마찬가지다. 안정성을 찾아 헤매는 과정에서 우리는 외적 보상과 내적 보상에 근거한 'X-Y'라는 습관적인 반응을 형성하지만 이러한 외적 보상과 내적 보상들도 시간이 지나면 효과가 없어진다.

이 습관화는 저항으로 느껴지기도 한다. 장애물경주 선수인 롤로와 몰입 중독자인 딘은 먼저 신체를 유연하게 만든 다음에 정신도 똑같이 유연하게 만들려고 했다. 만일 그들과 반대로 행동한다면 어떤 일이 벌어질까? 우리가, 혹은 우리의 동료가 직장에서 새로운 제안을 내놓을 때, 그 제안서에 담긴 아이디어를 설명하거나 공개하기도 전에 저항의 물결에 부딪치는 일이 얼마나 많은가? 우리는 이 '저항의 물결'을 몸과 마음으로 느끼기도 하며, 그럴 때 닫히는 느낌 또는 수축하는 느낌을 받는다.

나는 환자들을 치료하면서 이런 현상을 여러 번 목격했다. 그런 환자들이 진료실에 들어오면 무슨 문제가 있다는 것을 대번에 알 수 있다. 그들은 내 눈을 똑바로 마주하지 못하거나, 마주하더라도 슬쩍 훔쳐본다. 그때까지 과제를 잘 수행하던 환자(몇 달, 혹은 그 이상 약이나 술을 입에 대지 않은 사람)가 갑자기 구구절절 이야기를 늘어놓는다. 가족 중 누군가가 아프다거나, 자신 또는 배우자가 일자리를 잃었다거나, 연애가 제대로 되지 않는다거나, 인생의 다른 큰 사건 때문에 회복에 실패했다는 이야기들. 환자는 눈앞에 닥친 상황에 저항하는 데 사로잡혀 있었다. 그 일이 일어나지 않기를 바라는 마음 때문에, 환자가 현재에 충실히 임하면서 닥쳐온 문제를 해결하기는 더 어려워진다.

더욱이 그들은 스트레스를 감당할 수가 없어서 다시 마약이나 술을 입에 댔다고 말하기도 한다. 유연성이나 회복력을 키우기 위한 일정한 훈련을 거치지 않으면 과거의 습관들은 맹렬한 기세로 돌아오기 마련이다. "사는 게 힘들어지면 저는 원래 이렇게 해요." 환자들은 내게 말했다. 힘든 일이 닥치면 그들의 전전두엽은 스트레스를 받아 활동을 중단한다. 그러면 그들은 흡연, 음주, 약물 복용 등의 자동적인 습관으로 돌아간다. 여기서 '자동적'이라는 말의 의미는 문자 그대로다. 환자들은 한밤중에 "비몽사몽간에" 담배를 피우거나 술을 진탕 마시다가 정신을 차리고 입안에 반쯤 피운 담배가 왜 있는지 몰라서 당혹스러웠다는 식의 이야기를 많이 한다. 그들이 가슴속 이야기를 털어놓고 나면, 나는 그들에게 다시 술이나 담배나 약물을 입에 댄 과정을 자세히 들려달라고 해서 분석한다. 그들은 하나같이 술이나 담배나 약물을 다시 입에 대서 좋아진 것이 하나도 없었을뿐더러 오히려 상황이 더 악화했다고(놀랍지 않은가!) 입을 모은다. 정신적 유연성이 조금만 더 있었으면 괜찮았을 텐데, 그것이 부족했기 때문에 자동적으로 과거의 습관을 선택한 것이다. 현악기의 줄 하나가 지나치게 팽팽하게 감긴 상태와도 비슷하다. 압력을 조금만 가해도 그 줄은 끊어지고 만다.

만약 정신적 탄력성을 계발할 수 있다면, 우리는 삶 속의 수많은 변화와 도전에 부딪칠 때마다 줄을 느슨하게 풀어놓거나 차바퀴에 기름을 칠 수 있다. 현재 일어나고 있는 일에 저항하면서 생겨나는 불필요한 짐들도 더 감당하기 쉬워질 것이다. 그러면 난관을 이겨내고 다시 일어나, 환경의 변화에 따라 탄력적으로 반응할 수 있지 않을까? 스펙트럼의 반대쪽 끝으로 가보면, 우리가 어렵다고 생각하는 사건들 역시 성장의 기회가 될 수 있다. 《도덕경》에서는 이를 다음과 같이 표현한다.

> 중용을 아는 사람의 징표는
> 자기 생각으로부터 자유롭다는 것이다.
> 하늘과 같이 도량이 넓고,
> 햇살처럼 어디에나 스며들고,
> 산처럼 확고하며,
> 바람에 흔들리는 나무처럼 유연하다.

그런 사람은 시선의 방향을 달리할 줄 알고
인생이 던져주는 것들을
뭐든 이용할 줄 안다.
그에게 불가능이란 없다.
왜냐하면 그는 마음을 비웠기 때문이다.[1]

이제 우리가 어떤 경우에 습관적으로 경직되는지, 그리고 어떻게 하면 그런 사건에 걸려 넘어지는 대신 회복력을 키우는 기회로 삼을 수 있을지 구체적으로 알아보자. 잘만 하면 우리는 난관 속에서 다시 일어서고, 그 과정에서 더 유연해질 것이다.

공감 피로

우선 공감 이야기를 해보자. 공감은 '서로의 감정을 이해하고 공유하는 능력'이다. 다른 사람의 입장에서 생각하는 것은 일반적으로 매우 유용한 능력으로 간주된다. 그리고 앞에서 설명한 것처럼, 상황 자체만큼이나 우리가 우리 자신의 상황을 어떻게 해석하는가(이 경우에는 다른 사람의 입장에 서보는 것)도 중요하다.

의과대학에서는 환자에게 공감하는 법을 가르친다. 대부분의 의사들(나도 포함하여)과 의료계 종사자들은 남을 돕고 싶어서 의학을 공부한 이들이다. 그러니 공감을 강조하는 것은 자연스러운 일이다. 우리가 환자의 입장을 잘 이해할수록 환자에게 실질적인 도움을 줄 확률도 높아질 테니까. 의사의 '공감 지수'가 높은 경우 환자의 회복 기간이 비교적 짧게 나타났다는 연구 결과들도 있다. 이는 감기 증상을 치료하는 환자든 혈당 조절 중인 환자든 마찬가지다.[2] 한데 불행히도 의과대학 3학년 때는 공감 능력이 떨어진다. 대부분 수업을 모두 마치고 임상 수련에 뛰어드는 시기다. 레지던트 과정에 진입한 후에도 공감 능력의 감소는 계속되어 정식으로 의사가 될 무렵에는 60퍼센트가량이 에너지의 고갈을 호소한다. 예컨대 그들은 감정적으로 소진된 느낌을 받으면서 환자를 물건처럼 대하기 시작한다. 그들은 회복력을 잃는다.[3]

우리 의사들은 보나 마나 회복력 명예의 전당에(아마 후보자 명단에조차) 이름을 올릴 수 없을 것이다. 수많은 의사들이 공통적으로 경험하는 이 현상을 요즘에는 '공감 피로empathy fatigue'라고 부른다. 공감 피로의 원인은 여러 가지다. 설사 환자들의 입장에 서는 능력이 뛰어나더라도 환자들이 힘들어한다면 의사 역시 힘들어진다. 그 과정이 고통스럽다는 사실에 눈을 뜨면 의사는 자연스럽게 스스로를 보호하게 된다. 고통을 목격하고(계기), 자기 보호를 위해 수축하거나 거리를 두고(행동), 기분이 나아진다(보상). 수축할 때마다 의사는 점점 경직되고 회복력 또한 떨어진다.

여기에 난제가 있다. 의사들이 순교자처럼 '고통'이라는 버스 밑에 자신을 던져서라도 환자들의 혈당 수치를 잘 조절해야 한다고 주장하는 사람은 아무도 없다. 하지만 대개는 의사가 환자들을 깊이 이해할 때 환자들의 회복도 빠르다. 의사들은 이 역설을 어떻게 해결해야 할까? 첫 단계는 작업가설을 시험하는 것이다. 우리는 스스로에게 고통을 안기는 방식으로 환자들의 고통에 반응하고 있는가? 역설적이지만 '공감'의 전통적인 정의에 따른다면 이 질문에 대한 답이 '예'일 때 공감 테스트 점수는 10점 만점이 된다. 그렇다면 우리가 뭔가를 놓치고 있는 것이 분명하다. 사실 의료인들에게 바람직한 '공감'의 정의는 아직 확립되지 않았다. 그 정의에는 단순히 '타인의 감정을 이해하고 공유하는 능력' 외에 뭔가가 더 들어가야 한다.

공감의 전통적인 정의에 빠져 있는 것은 아마 '행동의 숨은 동기'가 아닐까 싶다. 의사들은 사람들의 고통을 덜어주기 위해 의학을 선택한다. 이 점을 고려하여, 의사가 환자와 긴밀한 연계를 유지하면서도 그 연계 때문에 소진되지 않는 방법을 배울 수는 없을까? 여기서 '온정'이라는 개념을 도입할 필요가 있다. 영어 단어 compassion은 '고통을 함께한다'를 뜻하는 라틴어 compati에서 유래했다. (환자를 뜻하는 patient 역시 '고통받는다'를 뜻하는 라틴어 pati에서 유래했다.) 온정을 제대로 실천하면 우리가 누군가의 고통을 함께하면서도(즉 '그들의 고통을 느끼면서도') 그 고통에 빠져들지 않을 수 있을까? 답은 '예스'일 것이다.

뭔가에 빠져들기 위해서는 빠져드는 주체가 있어야 한다. 이 책에서 거듭 강조했듯이 우리는 여러 가지 방법으로 자의식을 영속시킬 수 있다. 만약 세상만사를 개인적으로 받아들이지 않는다면(즉 '이것이 나에게 어떤 영향을 미치는가?'라는 관점에서 보지 않는다면) 다양한 가능성이 열린다. 불교적 시각에서 본다면, 우리가 습관적이고 주관적인 반응을 내려놓는 순간 고통 역시 사라질 것이다. 티베트의 영적 지도자인 달라이라마Dalai Lama는 《자비가 있는 삶The Compassionate Life》이라는 책을 통해 이렇게 말한다. "애착이 없이도 온정을 베풀 수 있다. 따라서 우리는 온정과 애착을 확실하게 구분할 필요가 있다. 진정한 온정은 단순한 감정적 반응이 아니라 이성에 기초한 확고한 헌신이다. 진정한 온정은 확고한 토대에 근거하므로 설령 상대가 부정적인 행동을 한다 해도 변하지 않는다. 진정한 온정은 우리 자신이 뭔가를 투사하고 기대해서 생기는 것이 아니라 상대의 필요를 바탕으로 한다. 그가 가까운 친구건 적이건 상관하지 않는다. (……) 이것이 진정한 온정이다."[4]

수축은 상처를 입지 않으려고 방어적인 장벽을 세우는 행위다. 자기 보호에서 비롯되지 않은 반응의 느낌은 수축의 느낌과 크게 다르다. 만약 고통을 목격할 때의 서로 다른 반응의 차이를 명료하게 볼 수 있다면, 보상에 의한 학습에 기초한 반응(자기 보호)과 진정한 온정에서 우러난 반응(이타적)을 구별할 수 있을 것이다.

누군가의 고통을 목격하고 있을 때 이기적인 반응과 이타적인 반응을 구분하기란 어렵지 않다. 이기적인 반응은 닫히는 느낌인 반면 이타적인 반응은 확장되는 느낌이다. 확장의 느낌은 자비와 몰입에서도 공통적으로 나타나는 경험이다. 내 마음의 자기 참조적이며 수축된 영역이 잠잠해진다. 그리고 '나'를 경기장 가장자리로 밀어내기 때문에(혹은 아예 경기장 밖으로 쫓아내기 때문에) 경기 도중에

태클을 당하거나 부상을 입지 않도록 나 자신을 보호해야 한다는 걱정이 없다. 이것을 공감 피로의 개념에 적용해보자. '나'의 요소를 제거하면 원래 자기 보호에 투입되던 에너지가 자유로워지고, 따라서 자기를 보호하느라 피로해질 일이 없어진다. 다시 말해 환자들의 고통을 나 개인의 일로 받아들인다는 것은 몹시 피곤한 일이지만, 만일 내가 그것을 나 개인과 연결하지 않으면 나는 그만큼 자유로워진다는 얘기다. 환자들도 그 차이를 알아차린다. 병실에 들어가고, 환자와 눈을 맞추고, 그들의 이야기를 듣고, 질문에 답하는 과정을 생각해보라. 이 모든 소통이 임상적이고 폐쇄적이며 별 내용 없는 것으로 여겨질 수도 있고, 따뜻하고 개방적인 것으로 여겨질 수도 있다. 후자일 때 환자들의 만족도는 높아지고 치료 경과도 좋아진다. 그러면 의사들도 긍정적인 영향을 받는다.

로체스터 의과대학원의 믹 크래스너Mick Krasner와 론 엡스타인Ron Epstein은 마음챙김 훈련으로 의사들의 공감 피로를 감소시킬 수 있는지 알아보고자 했다.[5] 그들은 자기 알아차림self awareness, 마음챙김, 그리고 소통 능력을 계발하는 집중 교육 프로그램을 만들었다. 그런 뒤 1차 의료를 담당하는 의사들에게 8주간의 교육을 실시하고 그 직후와 그로부터 1년 후의 탈진 지수와 공감 지수를(그 외 여러 가지 지표들도) 측정했다.

크래스너의 연구진은 기준점과 비교할 때 이들이 탈진의 감소와 공감 능력의 향상, 감정적 안정성의 증가와 같은 다양한 지표에서 상당한 차이를 보인다는 사실을 발견했다. 연구 결과는 의사가 스스로의 반응에 사로잡히지 않을 때 의사 자신과 환자들 모두에게 유익하다는 가설을 경험적으로 뒷받침한다. 앞으로 의사들과 환자 치료의 이러한 측면들이 더 명확하게 밝혀지면 공감의 의학적 정의도 온정에 기반하여 환자를 이해하는 방향으로 변화할 것이다. 과거 의료인들의 공감이 다른 사람의 입장에 서서 자신의 고통을 증가시키는 것이었다면, 미래의 공감은 고통을 겪고 있는 사람과 함께 걸어가는 것이다. 공감 훈련이 온정 훈련 및 그와 관련한 기술 훈련으로 대체될 수도 있지 않을까? 이미 몇몇 의과대학은 교과과정에 마음챙김을 포함시키고 있다.

의학적 치료는 우리 자신의 경험을 깊이 이해하는 수만 가지 방법 중 하나에 불과하다. 우리는 직장 생활 또는 사생활에서 다양한 방법으로 이기적인 반응들('나'를 보호하는 쪽으로 기울어진 반응)과 이타적인 반응들(상황에 따른 즉흥적 반응)을 구별할 수 있다.

고통을 나 자신과 연결 짓지 않는다면 그로 인해 해방된 에너지를 재활용해서 남을 도울 수도 있다. 실제로 고통을 명료하게 볼 때면 자연히 고통받는 사람을 돕고 싶다는 충동에 휩싸인다. 누구나 그 비슷한 경험을 해봤으리라. 친구가 감정적으로 힘들어하다가 전화를 걸어 올 때, 또는 뉴스에서 커다란 재난 소식을 전할 때, 우리가 우리 자신에 대한 걱정에서 한 발짝 물러서면 어떤 일이 벌어질까? 역설적으로 우리는 그쪽으로 몸을 기울이고, 그 고통에 가까이 다가가게 된다. 누군가의 이야기를 잘 들어주며, 기부금을 보내기도 한다. 왜 그럴까? 그 이유를 확실히 아는 사람은 없다. 자비나 관용과 마찬가지로 남을 돕는 것은 기분 좋은 일이다. 그리고 이런 종류의 보상은 자기 보호와 같은 습관적인 반응을 놓아버리는 데 도움이 되므로 자연히 우리의 회복력을 높여준다.

저항(무저항) 훈련

지금까지 이 책은 우리의 잘못은 아니지만 우리가 스스로를 어떤 종류의 '편안하지 않음'으로 몰아간다는 점을 여러 측면에서 소개했다. 페이스북에서 '좋아요'를 받을 때의 흥분이든, 특정한 종류의 자아관 강화이든, 혹은 단순히 어떤 생각에 대한 중독이든 간에 이처럼 자신에게 집중하는 행동들의 결과는 우리의 몸으로도 느껴진다. 주먹을 꽉 쥔다거나, 안절부절못한다거나, '뭔가를 해야 한다'는 강렬한 압박을 느끼거나 하는 방식으로 말이다. 이런 습관들을 강화할수록 그 습관들은 우리 뇌의 회로에 홈을 파고 그에 상응하는 행동을 촉발한다. 뇌의 회로에 홈을 깊이 팔수록 그 홈에 우리 자신이 빠져들 확률도 높아진다. 다른 비유를 써서 말하자면, 그것들은 우리에게 딱 맞는 일종의 '세계관 안경'이 되어, 우리는 안경을 쓰고 있다는 사실조차 의식하지 못하게 된다.

우리가 어떤 종류의 저항에 부딪친다면, 그것은 우리가 쳇바퀴를 돌고 있거나 홈에 빠져 있다는 신호일 수도 있다. 아이러니하게도 우리 자신이 파고 있던 홈에 말이다. 하나의 관점 또는 하나의 행동에 매혹당하면 우리는 우리 자신에게 더 깊이 몰두한다. 누구나 논쟁을 하다가 이런 감각을 경험한 적이 있을 것이다. 어느 시점에 자신이 단지 일종의 교리를 추종하면서 끝까지 싸움에 매달리고 있을 뿐이며 논쟁은 점점 우스워지고 있다는 생각. 그래도 어떤 이유에선지 우리의 자존심은 후퇴를 허용하지 않는다. '웅덩이의 법칙'을 잊어버린 것이다. 웅덩이에 빠져 있을 때는 그만 파라.[6]

또한 여러분은 이 책에서 우리가 우리 자신에게 점점 더 깊이 몰두하면서 구덩이에 빠지고 있거나(즉 주관적 편견을 통해 세상을 바라보고 있거나), 앞으로 우리의 편안하지 않음을 더 심화시킬 패턴들을 강화하고 있을 때 간단한 마음챙김으로 이를 알아차릴 수 있다는 사실을 보았다. 편안하지 않음 또는 스트레스가 우리의 나침반이 될 수 있다. 그것에 맞춰 방향을 잡기만 한다면. 마음챙김은 우리가 나침반을 보고 읽어내도록 해준다. 마음챙김을 통해 우리 자신이 고통을 향해 나아가고 있는지 아니면 고통에서 멀어지고 있는지, 깊은 구덩이를 파고 있는지 아니면 삽을 내려놓고 있는지를 알 수 있다. 이 이론을 조금 더 구체적으로 살펴보자.

나침반을 만들기 위해서는 무엇이 필요한가? 지구에는 자성을 가진 북극과 남극이 있으므로, 자유롭게 움직이는 강자성 바늘의 양끝은 저절로 북쪽과 남쪽을 가리키게 된다. 다시 말하자면 우리는 특정한 원인 또는 조건(지구에는 두 개의 자극이 있고, 바늘은 강자성을 띤다)을 전제로 특정한 효과 또는 결과(바늘이 특정 방향을 가리킬 것이다)를 예측하고 기대할 수 있다. 지구의 자기장이 발견된 이래 사람들은 세계 어디에서나 사용 가능한 나침반을 만들어 사용했다. 기본 원리만 알면 누구나 나침반 만드는 법을 익힐 수 있다. 특수한 바늘이나 거창한 과정이 필요한 것도 아니다. 적절한 재료만 갖추면 된다. 또한 기본적인 지식만 있다면 나침반이 제대로 작동하지 않는 환경(예컨대 자석과 가까운 곳에 있을 때)을 예측할 수도 있다.

앞서 언급한 대로 마음챙김의 기원은 2500년 전의 인도 아대륙으로 거슬러 올라간다. 싯다르타 가우타마(석가모니)라는 인물은 대략 기원전 563년에서 483년까지 살았다. 흥미롭게도 싯다르타의 가르침 중에 가장 단순하면서도 유명한 것들은 나침반이 작동하는 이유에 대한 물리학적 설명과 비슷하게 들린다. 싯다르타는 사람의 행동은 조건성conditionality을 기반으로 설명해야 한다고 설했는데, 그 조건들은 대부분 자연의 법칙(예컨대 '나침반은 항상 북쪽과 남쪽을 가리킨다')과 닮은 명료한 법칙을 따른다. 이런 법칙들에 근거하면 특정한 원인이 특정한 결과로 이어질 것을 예상할 수 있다는 것이 싯다르타의 가르침이다.

싯다르타의 가르침은 특히 고통에 초점을 맞춘다. "나의 가르침은 단 하나다. 고통(즉 편안하지 않음, 스트레스)과 고통을 없애는 것이다." 싯다르타에게는 이것이 가르침의 방향을 정하는 나침반과 같았다. 편안하지 않음과 관련한 인간 심리를 깨우치고 있었던 그는 이 자연의 법칙들을 사람들에게 설함으로써 그들이 편안하지 않음의 원인을 깨닫고, 나아가 그 상태에서 벗어날 방법을 찾도록 했다.

팔리어 경전의 첫 번째 가르침의 제목은 "진리의 수레바퀴를 움직이라"로 번역된다.[7] 여기서 싯다르타는 대중문화에서 가장 많이 다뤄지는 불교 교리인 고집멸도苦集滅道를 설한다. 맨 먼저 그는 나침반 뚜껑을 열어 '편안하지 않음'이 어디에서 오는가를 우리에게 보여준다. "첫 번째 진리인 고苦, suffering는 (……) 불쾌한 것과 연관된 것이고, 유쾌한 것과 무관한 것이고, 간절히 원하는 것을 얻지 못하는 것이다." 싯다르타는 마치 나침반이 물리학 법칙에 따라 방향을 바꾸는 것처럼 우리의 행동에도 확실한 논리적 속성이 있음을 보여준다. 누군가가 우리에게 소리를 칠 때 우리의 기분은 좋지 않다. 사랑하는 사람들과 헤어져도 마찬가지다. 그리고 나침반이 항상 북쪽과 남쪽을 가리키듯이, 이런 행동들을 반복하면 거의 항상 동일한 결과가 나온다.

편안하지 않음의 논리적 성격에 이어 싯다르타는 편안하지 않음의 원인을 알려준다. "고의 원인에 대한 진실을 알려주겠노라. 집착이 그 근원이다." 싯다르타의 가르침에 따르면, 누군가가 우리에게 소리를 지를 때 그 사람이 소리치지 않기를 바라는 것은 사태를 더 악화시킨다. 마찬가지로 우리의 애인 또는 배우자가 출장을 떠나 있는데 상대를 계속 생각하며 훌쩍거린다고 해서 그가 마법처럼 나타나 우리에게 안기는(그리고 우리의 친구들을 어이없게 만드는) 일은 없다. 이 진리는 물리학 교수가 나침반에 빨간색을 칠하고 "이쪽이 북쪽입니다"라고 알려주는 것과 비슷하다. 지금까지 우리는 단 하나의 방향, 즉 고통에 가까이 가는 방향만을 알고 있었다. 이제 우리는 북쪽과 남쪽을 다 안다. 만약 남쪽으로 걸어가면(원인) 고통을 겪을 것이다(결과). 스트레스를 유심히 살펴보기만 해도 스트레스를 일종의 나침반으로 활용할 수 있는 것이다.

싯다르타는 세 번째 진리를 설한다. "(욕망을) 포기하고, 단념하고, 그것에서 자신을 해방시켜라. 그러면 그 욕망은 깨끗이 사라진다." 북쪽으로 걸어가라. 그러면 당신의 고통은 사라질 것이다. 애인이 일주일 동안 멀리 떠나 있다면, 하염없이 그 생각에 빠지는 것을 중단하고 눈앞에 있는 것에 초점을 맞출 때 어떻게 되는가를 한번 관찰해보라(기분도 나아질 것이다). 눈앞의 일에 깊이 몰입한다면 어느새 상대가 돌아오기까지 얼마나 남았는지조차 잊어버릴지 모른다. 그리고 짠! 어느새 그가 돌아온다.

마지막으로 싯다르타는 네 번째 진리에 이르는 길을 알려준다. 그 길은 "고통의 소멸에 이르는 길"이다. 그는 상세한 지도를 제시한다.

《불교 이후》에서 스티븐 배철러는 고집멸도를 가리켜 "네 개의 과업(4성제)"이라고 부른다.

> 고통을 이해하고,
> 고통에 대한 반응을 놓아버리고,
> 반응의 소멸을 관찰하고,
> 마음챙김에 근거해서 길을 개척한다.[8]

이런 틀에서 보자면 싯다르타의 첫 번째 가르침의 언어(유쾌, 불쾌, 고통)들과 인과관계를 강조하는 점 등은 조작적 조건형성과 비슷한 면이 있다. 어떤 욕망이 일어날 때 무릎반사처럼 자동적으로 움직여 욕구를 재빨리 충족하는 행동은 그 욕망을 더 키울 뿐이다. 앞서 이 습관 고리의 여러 사례들을 살펴본 바 있다. 인생을 살면서 우리는 주관적 편견을 토대로 주변 환경에 습관적으로 반응한다. 특히 원하는 것을 얻지 못할 때 그런 반응을 나타낸다. 마음챙김을 통해 자신의 습관적 반응을 알아차릴 줄 알게 되면 고통의 순환에서 한 발짝 밖으로 나갈 수 있다. 반응에 갇히는 대신 깨어 있는 상태로 편안함을 얻는 것이다. 배철러는 이러한 원리를 대단히 명쾌한 언어로 설명한다. "연기緣起라는 말은 욕망을 의미한다. 탐욕, 증오, 망상…… 세상과의 접촉을 계기로 촉발된 모든 자동적인 반응을 가리킨다. '멸滅'은 그 반응의 중단을 의미한다."[9]

탄력성이라는 개념으로 돌아가보자. 자동적인 반응은 결국 탄력성의 반대 개념이다. 탄력성의 반대란 '저항성'이다. 우리는 왜 충분히 검토하지도 않고 새로운 아이디어에 저항하는가? 우리가 모종의 주관적 편견에 따라 자동적으로 반응하기 때문이다. 우리는 왜 애인에게 버림받는 것에 저항하여 때로는 매달리고 간청하기까지 하는가? 자존심이 상하거나 안정감을 잃을 것이 두려워서 즉각적으로 반응하기 때문이다. 탄력성이 있으면 새로운 환경을 경험하는 즉시 그 환경에 맞춰 구부러질 수 있다. 탄력성이 있으면 슬픔에 저항하거나 그 과정을 회피하지 않는다. 탄력성이 있는 사람은 자아의 집착과 위협당하는 느낌을 금방 극복한다. 탄력성이 있는 사람은 시간을 끌지 않고 앞으로 나아간다.

아침부터 밤까지 자신이 통제할 수 없는 것들에 반응하거나 저항하는 행위를 몇 번이나 하는지를 관찰해보자. 그러면 스스로 저항성을 기르고 있다는 사실을 명료하게 볼 수 있다. 우리는 (새로 생긴) '나쁜' 아이디어와 싸우기 위해 우리의 근육을 키운다. 우리는 애인에게 차였을 때의 상처를 피하기 위해 방어벽을 만든다. 이 스펙트럼의 한쪽 끝은 우리 자신을 무감각하게 만들어 개방성과 취약성을 아예 없애버린다. 사이먼 앤드 가펑클의 〈아이 엠 어 록I Am a Rock〉이라는 노래에는 울타리를 쳐서 "아무도 나를 건드리지 못하게" 한다는 가사가 나온다. 이것은 감정이 롤러코스터처럼 오르락내리락하는 것을 피하려는 헛된 시도다. 고통에 대한 해결책으로 고립을 선택하는 것이다. 철저히 혼자인 사람은 울지도 않으니까.

사이먼 앤드 가펑클의 가사처럼 저항에는 대가가 따른다. 세상으로부터 자신을 차단하는 벽을 높이 쌓을수록 많은 걸 놓치기 마련이니 말이다. 우리의 논리적인 자기 조절 메커니즘인 '시스템 2'를 기억하는지? 스폭 박사에게는 감정이 없다. 그는 편견이 개입되지 않은 행동에 최적화된 상태다. 하지만 대다수 사람들의 경우 감정(평소에 힘이 센 '시스템 1'의 영역)이 자아정체성의 핵심을 차지한다. 그래서 스트레스를 받거나 지나치게 감정적일 때는 시스템 2가 원활하게 작동하지 못한다.

어떤 종류의 중독이든 반응은 반복할수록 강해진다(저항 훈련). 페이스북에서 '좋아요'를 몇 개 받았는지 확인할 때마다 우리는 '나는I am'이라는 아령을 들어 올리는 셈이다. 계기에 반응해서 담배를 피울 때마다 우리는 '나는 흡연자다'라는 팔굽혀펴기를 하는 셈이다. 직장 동료에게 달려가서 최근에 생각해낸 멋진 아이디어를 신나게 이야기할 때마다 우리는 '나는 똑똑해'라는 윗몸일으키기를 하는 셈이다. 이것도 상당한 노동이다.

어떤 시점에 이르면 우리는 원 안을 빙빙 돌면서 긍정 강화와 부정 강화의 고리들을 연장하는 일을 멈춘다. 그 시점은 언제일까? 보통은 기운을 다 소진했을 때 그렇게 된다. 갖가지 손잡이를 누르다가 지치고, 그 행동이 스스로에게 실질적인 도움이 되지 않는다는 사실에 눈을 뜨기 시작하는 것이다. 습관적인 행동을 잠시 멈추고 자신의 삶을 들여다보면 길을 잃고 정처 없이 방황하는 모습이 보인다. 그러면 나침반을 꺼내 그동안 방향 설정을 잘못 했다는 사실을 확인한다. 여기서 아름다운 소식 하나. 스트레스를 유발하는 것이 우리 자신이라는 점에 주의를 기울이기만 해도(마음챙김을 실천하기만 해도) 우리는 반대 방향으로 걸어가는 훈련을 시작할 수 있다.

하지만 저항 훈련도 헛된 것은 아니다. 저항 훈련을 하면 자신을 잘못된 방향(편안하지 않음과 불만을 증가시키는 방향)으로 데려가는 행동들을 알아보는 눈이 생긴다. 어떤 행동을 반복함으로써 얻는 바람직하지 않은 결과를 명료하게 보게 될 때 우리는 그 행동에 더 이상 매혹당하지 않는다. 그 행동에 자연스럽게 이끌릴 확률도 낮아진다. 한때 행복의 원천 같았던 흥분은 더 이상 우리에게 행복을 주지 못한다. 왜일까? 편안하지 않은 상태보다 뭔가를 놓아버리고 단순히 존재하는 것이 더 기분 좋은 보상을 주기 때문이다. 우리의 뇌는 학습하도록 만들어져 있다. '자아를 강요하는 수축적인 보상'과 '개방적이고 확장적이며 자아를 잊어버리는 보상'의 차이를 명료하게 보는 순간 우리는 나침반 읽는 법을 배우게 되고, 그러면 이제 스스로 방향을 잡고 반대쪽으로 움직이기 시작한다. 진정한 행복의 방향으로 말이다. 도구의 작동법을 안다는 것은 대단히 큰 힘이다. 그 효용을 극대화할 수 있기 때문이다. 고통이 찾아올 때 그것을 피하려고 위축되거나 또 하나의 습관 고리에 사로잡혔다고 자신을 비난하지 말자. 그냥 나침반을 꺼내 들고 스스로에게 이렇게 물으면 된다. "나는 이걸 가지고 어디로 가야 할까?" 어쩌면 우리의 습관에 고개 숙여 감사 인사를 해야 할지도 모른다. 지금 이 순간에도 습관이 우리 자신에 대해, 그리고 우리의 습관적 반응에 대해 알려주는 교사 역할을 하고 있으니까. 우리는 그 경험을 양분 삼아 성장할 수 있다.

저항 훈련이라는 비유를 가지고 이야기를 이어가보자. 헬스클럽에서 운동을 할 때 우리는 얼마나 무거운 물체를 들어 올릴지, 몇 번이나 들어 올릴지, 중력(저항)에 반해 얼마나 오랫동안 들고 있을지 계산한다. 이 운동은 각기 우리의 근육을 키워준다. 이 장의 첫머리에서 만난 젊은 수도사는 자신의 정신적 짐을 한 번 들어올리긴 했지만, 그것을 계속 들고 있었기 때문에 나중에는 너무 무겁다고 느꼈다. 짐을 지기가 버거워지자 그는 화를 내며 그것을 선배 수도사의 발밑에 내던졌다.

어떤 식으로든 무저항unresistance 또는 반저항antiresistance 훈련을 시작하려는 사람(예컨대 마음챙김 기반 스트레스 감소 강좌를 듣기 시작하려는 사람)은 헬스클럽의 세 가지 질문을 일상생활 속 자신의 반응에 적용할 수 있다. 하루 동안 우리는 뭔가를 개인적으로 받아들여 반응하는 행동을 얼마나 자주 하는가? 답을 알아내는 가장 쉬운 방법은 욕망 또는 집착을 나타내는 정신적 수축의 징후를 찾는 것이다. 수축된 상태와 연결된 육체적 감각은 유쾌한 경험뿐 아니라 불쾌한 경험을 할 때도 나타난다는 점을 기억하라. 우리 마음의 짐은 얼마나 무거운가? 즉, 우리는 얼마나 수축된 상태인가? 마지막으로, 우리는 얼마나 오랫동안 그 짐을 들고 돌아다니는가? 자신의 반응이 명료하게 보이면 우리는 자연스럽게 그 반대의 행동, 즉 '놓아버리기'로 나아가게 된다. 똑같은 방법으로 우리 자신이 얼마나 발전하고 있는가를 알아볼 수도 있다. 우리는 놓아버리기를 얼마나 자주 하는가? 과거의 습관적인 반응을 되풀이하지 않은 적이 몇 번이나 되는가? 뭔가를 들어 올릴 때, 그게 과거보다 가벼운가? 다시 말해 스스로가 그 짐에 사로잡히지 않고 있는가? 얼마나 오랫동안 그 짐을 들고 다니는가? 그리고 자신이 뭔가를 계속 들고 다니고 있다는 사실을 알아차릴 때 얼마나 빠르게 그 짐을 내려놓을 수 있는가(그런 다음 그 짐을 다시 집어 들지 않는가)?

반저항 훈련을 어떤 결과를 얻기 위한 불변의 틀이라기보다는 하나의 탐험으로 생각하자. 스트레스가 있는 쪽, 또는 그 반대쪽으로 방향을 맞춘다고 해서 당장 어떤 결과가 주어지는 것은 아니다. 대신 주의를 기울이면 우리는 특정한 방향으로 움직이기 시작한다. 우리의 나침반과 친해질수록 이런 존재 방식이 매우 쉽다는 사실을, 또 아무 때나 가능하다는 사실을 잘 알게 될 것이다. 뭔가를 얻기 위해 어떤 특별한 행동을 하거나 특별한 장소에 갈 필요도 없다. 우리 자신의 길을 막아서는 것이 어떤 느낌인가를 배우기만 하면 나머지는 자연스럽게 이뤄지니까. 두 눈을 크게 뜨고 명료하게 보자. 그러면 우리는 그 방향으로 계속 움직일 것이다.

T. S. 엘리엇은 〈네 개의 사중주〉 4편 마지막을 다음과 같이 마무리한다.

> 우리는 결코 탐험을 중단하지 않으리라
> 그리고 모든 탐험의 끝은
> 우리가 출발했던 그곳에 도착하는 것.
> 그리고 처음으로 그곳을 알게 되는 것.
> 기억될 뿐 알려지지 않은 문을 통해서,
> 아직 발견되지 않은 마지막 한 조각의 땅덩이가
> 우리의 출발점이었음을.

우리가 찾는 것은 무엇인가? 엘리엇은 몇 줄 아래 이렇게 이야기한다.

> 찾지 않았기에 알려지지 않은
> 하지만 정적 속에서 들리는,
> 바다의 두 파도 사이로 반쯤 들리는.

지금 당장, 이곳, 이 순간, 언제나

완전한 단순함의 상태

(그 대가는 모든 것이니)

이 책의 맥락에 비춰보면 엘리엇이 말한 "모든 것"은 우리가 살면서 쓰게 된 안경, 우리의 자아를 만들고 지키고 보호하기 위해 계속 착용해온 모든 안경으로 해석 가능하다. 이제 이 모든 주관적 편견을 과감하게 내려놓고, 우리 자신의 세계관을 놓아버리고, 우리 자신의 길에서 완전히 내려선다면 어떤 일이 벌어질까?

그러면 모두가 잘될 것이며

모든 것이 잘될 것이니

불붙은 혀들이

왕관 모양의 불꽃 매듭 속으로 감겨들 때

그리고 불과 장미가 합일할 때.[10]

이 정도면 훌륭한 보상이 아닌가.

미래는 바로 지금이다

지금까지 살펴보았듯이, 우리는 무엇에든 중독될 수 있다. 담배, 알코올, 마약 그리고 우리의 자아상에도. 뭔가에 중독되는 건 우리의 잘못이 아니다. 생존을 위해 행동과 결과를 연결하고 자극과 보상을 연결하는 것은 우리의 DNA에 새겨진 메커니즘이니까. 스키너를 비롯한 여러 심리학자들의 행동 연구에 따르면, 이러한 학습의 과정을 이해할 때 우리는 더 좋은 쪽으로 변화할 수 있다.

스키너는 자신의 발견에 더 많은 함의가 있다고 생각하고 한 걸음 더 나아갔다. 그는 보상에 의한 학습의 과정을 섹스와 정치를 포함한 모든 분야에 적용할 수 있다고 주장했다. 스키너의 유일한 소설인 《월든 투》는 제2차세계대전 직후 미국 중부의 어느 지역을 배경 삼아 인위적으로 만든 유토피아 사회를 묘사한다. 스키너의 동물실험을 더 발전시켜 인간 사회로 확장한 셈이다. 《월든 투》에서 스키너는 이상 사회를 건설하는 방편으로서 공학적인 자기 조절을 강조한다. 이는 숭고한 아이디어지만, 현재 인류의 뇌 진화 수준을 고려하면 태생적 한계를 안고 있을지도 모른다.

흥미롭게도 불교 심리학자들 역시 스키너와 똑같은 과정을 관찰하다가 우연히 해답을 찾아낸 듯하다. 불교 심리학자들은 자아에 대한 집중과 보상에 의한 학습을 통한 주관적 편견의 강화가 고통의 핵심 원인이라고 생각했다. 그들은 고통의 핵심 요인(욕망과 반응)을 알아냈을 뿐 아니라 단순하고 아름다운 해법도 발견했다. 해법은 다음과 같다. 우리의 행동에 대한 보상이라고 생각되는 것에 주의를 기울인다. 행동의 결과를 더 명료하게 보게 되면 주관적 편견은 줄어들고 방향 재설정이 가능하다. 그러면 우리는 나쁜 습관에서 한 발짝 빠져나옴으로써 스트레스에서 벗어나 '뭔가를 얻지 않아도 생겨나는 행복'으로 나아간다. 그 과정에서 자유로워진 에너지는 방향을 바꿔 삶을 개선하는 일에 투입될 수 있다. 덜 산만해지고, 세상에 더 진실하게 참여하며, 더 큰 행복을 발견하고, 나아가 몰입을 경험하는 것이다. 만약 이 말들 속에 진실이 조금이라도 있다면(이 방향을 가리키는 과학적 증거가 쌓이고 있다), 우리를 방해하는 것은 무엇인가?

《월든 투》에서 스키너는 인위적 공동체 바깥의 세계에서는 더 일찍부터 일상생활에 행동 엔지니어링을 적용하고 있다는 암시를 여러 차례 반복한다. 거리의 광고판들은 크고 유혹적이다. 나이트클럽을 비롯한 갖가지 유흥 시설은 사람들을 흥분시켜 공연을 보는 대가로 돈을 지불하게 만든다. 스키너는 공포와 흥분이라는 수단으로 대중을 속박하는 프로파간다와 각종 전술이 광범위하게 사용되고 있음을 강조한다. 물론 이런 것들은 긍정 강화와 부정 강화의 사례로서 제시된다. 어떤 책략이 한번 성공하면 그 책략은 다시 활용될 가능성이 높다. 멀리 떨어진 데서 예를 찾을 필요도 없다. 아무 것이나 좋으니 최근에 치러진 선거를 생각해보라. 한 정치인이 공포를 기반으로 연설을 한다(행동). "이 나라는 안전하지 않습니다! 제가 안전한 나라를 만들겠습니다!" 유권자들은 자신이 피해를 입을지 모른다는 생각에 그 정치인을 지지한다. 만약 책략이 효과를 거둬 그가 당선된다면(보상), 우리는 다음 선거 때도 그와 유사한 책략이 등장하리라고 짐작할 수 있다. 상황('신빙성 있는' 위협이 존재해야 한다)이 그 책략을 뒷받침해주기 때문에 더욱 그렇다.

이런 유형의 행동 엔지니어링이 단순하고 평범하게 여겨질지도 모른다. 이런 일이야 도처에 있으니까. 미국의 경우 대통령 선거는 4년마다 치러지며, 공포를 조장하는 선거운동은 생소한 것이 아니다. 그러나 인간 심리와 보상에 의한 학습에 대한 과학적 지식이 첨단 기술과 만나면 스키너가 우려했던 것을 전례 없는 수준으로 현실화할지도 모른다. 스키너가 《월든 투》에서 강조했던 것 중 하나는 어떤 조직이 사회 전체를 대상으로 과학적인 실험을 수행할 가능성이었다. 실험의 결과는 명료하며 비교적 빠르게 나타난다. 소설속 '월든 투'의 인구는 1000명이었다. 현대의 초국적 기업은 자사 상품을 날마다 쓰는 고객을 1억 명쯤 확보하고 있을지도 모른다. 해당 기업의 엔지니어들은 어떤 상품의 특성을 선택적으로 개조해서 실험을 진행하고 며칠 또는 몇 시간 안에 최종적인 결과를 얻어낼 수도 있다. 결과를 얻는 데 걸리는 시간은 실험에 얼마나 많은 사람을 참여시키는가에 따라 다르다.

사회과학자들은 사람의 긍정적인 감정과 부정적인 감정이 그의 주변에 있는 사람들에게 옮아 갈 수 있다고 말한다(이를 '정서 전이emotional contagion'라고 부른다). 만약 누군가 눈에 띄게 행복한 상태로 방 안에 들어온다면 방에 있던 다른 사람들도 덩달아 행복을 느낄 확률이 높다. 마치 행복이라는 감정이 전염되는 것처럼. 페이스북의 애덤 크레이머Adam Kramer는 코넬 대학과 협력해서 디지털 공간의 소셜 네트워크를 통한 접촉에서도 정서 전이가 나타나는지를 알아보는 연구를 수행했다.[1] 그들은 페이스북 사용자 70만 명에게서 수집한 뉴스피드 데이터를 조작하여, 사용자들에게 노출되는 콘텐츠 가운데 긍정적 감정과 부정적 감정이 포함된 컨텐츠의 양을 변화시켰다. 연구진이 긍정적 감정이 담긴 포스트 개수를 줄이자 사용자들도 긍정적 감정이 담긴 포스트를 적게 올렸다. 부정적 감정의 경우 결과는 복합적이었다. 연구진이 부정적 감정이 담긴 포스트를 줄이자 페이스북 사용자들은 부정적 감정을 적게 표출하고 긍정적 감정의 표현을 늘렸다. 이것이야말로 스키너가 70년 전에 예언했던 행동 엔지니어링이다!

이 연구는 논란의 도마에 올랐다. 그 이유 중 하나는 실험 참가자들의 동의를 얻지 않았다는 윤리적인 문제였다. 사용자들이 페이스북 사용 규약에 동의했을 때 실험 참가에도 '동의한' 것인지 여부가 명확하지 않았다. 일반적으로 피험자들은 실험 내용에 대해 미리 안내를 받으며, 만약 실험에 피험자들을 속이는 과정이 포함된다면 그 속임수를 써서 얻는 혜택이 위험보다 크다는 점을 윤리 위원회에서 인정받아야 한다. 흥미롭게도 페이스북의 연구에 관한 논쟁이 촉발된 이유들 중 하나는 이 연구가 출판물로 공개되었다는 점이었다. 만일 과학 출판물을 통해 이윤을 획득할 필요가 없다면, 기업은 고객 확보와 수익 창출이라는 미명 아래 무제한의 실험을 진행할 수도 있다는 뜻이다. 그것도 밀실에서.

현재의 기술 수준을 고려하면 사실상 기업들은 규모에 상관없이 'A/B 테스팅'이라는 방법으로 실험을 진행할 수 있다. A/B 테스팅이란 소비자에게 A와 B라는 두 가지 시안을 주고 선택하게 하되 변수 하나만을 조작해서 그것이 결과에 미치는 영향을 알아보는 방법이다. 표본이 커질수록 결과의 신뢰도도 높아진다. 고객층이 두텁고 자금이 풍부한 대기업은 중소기업에 비해 우리의 행동을 빠른 속도로, 그리고 지속적으로 엔지니어링할 수 있는 셈이다.

행동 엔지니어링은 스키너식의 기술이 적용되는 모든 업계에서 이미 실행 중이다. 당연히 그렇지 않겠는가? 만약 우리가 사람들로 하여금 우리의 상품을 사게 만들고자 한다면, 무엇이 사람들을 움직이게 하는가(즉 사람들의 통각점)를 알아내야 할 테니까. 또 하나의 예로 식품 엔지니어링이 있다. 2013년 마이클 모스Michael Moss는 〈뉴욕 타임스 매거진〉에 〈중독성 있는 정크 푸드의 과학〉이라는 제목으로 식품업계에 대한 폭로성 기사를 썼다.[2] 그는 식품을 조작해서 색깔, 냄새, 맛, 촉감이 완벽의 경지에 이르도록 만드는 갖가지 방법을 소개했다. 식품을 공학적으로 조작하면 우리의 도파민 시스템을 자극해서 배가 고프지 않을 때도 먹게 만들 수 있다. 앞에서도 설명했지만, 진화의 모든 과정은 바로 여기서 시작한다. 우리는 생존을 위해 음식을 먹어야 한다. 그리고 군침을 흘리게 만드는 음식이 충분히 있는 경우, 우리는 행복하거나 슬프거나 걱정거리가 있거나 불안하거나 지루할 때마다 폭식을 하도록 학습한다. 불행한 진실은 이런 종류의 조작이 우리가 항상 어떤 보상을 과도하게 얻도록 만든다는 것이다. 그 보상은 음식일 수도 있고, 약물일 수도 있고, 소셜 미디어나 쇼핑일 수도 있다.

이처럼 현대인의 생활 구석구석에 행동 엔지니어링이 있다는 사실을 지적하는 것은 여러분에게 겁을 주기 위해서가 아니다. 이런 것들은 오래된 관행으로, 시장이 확대되고 인류가 국경을 넘어 상호 연결될수록 더욱 큰 동력을 얻을 것이다. 게다가 스키너가 지적한 대로 공포를 이용한 조작도 가능하다. 심리학자로서, 친구로서, 남편으로서, 교사로서, 형으로서 나는 고통을 너무 많이 목격했기 때문에 통각점에 도달했다. 고통을 겪을 때나 사람들의 고통을 바라보며 아픔을 느꼈다. 그 과정에서 나는 사람들을 돕는 어떤 일을 하고 싶어졌고, 그래서 고통의 원인에 대해 알게 된 것을 바탕으로 사람들을 교육하게 되었다. 나는 사람들이 자기만의 도구를 만들어 고통을 줄일 수 있기를 바란다. 그것은 그들 자신을 위한 일이기도 하지만 그들 주변의 다른 사람을 위한 일이기도 하다.

제프 워커Jeff Walker는 키가 크지만 부드러운 말투를 가진 전형적인 신사였다. 나는 어느 친구의 소개로 그를 만났다. 그가 우리 연구실의 실시간 fMRI 뉴로피드백에 대해 알고 싶다고 했기 때문이다. 개인 자산 관리 회사에서 일하다가 2007년 은퇴한 후 워커는 비영리 기구들의 모금 활동을 도와주면서 많은 시간을 보냈다. 그는 비영리 부문의 이사들 및 지도자들과 함께 일하면서 보람을 느낀 나머지 《즐거운 모금, 행복한 기부》라는 책까지 썼다.

우리에게는 몇 가지 공통된 관심사(음악과 명상도 포함)가 있었으므로, 나는 제프의 요청을 받아들여 그를 우리의 fMRI에 넣어주기로 했다. 그를 스캐너에 들여보낸 다음, 우리는 그에게 여러 가지 방법으로 명상을 해보라고 지시하거나, 즉흥적으로 노래를 해보라고 권하기도 했다. 그러는 동안 그는 자신의 후측대상피질 활동이 증가하고 감소하는 양상을 관찰했다. 1시간 30분쯤 지난 뒤, 제프는 자신이 본 것에 만족한 표정으로 기계 밖으로 나오더니 나에게 점심을 사겠다고 했다. 그러고는 주문한 음식이 나오자 내게 회사를 설립하라고 권하면서 냅킨에 자신의 구상을 그렸다. "이 도구들은 세상에 널리 알려져야 합니다." 그가 샌드위치를 베어 물며 말했다.

회사 설립이라니, 나로서는 한 번도 생각해보지 못한 일이었다.

나는 과학자였다(그리고 지금도). 진리를 발견하고 세상의 이치를 탐구하기 위해 대학원에 진학한 사람이었다. 그래서 걱정이 앞섰지만, 제프는 회사 설립이 사람들에게 도움을 주고 우리의 연구 결과를 학계의 상아탑 밖으로 확산시키는 좋은 방법이라고 나를 설득했다. 우리는 이윤 회수보다는 사회의 변화를 중요하게 생각하는, 우리와 생각이 비슷한 투자자들의 도움으로 회사를 설립했다. 처음에는 이 회사에 '고블루 랩스goBlue Labs'라는 이름을 붙였다. 예일 대학의 대표 색이 파란색과 흰색이기 때문이기도 했고, 피험자의 후측대상피질 활동이 감소하면 뉴로피드백 그래프가 파란색으로 표시되기 때문이기도 했다. 그러고서 얼마 뒤에는 회사 이름을 '클라리타스 마인드사이언스Claritas MindSciences'로 바꿨다. 라틴어 claritas는 '명료함clarity' 또는 '밝음brightness'을 뜻한다. 명료하게 보기만 해도 중독 행동에서 벗어날 수 있다는 것이 우리의 주장 아닌가.

우리가 설립한 스타트업의 목표는 보상에 의한 학습과 관련한 실험실 안의 지식을 대중에게 보급하는 것이다. 궁극적으로는 사람들이 각자 자신의 나침반을 재설정하는 법을 배워 사회를 풍미하는 소비주의에 맞서기를 바란다. 일부 명상 초보자들이 '놓아버리는' 경험을 했듯이(그 이야기는 4장에 나온다), 우리는 모두가 자기 의지에 따라 '놓아버리기'를 실행할 수 있도록 도구와 훈련 프로그램을 만들 생각이다. 우리는 실험실에서 얻은 지식을 실전에 투입할 때가 됐다고 확신한다. 중독이 점점 늘고 있는 데다, 오늘날의 사회적 환경이 이를 부추기며 강요하고 있기 때문이다.

흥미롭게도, 예일 대학의 캐시 캐럴Kathy Carroll과 그녀의 동료들은 행동치료 요법의 효능과 효과를 유지하면서 그것을 널리 보급하는 방법을 찾고 있었다. 캐럴의 연구진이 최근 스티브 마르티노Steve Martino의 주도로 발표한 논문에 따르면, 전문 치료사들은 자신의 말이 연구 목적으로 녹음되고 있다는 사실을 알고 있는 경우에도 상담 시간의 상당 부분을 환자들과의 비공식적인 대화, 즉 잡담에 사용한다. 실험에 참가한 치료사들의 무려 88퍼센트가 상담 시간의 일부를 자기 자신에 관한 대화에 할애했다.[3] 뇌의 '보상'은 받았을지 모르지만, 상담의 목적을 벗어난 그런 대화들은 환자에게 도움이 되지 않았다. 캐럴의 연구진은 이 실험 결과를 바탕으로 컴퓨터로 인지 행동 치료를 수행하는 방법을 개발했다. 동영상 시청과 롤플레잉 게임으로 일대일 상담을 대신하는 이 치료법은 약물중독자 치료에 효과가 있는 것으로 밝혀졌다.[4]

우리의 스타트업은 캐럴의 선례를 따라 디지털 치료를 선택하되 그 방법을 한 단계 더 발전시켰다. 가설은 다음과 같았다. 만약 사람들이 특정한 맥락에서 습관을 형성한다면(예컨대 차 안에서 담배를 피우기 시작했다거나), 그리고 대부분의 사람이 이미 스마트폰에 중독된 상태라면, 그들을 산만하게 만드는 바로 그 기술을 이용해 그들을 흡연, 스트레스성 폭식, 중독 행동 등의 불건전한 습관 패턴에서 벗어나게 해줄 수 있지 않을까? 담배를 피우고 싶다거나, 스트레스를 받아 뭔가를 먹고 싶다거나, 다른 어떤 강박적 행동의 계기가 만들어질 때마다 우리는 호기심을 가지고 '알아차리는' 인간 고유한 능력을 발휘해야 한다.

우리는 마음챙김 훈련 매뉴얼을 디지털로 전환하여 사용자가 스마트폰을 통해 조금씩 전달받을 수 있도록 했다. 홍보 문구는 다음과 같았다. "예! 우리에겐 그런 앱이 있습니다." 처음으로 공개한 두 개의 프로그램은 흡연이나 스트레스성 폭식("지금 당장 뭘 먹어야 해!")과 관련한 특정한 통각점("끊고 싶어!")을 이용한 것이었다. 사용자들은 날마다 동영상과 애니메이션으로 훈련을 할 수 있었다. 일상에서 잠깐씩 마음챙김을 훈련하기 위한 짤막한 과제도 제공됐다(보통은 하루 5~10분 정도). 그리고 우리 프로그램에 가입한 사람들에게만 개방되는 온라인 커뮤니티를 개설했다. 이곳에서 사용자들은 동료로서 서로를 지지하고 격려하며, 나 역시 그 커뮤니티에 참여해서 마음챙김 수행의 요령을 알려주고 도움말을 제공했다. 그리고 우리는 임상 실험을 통해 앱의 효과를 측정해가면서 연구를 거듭했다.

우리의 스타트업이 설립된 지 1년쯤 지난 2013년 5월, 나는 워싱턴 D.C.를 방문했다. 존스홉킨스 대학에서 이틀 동안 명상 연구에 대한 컨설팅을 수행한 뒤 마음챙김에 관한 TEDx 강연을 녹화하는 일정이었다. 워싱턴 D.C.에 온 김에 오하이오주 국회의원인 팀 라이언Tim Ryan과도 약속을 잡았다. 팀과 나는 그 전해 명상 과학 연구 콘퍼런스의 파티에서 처음 만났다. 팀은 그보다 몇 년 전 존 카밧진과 함께하는 명상 수련회에 처음 참가했다가 깊은 인상을 받아 그날부터 매일 명상을 시작한 터였다. 그는 마음챙김이 의회의 당파 싸움을 완화하는 데도 도움이 된다는 사실을 깨닫고 하원 내에서

주 1회 명상하는 그룹을 만들었다. 2012년에는 《마음챙김의 나라A Mindful Nation》라는 책을 펴내기도 했다.

내가 팀의 사무실에 들어가자마자 그는 대뜸 마음챙김에 관한 최근 연구 동향을 알려달라고 청했다. 마음챙김을 옹호하기에 앞서 그것을 뒷받침하는 사실과 과학적 원리를 이해하려고 진심으로 노력하는 모습이 인상적이었다. 그와 이야기를 나누는 동안, 나는 마음챙김과 금연의 관계에 대해 최근에 발견한 내용을 알려주고, 디지털 훈련 앱을 개발했다는 소식도 전했다. 내 휴대전화에 있는 우리 프로그램을 본 그는 자리에서 벌떡 일어나더니 자기보다 젊은 비서관을 불렀다. "어이, 마이클, 사무실로 와봐!" 마이클이 사무실에 들어오자 팀이 물었다. "자네 담배 피우지?" 마이클은 겸연쩍은 말투로 그렇다고 답했다. "꼭 담배를 끊어야 한다는 건 아니야. 그래도 이 앱을 한번 써보고 좋은지 어떤지 나에게 알려주게나." 팀이 말했다. 마이클은 고개를 끄덕이고 사무실을 나갔다.

그날 오후, 북쪽으로 달리는 기차 안에서 나는 마이클에게 이메일을 보냈다. "우리의 '욕망 끊어내기Craving to Quit' 프로그램의 시험 사용자가 되어주셔서(라이언 의원님 때문에 자원하신 게 되나요?) 고맙습니다." 그러고는 마이클에게 훈련을 시작하는 요령을 자세히 알려줬다. 그는 이틀 뒤부터 프로그램을 시작했다. 그리고 그다음 주, 나는 그로부터 한 통의 메일을 받았는데 그 내용은 다음과 같은 말로 끝났다. "저에게 이런 기회를 주셔서 감사합니다. 원래는 담배를 끊을 계획이 없었지만, 이 프로그램에 참여하니 지금이 어느 때보다 좋은 기회라는 것을 깨닫게 되네요." 그러고 나서 다시 한 달 후, 마이클은 후속 이메일을 보내왔다. "사실 약간의 의구심을 가지고 시작했는데, 얼마 지나지 않아 이 프로그램이 얼마나 이로운지 알겠더군요. 원래 저는 하루에 담배 열 개비를 피웠어요. 담뱃갑이랑 라이터를 챙기지 않으면 집 밖으로 나가기가 겁날 정도였죠. 그런데 3주가 지난 지금은 담배를 아예 끊었습니다. '욕망 끊어내기' 앱이 없었다면 이런 일은 불가능했을 겁니다." 그의 이메일을 읽는 동안 내 얼굴에는 눈물이 흘러내렸다. 무슨 일이냐고 묻는 아내에게 나는 더듬더듬 대답했다. "이거, 진짜로 되나봐."

1년이 흐른 뒤 앤더슨 쿠퍼Anderson Cooper가 CBS의 〈60분〉 촬영을 위해 마음챙김 센터의 우리 실험실을 찾아왔다. 쿠퍼는 방금 라이언 의원과 인터뷰를 하고 왔다고 말했다. 나는 〈60분〉의 제작자인 데니스에게 마이클의 안부를 물었다. 데니스는 마이클을 기억하고 있었다. 그녀의 말에 따르면 마이클은 아직 금연 상태를 유지하고 있다고 했다.

이제 '욕망 끊어내기'는 임상 시험 단계에 이르렀다. 우리는 '욕망 끊어내기' 앱의 효과를 우리 실험실에 갖추어놓은 '적극적 통제' 환경과 비교하는 한편, 미국 국립 암 연구소에서 개발한 금연 앱과 직접 비교하는 연구도 진행 중이다. 앱이 공개되어 있기 때문에 전 세계의 흡연자들로부터 피드백을 받고, 이를 바탕으로 프로그램을 지속적으로 개선할 수 있다. 또한 사람들이 스트레스성 폭식 습관을 이겨내도록 해주는 자매 프로그램을 출시했다. 이 프로그램의 이름은 Eat Right Now로, 이는 '제대로 먹자'와 '현재의 순간에 먹자'를 동시에 의미한다. 이 두 프로그램과 온라인 커뮤니티의 장점 중 하나는, 앱 사용자들이 서로를 응원하면서(베푸는 것 자체가 보상이다!) 마음챙김 훈련을 위한 클라우드 방식의 지식 저장소가 만들어진다는 사실이다. 누군가 자신의 진행 상황을 일지로 기록하거나 내가 사용자의 질문에 답할 때마다 그 내용은 고스란히 축적되고, 이후 우리 앱을 사용하는 사람들은 축적된 지식과 경험을 활용할 수 있으니 그야말로 '선행 나누기'의 생생한 사례 아니겠는가.

우리는 마음챙김 훈련을 디지털로 제공하는 다른 도구들도 개발하는 중이다. 보상에 의한 학습이 최상의 효과를 거두려면 피드백(보상)이 있어야 한다는 사실을 감안하여, 클라리타스사社와 우리 실험실은 수백만 달러짜리 fMRI가 필요 없는 뉴로피드백 도구를 개발하기 위해 긴밀하게 협력하고 있다. 프라산타(3장에서 소개했던 물리학자)와 렘코 판 루테르펠트Remko van Lutterveld(우리 연구실의 선임 박사 후 연구원)를 포함한 팀원들은 우리가 보유한 fMRI 뉴로피드백 기계와 거의 똑같은 기능을 수행하는 EEG 장치를 개발하는 중이며, 이 장치의 주요 기능은 우리가 스스로의 경험에 갇힐 때와 그것을 놓아버릴 때 후측대상피질의 활동 변화 양상을 기록하는 것이다. 가장 좋은 피드백은 신호가 증가하든 감소하든 우리에게 뭔가를 가르쳐주는 유형인데, 예비 실험에서 확인한 바에 따르면 우리의 EEG 장치는 바로 이러한 방식으로 개개인의 경험에 대한 피드백을 준다. 자신의 경험에 갇히는 경험과 그것을 놓아버리는 경험이 각각 어떤 느낌인지 아는 것은 그 자체로 도움이 된다. 그러면 전자의 행동은 중단하고 후자의 행동은 지원할 수 있으니 말이다.

우리의 궁극적인 목표는 뉴로피드백과 앱 기반 훈련 프로그램의 결합이다. 증거에 기반하며 표준화된 프로그램은 개인에게 알맞은 훈련 방법을 통해 습관을 변화시키는 과정을 도와줄 것이다. 또한 마음챙김 도구와 그 도구들이 제대로 사용되고 있는지를 점검하기 위한 피드백을 제공할 작정이다.

단기적 보상이라는 소용돌이를 향해 점점 가까이 헤엄쳐가는 세상, 우리를 점점 더 목마르게 만드는 세상에서 이런 도구들은 우리에게 어떤 의미가 있을까? 이 도구들은 동일한 유형의 강화 과정을 활용해서 우리에게 음식, 돈, 명예, 권력 따위의 좋은 것이 얼마나 있으면 충분한지 발견할 기회를 선사한다. 그러한 발견의 여정 속에서 우리는 더 만족스럽고 더 오래 지속되는 보상을 찾아낼 것이다. 그리고 마음챙김을 배움으로써 더 많은 것을 알아차리고 더 큰 관심을 기울이며 살게 될 것이다. 도파민이 분비되는 손잡이를 무심코 누르는 것이 아니라, 모든 종류의 행동에 참여할 것인가 말 것인가부터 의식적으로 결정하게 될 것이다. 우리는 얄팍한 흥분으로 가득 찬 삶에서 벗어나, 더 행복하고 건전한 삶을 발견할 것이다.

나의 마음챙김 성격 유형은?

3장에서 우리는 보상에 의한 학습과 연관되는 극단적 성격장애에 대해 알아보았다. 극단적인 사례를 통해 넓은 의미에서 성격이 어떻게 형성되는가를 이해할 수 있었으리라. 또한 이 책의 모든 장에서 구체적인 사례를 통해, 행동을 반복하면 습관이 되고 나중에는 중독이 된다는 점을 살펴보기도 했다.

만약 극단적인 행동들이 연관 학습에 의해 강화된다면 일상 속의 지극히 평범한 행동은 어떨까? 우리가 하는 행동의 많은 부분이 '접근 또는 회피' 반응으로 설명될 수 있을까? 우리는 단순히 매력을 느끼거나 유쾌하다고 느끼는 대상에 접근하고, 혐오스럽거나 불쾌하다고 느끼는 대상을 회피하는 것일까? 이 이론으로 우리의 성격(병적이 아닌 성격들까지)을 설명할 수 있을까?

최근 우리 연구진은 5세기 불교도들의 '명상 지침서'를 알게 되었다. 《청정도론》*이라는 제목의 이 지침서는 거의 모든 성격적 특성을 다음 세 가지 중 하나의 유형으로 분류할 수 있다고 설명한다. (1) 확신/탐욕 유형 (2) 분별/회피 유형 (3) 사색/망상 유형.[1] 이 지침서는 일상생활에서 나타나는 특징들, 예컨대 어떤 사람이 먹는 음식의 종류, 걸음걸이와 옷차림 따위를 통해 그가 어떤 유형인가를 판별 또는 결정할 수 있다고 가르친다.

> 자세를 보고, 행동을 보고, 식습관, 눈빛 등을 보고,
> 마음의 상태가 어떤가를 보면, 성격을 판단할 수 있다.

예컨대 파티장에 들어서는 순간, 확신/탐욕 유형은 주위를 휙 둘러보고 맛있는 음식에 감탄하며 눈에 들어오는 친구들과 신나게 어울리기 시작한다. 분별/회피 유형은 파티장의 가구들이 서로 어울리지 않는다는 점을 알아차리고, 잠시 뒤에는 자기 말이 맞는지 아닌지를 놓고 누군가와 언쟁을 벌인다. 사색/망상 유형은 파티장의 분위기에 맞춰 행동할 가능성이 높다.

이 지침서를 집필한 사람은 왜 이런 성격 유형을 만들었을까? 명상을 배우려는 사람들에게 각자의 성격에 맞는 조언을 해주기 위해서였다. 그러니 요즘 우리가 알고 있는 '맞춤형 의료', 즉 개개인의

* 1500여년 전 5세기에 인도 출신의 붓다고사Buddhaghosa라는 스님이 스리랑카로 건너가 근본 불교의 수행 방법을 체계적으로 정리한 유명한 논서.

유전자와 환경에 의해 형성된 형질에 맞는 치료법을 선택하는 방식에 관한 최초의 안내서라고도 말할 수 있으리라.

최근 우리 연구진은 《청정도론》의 성격 분류법을 조금 더 발전시켜 사람들의 행동 경향이 현대적 연상 학습의 메커니즘(접근, 회피, 중단)과 상당 부분 일치한다는 사실을 발견했다. 우리는 약 900명의 자발적 참가자들에게 43개의 질문을 던지고 그들의 답을 분석한 뒤, 그 결과를 토대로 13개의 질문으로 이루어진 '행동 성향 질문지'를 만들어 검증까지 마쳤다.[2] 이 질문지는 누구나 이용할 수 있으며, 현재는 현대인의 마음챙김과 생활 방식을 예측하고 개인화하는 도구로서 연구되고 있다.

일상생활 속에서 자신의 행동 경향을 더 명료하게 보고 이해하면 우리 자신은 물론 내부 및 외부 세계에 대한 우리의 습관적인 반응에 대해 더 많은 것을 배울 수 있다. 그리고 가족들, 친구들, 동료들의 성격유형도 파악해서 그들과 더 조화롭게 일하거나 생활하게 된다. 예컨대 확신/탐욕 유형인 사람은 대부분 마케팅이나 영업 분야에서 일을 잘해낸다. 분별/회피 유형에게는 아주 정확하고 디테일에 신경 써야 하는 프로젝트를 맡기면 좋다. 사색/망상 유형은 브레인스토밍 시간에 창의적인 아이디어를 잘 떠올릴 것이다.

자신이 어떤 유형에 속하는지(둘 이상의 유형에 속할 수도 있다)를 파악하고 싶은 독자들은 이어지는 13개의 질문에 답해보라. 좀 더 정확한 수치를 원한다면 매사추세츠 대학 마음챙김 센터 홈페이지에 게시된 질문들에 답해보기를 권한다.

행동 경향 질문지(압축형)

당신이 일반적으로 행동하는 방식과 비슷한 순서대로 순위를 매기십시오(당신이 생각하는 바람직한 행동이나 아주 특수한 상황에서 하는 행동을 묻는 것이 아닙니다). 너무 오래 생각하지 말고 최초의 직관에 따라 답해야 합니다. 당신에게 가장 부합하는 답에 숫자 1을, 두 번째로 부합하는 답에는 2를, 당신과 가장 다른 답에는 3을 쓰십시오.

1. 내가 파티를 열어야 한다면

___A. 사람이 많고 시끌벅적한 파티가 되면 좋겠다.

___B. 특정한 사람들만 오는 파티가 낫다.

___C. 벼락치기로 준비해서 자유로운 형식의 파티를 만들 것이다.

2. 내 방을 치우는 일에 대해 나는

___A. 방을 깔끔하게 만들면서 자부심을 느낀다.

___B. 지저분하거나 흐트러진 곳, 완벽하지 않은 곳을 금방 알아차린다.

___C. 방이 너저분해도 의식하지 못하거나 개의치 않는다.

3. 내가 생활하는 공간은 이랬으면 좋겠다

___A. 아름다운 공간.

___B. 정돈된 공간.

___C. 어수선하지만 창의력이 넘치는 공간.

4. 일을 할 때 나는

___A. 에너지 넘치게 열정적으로 일한다.

___B. 모든 일을 정확하게 처리한다.

___C. 미래의 가능성을 고려해서 의사 결정을 내린다.

5. 다른 사람과 대화를 나눌 때 나는 이런 사람으로 보일 것이다

___A. 정이 많은 사람.

___B. 현실적인 사람.

___C. 철학적인 사람.

6. 내 옷차림의 단점이라면

___A. 야하다.

___B. 상상력이 부족하다.

___C. 옷들이 서로 조화를 이루지 못한다.

7. 일반적으로 나는 이렇게 행동한다

___A. 자신감 넘치게.

___B. 사무적으로.

___C. 즉흥적으로.

8. 지금 내 방은

___A. 장식으로 가득하다.

___B. 깔끔하게 정리되어 있다.

___C. 지저분하다.

9. 일반적으로 나는

___A. 뭔가를 하려는 욕구가 강하다.

___B. 비판적이지만 명료한 사고를 한다.

___C. 나만의 세계에 있다.

10. 학교에서 나는 이렇게 알려져 있었을 것이다

___A. 친구가 많은 아이.

___B. 똑똑한 아이.

___C. 공상에 잠기는 아이.

11. 일반적으로 나는 옷을 이렇게 입는다

___A. 유행에 맞게, 매력적으로.

___B. 깔끔하고 단정하게.

___C. 아무렇게나.

12. 사람들이 생각하는 나는

___A. 다정다감하다.

___B. 사려 깊다.

___C. 정신이 없다.

13. 다른 사람들이 뭔가에 열광할 때 나는

___A. 당장 같이 하려고 한다.

___B. 나는 그걸 원하지 않는다.

___C. 다른 이야기를 한다.

이제 각각의 항목(A, B, C)에 매겨진 점수를 합산해서 항목별 점수를 계산한다. 점수가 가장 낮은 항목이 당신과 가장 가까운 유형을 말해준다.

A = 확신/탐욕, B = 분별/회피, C= 사색/망상 유형이다.

각 유형에 속하는 사람들의 일반적인 성향은 다음과 같다.

A. 확신/탐욕

이 유형에 속하는 사람들은 낙천적이고 애착이 강하다. 인기가 많을 수도 있다. 일상적인 과제를 수행할 때는 차분하고 판단이 빠르다. 육체적 쾌락에 쉽게 끌린다. 자신이 믿는 것에 강한 확신을 가지며, 열정적인 성격 때문에 사람들에게서 호감을 얻는다. 몸가짐이 당당하다. 때때로 성공하려는 욕구에 불탄다. 유쾌한 경험, 좋은 친구, 고급스러운 음식을 탐한다. 자칫 오만해질 수도 있다. 피상적인 것들에 대한 욕망 때문에 만족을 느끼지 못하기도 하며, 최악의 경우 그 욕망 때문에 다른 사람을 조종하게 된다.

B. 분별/회피

이 유형에 속하는 사람들은 사고력과 분별력이 뛰어나다. 똑똑하기 때문에 사물을 논리적으로 파악하고 결함을 잘 찾아낸다. 주상적인 개념을 잘 이해하고, 물건들을 깔끔하게 정돈하며, 일은 신속하게 처리한다. 이 유형은 디테일에도 주의를 기울인다. 자세는 뻣뻣한 편이다. 때로는 비판적이고 삐딱한 관점을 취하기도 한다. 특정한 사람, 장소, 사물에 대해 강한 거부반응을 나타내기도 한다. 컨디션이 좋지 않은 날에는 까다로운 사람 또는 완벽주의자로 비칠 수도 있다.

C. 사색/망상

이 유형에 속하는 사람들은 태평하고 너그럽다. 앞으로 벌어질 일에 대해 예측하고 사색할 줄 안다. 깊이 있고 철학적인 사고를 한다. 자세는 반듯하지 않고 자주 바뀐다. 때로는 자기만의 생각 또는 환상에 사로잡힌다. 몽상을 하다가 의심과 걱정에 휩싸이게 될 수도 있다. 자기 생각에 빠져 있다가 다른 사람들이 하자는 대로 무작정 따라가기도 한다. 쉽게 설득을 당하기도 한다. 최악의 경우에는 엉망으로 흐트러지고 안절부절못하며 정신없는 모습을 보여준다.

욕망하는 마음

- 존 카밧진(매사추세츠 의과대학 명예교수·마음챙김 명상 지도자)

모든 사람의 머릿속, 둥근 천장 같은 두개골 바로 밑에는 무게 1.36킬로그램가량(체중의 약 2퍼센트에 해당한다)의 우주에서 가장 복잡한 유기체가 있다. 바로 뇌다. 대개의 경우 사람들은 이를 의식하거나 곰곰이 생각하지 않지만 뇌의 복잡성이야 새삼스러울 것도 없다. 뇌가 있기에 인류는 다양한 능력을 지닌 경이로운 존재로 기능한다. 인간으로 존재한다는 것은 기적과도 같은 일이다. 그 기적은 모든 아픔과 고통을 초월하는 동시에 포괄한다. 우리는 인간이기 때문에 고통과 괴로움에 시달리며, 때로는 자신의 정체성과 본성을 무시함으로써 스스로나 타인을 고통에 몰아넣기도 한다. 우리는 스스로 완전한 존재가 되고자 갈망하며, 아주 잠깐이라도, 하루에 한 시간만이라도 진정으로 편안하고 평온해지고자 하는 욕구로 인해 쳇바퀴 같은 생활이나 나쁜 습관, 우울 등에 쉽게 빠져든다. 역설적이게도 그런 갈망을 따라가는 동안 스스로를 완전하게 만들려는 강박적인 욕망의 노예가 되고 있는 줄도 모른 채 말이다. 사실 우리는 이미 완전하고 아름다운 존재이지만 이를 순간적으로 잊거나 아예 기억하지 못한다. 어쩌면 상처받았다는 느낌 때문에 자신이 본래 완전한 존재일 수 있다는 가능성조차 인정하지 못하지도 모른다. 그래서 우리에게는 누군가의 도움이, 스스로의 완전성('건강health'과 '치유healing'라는 단어는 본래 완전함을 의미한다)과 아름다움을 되찾기 위한 방법과 경로가 필요하다. 이 책은 그런 경로 중의 하나를 알려준다. 전문가인 저자가 길을 정확하게 표시하고 안내도 해준다. 지금 여러분은 그 길의 기점에 서 있다. 욕망하는 마음과 비생산적인 중독을 이겨내고, 존재의 여러 측면을 되찾고, 당신의 완전성을 실현하는 모험을 시작하기에 딱 좋은 지점이다.

얼마 전까지만 해도 뇌의 복잡한 구조나 네트워크, 기능, 신비로울 정도로 높은 가소성, 다차원적으로 자기를 정돈하고 학습하는 조직체로서의 유연성(이것은 수십억 년에 걸쳐 이어진 진화의 결과물이며, 지금도 사람의 뇌는 생물학적인 측면과 문화적 측면 양쪽에서 놀라운 속도로 진화하고 있다)은 과학자들에게조차 충분히 알려져 있지 않았다. 최근 급속히 발전한 신경과학과 첨단 기술 덕분에 우리는 뇌의 구조와 그 무한해 보이는 능력, 또한 신비로운 감각기능을 놀란 눈으로 목격하고 있다. 뇌의 신비를 알면 알수록, 우리 인류가 물려받은 유산이 얼마나 방대하며 우리 각자가 탄생부터 사망에 이르는 비교적 짧은 시간 동안 얼마나 많은 과제를 해결해야 하는가에 놀라게 된다. 우리는 이 유산을 충분히 이해해야 한다. 그리고 이것이 미래에 대해 무엇을 말해주는가를 알아야 한다. 뇌의 신비가 생겨난 과정 자체가 기적이고 그 능력과 가능성이 진정 놀랍다는 점을 깨닫고 이용한다면 우리는 더 생생하게 깨어 있고, 더 많은 것을 인지하고, 자기를 더 온전하게 실현하고, 더 많이 연결되고, 우리를 속박하는 불건전한 습관들의 제약에서 보다 자유로워지는, 그리고 이 모든 것의 결과로서 우리의 진짜 본성과 더 많이 일치하는 존재로 나아갈 수 있다.

생각해보자—물론 뭔가를 생각하는 능력 자체도 놀랍다—당신의 뇌는 '뉴런'이라 불리는 약 860억 개(최근의 측정치에 따르면)의 신경세포로 구성된다. 이 뉴런들 가운데 수백만 개가 눈과 귀, 코와 혀, 피부, 척수와 자율신경계를 비롯한 신체의 거의 모든 영역과 연결된다.[1] 게다가 860억 개의 뉴런은 적어도 그 숫자만큼 많은 신경아교세포glial cell를 지니고 있다. 신경아교세포의 기능은 아직 다 밝혀지지 않았지만 뉴런을 지원하고 뉴런의 건강과 행복을 유지하는 것으로 짐작되며, 그 이상의 중요한 역할을 수행한다는 가설도 있다. 뇌의 여러 영역에서 뉴런은 매우 세분화되고 전문화된 회로로 조직되어 있다. 피질[2], 중뇌, 소뇌, 뇌간 그리고 다양한 세포핵 안에 뉴런의 회로가 존재한다. 세포핵에는 시상 시상하부, 해마, 편도체와 같은 독자적인 기관들이 포함되는데, 이들은 뇌의 여러 기능에 대응하고 때로는 기능들을 통합한다. 뇌는 운동과 보행, 접근-회피 행동, 학습과 기억, 감정과 인지, 감정과 인지 능력에 대한 통제, 외부 세계에 대한 지각 등의 기능을 수행한다. 우리는 피질의 여러 영역에 위치한 인체의 '지도'를 통해 우리 몸에 대한 감각을 처리하고, 다른 사람의 감정과 심리를 '읽어'내며, 타인에게 공감하고 동정심을 느낀다. 그리고 뇌는 앞에서 언급한 지각력의 모든 측면, 즉 우리를 인간으로 만들어주는 중요한 특징의 정수라 할 만한 의식성의 모든 측면을 담당한다.

860억 개의 뉴런에는 각각 1만 개 정도의 '시냅스'가 있다. 따라서 뇌 안의 뉴런들 사이에서 발생하는 시냅스 연결의 수는 수백조에 이른다. 즉 뇌는 사실상 무한하고 계속해서 변화하는 네트워크의 그물망인 셈이다. 이 그물망은 환경의 변화와 복잡성에 적응하며 우리의 생존 확률을 높이고, 우리 개개인과 집단의 번영을 보장하기 위해 학습을 한다. 우리가 어떤 행동을 하는가(또는 하지 않는가), 무엇과 마주치는가, 그 경험을 어떻게 해석하는가에 따라 뇌 안의 회로들은 끊임없이 배열을 바꾼다. 이러한 연결은 우리가 무엇을 추구하고 실행하고 인지하고 구현하는가에 맞추어 스스로 변화하고 발전하는 것으로 보인다.

우리의 습관, 우리의 행동, 우리의 몸짓, 우리의 생각들은 이른바 뇌의 '기능적 연결성functional connectivity'을 유도하고 강제하며, 궁극적으로는 강화한다. 뇌의 기능적 연결성이란 서로 다른 영역 사이에서 중요한 연결을 만들어 이전에는 가능하지 않았던 일을 가능하게 만드는 특성을 가리킨다. 다른 말로는 '학습'이라 할 수 있겠다. 지금까지 밝혀진 바에 따르면 우리가 특정한 방법(이 책에서는 '마음챙김 나침반'이라고 표현하는 방법)으로 주의를 집중할 때 이 과정은 매우 빠르게 진행될 수 있다. 반대로 원치 않았던 환경 또는 우리에게 해로운 환경에 주의를 기울이지 않을 경우, 크고 작은 욕망과 우리의 생활을 제약하는 갖가지 중독에서 비롯된 마음의 습관들은 더 굳어져 쳇바퀴처럼 반응과 고통의 끝없는 순환을 초래한다. 이것은 우리 모두에게 중요한 선택의 문제다.

무한한 복잡성과 능력이 우리의 머릿속에 있다는 것은 신경과학에 의해 밝혀진 사실이다. 지금도 뇌의 매혹적인 측면들이 나날이 새롭게 밝혀지고 있다. 그렇다면 우리의 임무는 지금까지 알려진 사실들을 활용하여 삶을 더 깊이 이해하고 그 방식에 대해 고민함으로써 실로 다양한 뇌의 능력들이 건강과 행복, 창의력과 상상력, 궁극적으로는 심오한 만족에 기여하도록 만드는 것이 아닐까? 우리 자신만을 위해서가 아니라, 인류와 지구를 공유하며 함께 살아가는 다른 존재들을 위해서도 그렇게 해야 하지 않을까?

우리가 물려받은 이 복잡하면서도 아름다운 유산은 또한 아주 절묘하게 조직되고 우리 안에 다양한 층위로 존재하기에, 우리의 마음은—잠깐, 빠뜨린 것이 있다. 우리의 유산은 자아에 대한 자각을 생성하며 그 '자아'에 마음이 있다는 자각도 생성한다!—다음과 같은 사실을 깨닫게 된다. 우리는 여전히 우울해하고, 불안해하고, 자기 자신이나 다른 사람에게 해를 입히기도 하며, 역설적이게도 스스로를 위로하기 위해 무의식에 가까운 어떤 습관, 우리가 간절히 원하는 바로 그 행복을 파괴할 수 있는 습관에 쉽게 빠져든다.

이러한 고통과 불균형의 상당 부분은 아직도 뭔가 부족하다는 느낌에서 비롯된다. 우리 인간은 모든 걸 갖추고 있는 기적 같은 존재이자 진정한 천재인데도. 우리는 생애 주기 내내 학습하고 성장하고 치유하며 스스로를 변화시킬 능력을 가졌다는 점에서 다른 어떤 존재와도 비교 불가능한데도. 이 점을 어떻게 이해해야 할까? 우리는 왜 허전함을 느낄까? 왜 계속해서 만족을 필요로 하며 끊임없는 욕망을 즉각적으로 채워야 한다고 여길까? 이 모든 것을 고려할 때, 우리가 진짜로 욕망하는 것은 무엇일까? 그리고 그것을 욕망하는 이유는 무엇일까? 요약하자면, 그럼에도 뭔가를 욕망하는 존재는 누구일까? 당신의 뇌는 누구의 소유일까? 누가 당신의 뇌를 움직일까? 욕망의 결과는 누가 감당할까? 일을 바로잡을 사람은 누구일까?

매사추세츠 의과대학 마음챙김 센터의 소장인 저드슨 브루어가 집필한 이 책은 이런 질문들에 훌륭하게 답해준다. 중독 심리학 분야에서 장기간 임상 경험을 쌓은 심리 치료사로서 저드슨은 온갖 종류의 만성적 중독 증세에 대해, 그리고 중독이 초래하는 부차적인 장애와 질병과 고통과 통증에 대해 깊이 통찰한다. 모든 것은 욕망하는 마음에서 비롯한다. 인간인 이상 우리는 누구나 일정 정도 뭔가에 중독되는 경향이 있다. 욕망하는 상태가 기분 좋게 느껴지면 그것으로 인한 온갖 고통을 무시하기도 한다. 때로는 욕망을 이기지 못한다는 무력감에 시달린다. 그럴 때 인간 본연의 주체성과 유연한 가변성은 저 멀리 있는 것처럼 보이거나 아예 인식되지 않는다.

저드슨은 주류 중독 심리학을 공부한 사람면서도, 한편으로는 마음챙김 명상을 오랫동안 성실하게 수행하면서 마음챙김 명상법의 토대가 되는 정통 불교의 교리와 관습과 경전을 진지하게 탐구했다. 서구 심리학에서는 최근에 이르러서야 욕망의 속성을 밝혀냈지만, 불교에서는 수천 년 전에 이미 '욕망'이라는 개념을 정교하고 아름답고 상세하게 묘사했다. 앞서의 내용으로 알게 되었듯이, 불교 심리학에서 욕망은 고통과 불행이 발생하는 근본적이고 결정적인 원인이다.

저드슨이 임상과 실험실에서 수행하고 이제 이 책을 통해 선보인 연구를 통해, 인간의 마음에 대한 일반적인 이해와 중독 성향에 대한 이해라는 두 개의 우주는 서로 결합하여 정보를 주고받는다. 그의 연구는 단순한 마음챙김의 실천이 순간적인 잠재력은 물론이요 장기적인 잠재력 또한 지니고 있음을 보여준다. 마음챙김은 우리를 온갖 욕망으로부터 멀어지게 함으로써 우리를 해방한다. 여기서 말하는 욕망에는 매우 제한적인, 그러나 필요 이상으로 커져버린 자의식을 보호하고자 하는 욕망도 포함된다. 그러한 자아는 많은 뭔가를 욕망하는 '당신'이 더 큰 '당신'—그 욕망이 솟아나고 있다는 사실과 그것이 당신의 행동을 어떤 불행한 방향으로 몰고 간다는 사실, 그리고 그 중독의 패턴이 장기적으로 안타까운 결과를 초래한다는 사실을 인지하는—의 작은 일부에 불과하다는 점을 놓치고 있을지도 모른다.

서구 심리학에는 조작적 조건형성에 관한 스키너의 이론과 행동주의 심리학이 있다. 스키너의 이론은 어떤 맥락에서는 유용하지만 엄격한 제약 아래서만 통용되며 문제가 되는 측면도 많다. 특히 행동주의에 지나치게 기울어 있기 때문에 '인지 과정'에 유의미한 역할을 부여하지 않으며 '알아차림'이라는 개념은 아예 고려하지 않는다. 더구나 스키너의 이론은 널리 알려진 바와 같이 보상이라는 매우 강력하고 설명적인 개념에 의존하기 때문에 그에 못지않게 신비로운 주체성, 인지, 무아無我 같은 개념들을 간과하거나 부정한다. 인간의 주체성이나 인지능력이나 무아지경은 스키너를 비롯한 행동주의 심리학자들의 전형적인 동물실험에 일반적으로 등장하는 보상이라는 개념을 초월할 뿐 아니라 이를 무효화해버린다. 어떤 경험, 예컨대 나 자신이 어떤 사람인지 알고 있다거나 혹은 열린 마음과 가슴으로 나의 정체성을 탐색할 때의 실질적이고도 자연스러운 편안함은 본질적으로 깊은 만족을 선사한다. 이런 경험들은 주로 외부를 지향하는 스키너식 보상 패러다임과 직각으로 교차한다.

행동주의의 조작적 조건형성 이론의 한계를 넘어서기 위해 저드슨은 불교 철학의 세계로 우리를 안내한다. 불교 철학의 마음챙김은 아시아 국가들에서 수천 년에 걸쳐 널리 활용되며 진화한 명상의 규율이자 실천 방법으로, '연기'에 관한 불교의 가르침을 토대로 한다. 또 저드슨이 소개하는 불교 철학의 체계적이고도 실용적인 접근법은, 우리를 지배하고 때로는 폭력적으로 억누르는 우리 자신의 '집착하는 마음'으로부터 자유로워지는 데 도움을 준다. 역설적이지만 그 마음으로부터 자유로워지려면 바로 그 마음과 친해져야 한다. 결정적으로 우리는 끝없는 '자기 참조'에 우리가 얼마나 강하게 묶여 있는가를 매 순간 알아차려야 하며, 이를 인식하되 스스로를 혹독하게 비난하지 않으면서 의식적으로 다른 선택을 할 수 있어야 한다. 즉, 욕망이 생겨나는 순간마다 무의식적으로 반응하는 대신 마음챙김을 통해 의식적으로 대응하는 것이다.

자기 참조는 매우 중요한 개념이다. 최근의 한 연구에서는 사람들에게 아무것도 하지 말라고 당부한 뒤 fMRI로 그들의 두뇌 활동을 측정했다. 그러자 사람들의 마음은 여기저기로 흘러다녔는데, 그 부유하는 생각들 대부분은 자기 자신에 대한 완결되지 않은 이야기의 형식을 취하고 있었다. 즉 '나의 이야기' 말이다. 나의 미래, 나의 과거, 나의 성공, 나의 실패……. 두뇌 스캔에서는 대뇌피질의 넓은 중간선 영역이 밝아지기 시작했으니, 이는 신경의 활동이 크게 증가했음을 뜻한다. 기계 안에서 아무것도 하지 말라는 지시를 받았는데도 말이다. 이 중간선 영역은 뇌가 아무런 활동을 하지 않을 때 작동하는 부위라는 의미에서 '디폴트 모드 네트워크'로 명명됐다. DMN은 '이야기 네트워크'라는 별명으로도 불린다. 생각이 자유롭게 흘러가도록 내버려둘 때 DMN의 상당 부분은 우리 자신에 관한 담론에 사로잡힌다. 마음챙김 훈련을 하지 않은 사람은 마음의 이런 속성을 전혀 의식하지 못한다.

토론토 대학의 한 연구[3]에 따르면, 8주간 MBSR 훈련을 받은 사람의 뇌에서는 DMN의 활동이 감소하고 피질 측면 네트워크의 활동이 증가한다. 피질 측면 네트워크는 현재 순간의 인지, 시간 초월의 경험, 이야기를 만들어내지 않는 상태와 관련이 있다. 이 연구에 참여한 학자들은 피질 측면 네트워크에 '경험의 네트워크experiential network'라는 명칭을 부여했다. 이들의 발견은 DMN과 명상의 관계를 탐구한 저드슨의 혁신적인 연구와 같은 선상에 있다. 저드슨은 명상 초보자들과 오랫동안 명상 수행을 거친 숙련자들 모두를 대상으로 연구를 수행했다.

저드슨의 연구 팀이 신경과학의 새로운 기술과 방법을 개발한 덕분에, 우리는 서구 심리학과 고전적 명상 이론 양쪽 모두를 실험실로 데려올 수 있게 되었다. 어떤 사람이 명상을 하는 동안 뇌에서 어떤 일이 벌어지는가를 이제는 실시간으로 관찰할 수 있다. 이 책의 본문에서 보았듯이, 저드슨은 실험에 참가한 사람들에게 눈에 보이는 직접적인 피드백을 주며 매 순간 그들의 뇌에서 무슨 일이 벌어지고 있는지를 알려줬다. 피험자들이 특정한 환경에서 명상을 하는 동안에는 DMN의 일부인 후측대상피질이 잠잠해진다(전기적 활동이 감소한다). 피험자가 어떤 활동을 한다거나 목적을 달성하려는 시도를 포기하고 현재에 집중하는 순간에 특히 그렇다.

마음챙김은 공식적인 명상의 방법인 동시에 삶의 방식이다. 마음챙김에는 도구적 측면과 비도구적 측면이 있는데, 이 두 측면은 상호작용을 한다. 도구적 측면에는 마음챙김을 습득하고 그 효과를 체험하는 일(이 효과를 저드슨은 '보상'이라 부른다)뿐 아니라 자동차 운전이나 악기 연주 따위를 배우는 과정에서 벌어지는 일도 포함된다. 마음챙김을 지속적으로 실천하는 사람은 과제를 수행하는 능력이 점점 향상된다. 이때의 과제란 '현재에 존재하면서' 우리의 마음이 하고 있는 일을 알아차리는 상태를 말한다. 우리의 마음이 은근한 욕망 또는 강렬한 욕망에 사로잡혀 있을 때 이를 알고, 나아가 그러한 정신적 에너지와 습관의 패턴에 쉽게 사로잡히지 않는 법을 배우는 것이다.

마음챙김의 비도구적 측면은 도구적 측면을 보완한다. 마음챙김을 수행하고 욕망과 연관되는 마음의 상태, 생각, 감정으로부터 우리 자신을 해방하기 위해서는 비도구적 측면이 반드시 필요하다. 그런데 이 비도구적 측면은 설명하거나 습득하기가 매우 어려우니, 바로 그래서 이 책에서는 몰입이라는 개념을 중시한다. 비도구적 측면이란 어딘가에 가려 하지 않고, 어떤 일을 하려 하지 않으며, 특별한 어떤 상태를 획득하려 하지 않고, 궁극적으로는 그것을 획득할 사람(전통적인 의미의 '당신' 혹은 '나'라는 개념)도 없음을 뜻한다.

마음챙김의 두 가지 측면은 모두 진실이다. 물론, 마음챙김에는 연습이 필요하다. 하지만 우리가 어떤 목표를 달성하거나 그에 따르는 보상을 받기 위해 지나치게 노력하거나 기를 쓰면 어떻게 될까? 그 순간 우리는 욕망을 새로운 대상으로, 새로운 목표로, 새로운 애착으로, 보충과 수정을 거쳐 새로워진 '나의 이야기'로 옮길 뿐이다. 도구적 측면과 비도구적 측면 사이의 긴장 속에 욕망의 진정한 소멸[4]이 있으며, 욕망하는 습관의 뿌리가 되는 우리 자신에 대한 '잘못된' 인식도 그곳에서 함께 소멸한다. 명상하는 사람의 후측 대상피질 활동 변화에 대한 실시간 피드백을 제공하는 저드슨의 연구는 피험자가 좋은 결과를 얻고자 애쓰고 집착하는 동안, 그리고 원하던 결과를 얻고 흥분하는 동안 후측대상피질에서 어떤 일이 벌어지는가를 생생하게 보여준다. 또한 그의 연구는 현재에 집중하고 감정적 평온을 얻기 위해 아무것도 하지 않고, 무리하지 않고, 우리 자신의 길에서 벗어날 때 뇌 안에서 어떤 변화가 일어나는가를 극적으로 보여준다. 그의 연구를 통해 우리는 다양한 명상 기법에 대해, 그리고 공식적 또는 비공식적 명상 수행 중에 형성될 수 있는 다양한 마음의 상태, 광활하고 열려 있으며 아무것도 생각하지 않는 '알아차림의' 상태에 대해 이해하게 된다.

이 책과 그 토대가 된 연구들은 복잡한 과학을 대중이 이해하기 쉽게 설명하며 우리에게 학습에 관해, 그리고 마음의 습관을 고치는 방법에 관해 새로운 시각을 선사한다. 그것은 마음의 습관을 억지로 깨뜨리는 방법이 아니고, 의지력을 발휘하는 방법도 아니며, 순간적인 보상에 매달리는 방법도 아니다. 우리 자신의 존재를 진정으로 느끼고, 순수한 알아차림이 있는 공간에 익숙해지고, 우리가 '현재'라 부르는 이 무한한 순간 속에서 알아차림이 충분히 가능하다는 사실을 발견하면 된다. 그것을 알고 있었던 헨리 데이비드 소로는 《월든》에서 "깨어 있는 존재와 마음의 평정은 다른 어떤 순간도 아닌 현재의 순간에 둬야 한다"고 썼다. 다른 일은 일어나지 않아도 된다. 알아차림 속에 머무르는 법을 배우고, '나의' 알아차림이 지금도 존재하며 '내'가 그것을 이미 가지고 있다는 사실을 알아야(때로는 알지 못해야) 한다. 우리가 알아차림의 공간에 머무르면 나쁜 습관은 해소된다. 역설적인 사실은 이 '아무것도 하지 않음, 즉 무위無爲라는 것이 결코 쉬운 과제가 아니라는 점이다. 이는 일생을 건 모험이며 상당한 노력을 요구하는데, 역설적이지만 과하게 애쓰지 않으려는 노력이 필요하고, '알지 않음'을 알아야 한다. 무엇보다 상습적으로, 그리고 무의식적으로 나의 이야기를 만들어내는 '자기화'를 경계해야 한다.

앞서 언급했듯이 중독에 관한 서구의 학문적 업적은 조작적 조건형성의 아버지인 스키너의 연구에 뿌리를 둔다. 그래서 저드슨은 스키너의 소설이자 디지털 기술로 상호 연결된 세상의 사회적 엔지니어링에 관해 예측하는 《월든 투》를 인용한다. 다행히 이 책에서는 원작 《월든》, 즉 '월든 원'에서 제시된 선험적인 지혜를 채택하여, 보상을 근간으로 중독 문제를 바라보는 스키너식 행동주의와 균형을 맞춘다. 소로를 직접 인용하지는 않지만, 저드슨은 스키너 이론을 보완하기 위해 몰입 경험 및 몰입의 생리학 · 심리학적 원리를 설명한다. 그는 헝가리 심리학자 미하이 칙센트미하이의 선구적 이론을 출발점으로 삼으며, 불교의 무아지경과 공空, 무욕과 해탈이라는 가르침의 핵심에 비이원성이 있음을 지적한다. 영국 시인 엘리엇의 명작인 〈네 개의 사중주〉는 이런 개념과 지혜를 분명하면서도 아름답게 표현한다. 엘리엇 특유의 초월주의적 시상과 주제를 선인 이 시를, 저드슨은 그 날카로운 안목으로 발견하여 인용한다.

뭔가를 욕망하는 습관들은 우리가 겪는 크고 작은 고통의 근본 원인이다. 사실 우리는 어떤 방향으로 내몰리면서 점점 산만해지며, 특히 디지털 기기와 속도 지향적 생활 방식에 중독되어가는 듯하다. 하지만 좋은 소식도 있다. 우리가 이 문제를 가까이서 들여다보고 잘 알게 되면 고통에서 우리 자신을 해방시켜 더 만족스럽고, 건전하고, 독창적이고, 윤리적이고, 진정으로 생산적인 생활로 나아갈 방법이 많아진다는 점이다.

저드슨은 이 모든 내용을 친근하고 다정하면서도 유머러스한 태도로 우리에게 전해준다. 게다가 그의 연구 팀은 시대에 발맞추어 이 책에서 설명된 마음챙김 훈련 방식에 도움을 줄 정교한 스마트폰 앱을 개발하기도 했다. 이는 금연이나 식습관 개선을 위해 명상을 하려는 사람에게 특히 유용한 도구다.

책에 제시된 기법을 받아들이고 익혀서 삶을 개선하기에 가장 좋은 시기는 바로 지금이다. 이 순간, 우리 자신의 완전함과 아름다움을 번번이 놓치거나 무시하게 만드는 힘들로부터 자유로워지자. 우리는 마치 진짜처럼 느껴지는 불만족과 욕망이라는 가상의 구멍을 메우려고 애쓰지만, 일시적인 위안일 뿐인 무언가를 갈망하고 그것에 굴복하는 악순환을 되풀이해서는 진정한 만족을 얻을 수 없다. 만약 당신이 착각에 빠져들고—우리는 때때로 착각에 빠진다. 저드슨 역시 자신이 어떤 사람에게 빠져서 약혼까지 했던 이야기를 자세히 늘어놓는다—그 착각을 미처 알아차리지 못한다 해도, 당신에게는 언제나 기회가 있다. 당신만의 몽상에서 깨어나고, 욕망의 대가를 인식하고, 나쁜 습관이 당신을 속박한다는 사실을 깨달은 뒤 다시 시작하면 된다.

이 책으로써 당신은 마음챙김이라는 길을 걸어왔다. 이 길을 탐색하는 과정에서 당신 자신의 마음과 진정한 정체성에 더 가까이 다가갔기를, 그리고 끊임없이 당신을 사로잡는 마음의 욕망에서 벗어나 자유를 향해 나아갔기를 바란다.

주석

들어가며

1. E. L. Thorndike, "Animal Intelligence: An Experimental Study of the Associative Processes in Animals," *Psychological Monographs: General and Applied* 2, no. 4 (1898): 1–8.
2. B. F. Skinner, *The Behavior of Organisms: An Experimental Analysis* (New York: Appleton-Century, 1938).
3. J. Kabat-Zinn, *Full Catastrophe Living: Using the Wisdom of Your Body and Mind to Face Stress, Pain, and Illness*, rev. ed. (New York: Delacorte, 2013), xxxv.
4. S. Batchelor, *After Buddhism: Rethinking the Dharma for a Secular Age* (New Haven, Conn.: Yale University Press, 2015), 64.
5. Ibid., 23.

1부 | 도파민의 습격

1. 지금, 뭔가를 반복하고 있다면

1. L. T. Kozlowski et al., "Comparing Tobacco Cigarette Dependence with Other Drug Dependencies: Greater or Equal 'Difficulty Quitting' and 'Urges to Use' but Less 'Pleasure' from Cigarettes," *JAMA* 261, no. 6 (1989): 898–901.
2. J. A. Brewer et al., "Mindfulness Training and Stress Reactivity in Substance Abuse: Results from a Randomized, Controlled Stage I Pilot Study," *Substance Abuse* 30, no. 4 (2009): 306–17.
3. J. D. Teasdale et al., "Prevention of Relapse/Recurrence in Major Depression by Mindfulness-Based Cognitive Therapy," *Journal of Consulting and Clinical Psy-*

chology 68, no. 4 (2000): 615–23; J. Kabat-Zinn, L. Lipworth, and R. Burney, "The Clinical Use of Mindfulness Meditation for the Self-Regulation of Chronic Pain," *Journal of Behavioral Medicine* 8, no. 2 (1985): 163–90; J. Kabat-Zinn et al., "Effectiveness of a Meditation-Based Stress Reduction Program in the Treatment of Anxiety Disorders," American Journal of Psychiatry 149, no. 7 (1992): 936–43.

4. J. A. Brewer et al., "Mindfulness Training for Smoking Cessation: Results from a Randomized Controlled Trial," *Drug and Alcohol Dependence* 119, nos. 1–2 (2011): 72–80.
5. H. M. Elwafi et al., "Mindfulness Training for Smoking Cessation: Moderation of the Relationship between Craving and Cigarette Use," *Drug and Alcohol Dependence* 130, nos. 1–3 (2013): 222–29.
6. G. DeGraff, *Mind like Fire Unbound: An Image in the Early Buddhist Discourses*, 4th ed. (Valley Center, Calif.: Metta Forest Monastery, 1993).
7. B. Thanissaro, trans., Dhammacakkappavattana Sutta: Setting the Wheel of Dhamma in Motion (1993); available from Access to Insight: Readings in Theravada Buddhism, www.accesstoinsight.org/tipitaka/sn/sn56/sn56.011.than.html.
8. J. A. Brewer, H. M. Elwafi, and J. H. Davis, "Craving to Quit: Psychological Models and Neurobiological Mechanisms of Mindfulness Training as Treatment for Addictions," *Psychology of Addictive Behaviors* 27, no. 2 (2013): 366–79.

2. '좋아요'라는 접착제

1. C. Duhigg, *The Power of Habit: Why We Do What We Do in Life and Business* (New York: Random House, 2012); R. Hawkins et al., "A Cellular Mechanism of Classical Conditioning in *Aplysia*: Activity-Dependent Amplification of Presynaptic Facilitation." *Science* 219, no. 4583 (1983): 400–405.
2. B. F. Skinner, *Science and Human Behavior* (New York: Free Press, 1953), 73.
3. D. I. Tamir and J. P. Mitchell, "Disclosing Information about the Self Is Intrinsically Rewarding." *Proceedings of the National Academy of Sciences* 109, no. 21 (2012): 8038–43.
4. D. Meshi, C. Morawetz, and H. R. Heekeren, "Nucleus Accumbens Response to

Gains in Reputation for the Self Relative to Gains for Others Predicts Social Media Use," *Frontiers in Human Neuroscience* 7 (2013).

5. L. E. Sherman et al., "The Power of the Like in Adolescence: Effects of Peer Influence on Neural and Behavioral Responses to Social Media," *Psychological Science* 27, no. 7 (2016): 1027–35.
6. R. J. Lee-Won, L. Herzog, and S. G. Park, "Hooked on Facebook: The Role of Social Anxiety and Need for Social Assurance in Problematic Use of Facebook," *Cyberpsychology, Behavior, and Social Networking* 18, no. 10 (2015): 567–74.
7. Z. W. Lee, C. M. Cheung, and D. R. Thadani, "An Investigation into the Problematic Use of Facebook," paper presented at the 45th Hawaii International Conference on System Science, 2012.
8. M. L. N. Steers, R. E. Wickham, and L. K. Acitelli, "Seeing Everyone Else's Highlight Reels: How Facebook Usage Is Linked to Depressive Symptoms," *Journal of Social and Clinical Psychology* 33, no. 8 (2014): 701–31.
9. U Pandita, *In This Very Life*: The Liberation Teachings of the Buddha (Somerville, Mass.: Wisdom Publications, 1992), 162.

3. '나 자신'에 중독되다

1. J. A. Brewer et al., "Meditation Experience Is Associated with Differences in Default Mode Network Activity and Connectivity," *Proceedings of the National Academy of Sciences* 108, no. 50 (2011): 20254–59.
2. M. R. Leary, *The Curse of the Self: Self-Awareness, Egotism, and the Quality of Human Life* (Oxford: Oxford University Press, 2004), 18.
3. Watts, "This Is It," in *This Is It*, 70.
4. W. Schultz, "Behavioral Theories and the Neurophysiology of Reward," *Annual Review of Psychology* 57 (2006): 87–115.
5. W. J. Livesley, K. L. Jang, and P. A. Vernon, "Phenotypic and Genetic Structure of Traits Delineating Personality Disorder," *Archives of General Psychiatry* 55, no. 10 (1998): 941–48.
6. S. N. Ogata et al., "Childhood Sexual and Physical Abuse in Adult Patients with

Borderline Personality Disorder," *American Journal of Psychiatry* 147, no. 8 (1990): 1008–13.

7. S. K. Fineberg et al., "A Computational Account of Borderline Personality Disorder: Impaired Predictive Learning about Self and Others through Bodily Simulation," *Frontiers in Psychiatry* 5 (2014): 111.

4. 우리는 왜 산만해졌을까

1. B. Worthen, "The Perils of Texting while Parenting," *Wall Street Journal*, September 29, 2012, www.wsj.com/articles/SB10000872396390444772404577589683644202996.
2. C. Palsson, "That Smarts! Smartphones and Child Injuries," working paper, Department of Economics, Yale University, 2014.
3. J. L. Nasar and D. Troyer, "Pedestrian Injuries due to Mobile Phone Use in Public Places," *Accident Analysis and Prevention* 57 (2013): 91–95.
4. M. Horn, "Walking while Texting Can Be Deadly, Study Shows," *USA Today*, March 8, 2016, www.usatoday.com/story/news/2016/03/08/pedestrian-fatalities-surge-10-percent/81483294.
5. M. A. Killingsworth and D. T. Gilbert, "A Wandering Mind Is an Unhappy Mind," Science 330, no. 6006 (2010): 932.
6. J. A. Brewer, K. A. Garrison, and S. Whitfield-Gabrieli, "What about the 'Self' Is Processed in the Posterior Cingulate Cortex?," *Frontiers in Human Neuroscience* 7 (2013).
7. K. N. Ochsner and J. J. Gross, "The Cognitive Control of Emotion," *Trends in Cognitive Sciences* 9, no. 5 (2005): 242–49.
8. A. F. Arnsten, "Stress Signalling Pathways That Impair Prefrontal Cortex Structure and Function," *Nature Reviews Neuroscience* 10, no. 6 (2009): 410–22.
9. W. Hofmann et al., "Everyday Temptations: An Experience Sampling Study of Desire, Conflict, and Self- Control," *Journal of Personality and Social Psychology* 102, no. 6 (2011): 1318–35

5. 생각에 걸려 넘어지다

1. In teaching hospitals, this has traditionally been considered a rite of passage or a mild hazing ritual disguised as teaching. Typically, a professor or resident physician questions a medical student, in front of the entire team of doctors and students, about her or his knowledge of a diagnosis or something else relevant to a patient that they have just seen on rounds. In theory, this questioning is aimed at testing (and disseminating) knowledge, though because the likelihood that the student knows as much as the professor is close to zero, it most often is stressful for the student, and ends in humiliation. In medical school, my friends and I would share war stories when we met up in the library or lunch: "What did you get pimped on today? Oh man, ouch."

2. K. Spain, "T-P in Beijing: Lolo Jones' Hopes of Gold Medal Clipped by Fall," *New Orleans Times-Picayune*, August 19, 2008, http://blog.nola.com/tpsports/2008/08/lolo_jones_hopes_of_gold_medal.html.
3. S. Gregory, "Lolo's No Choke," *Time*, July 19, 2012, http://olympics.time.com/2012/07/19/lolo-jones-olympic-hurdler.
4. S. Nolen-Hoeksema, B. E. Wisco, and S. Lyubomirsky, "Rethinking Rumination," *Perspectives on Psychological Science* 3, no. 5 (2008): 400–424.
5. R. N. Davis and S. Nolen-Hoeksema, "Cognitive Inflexibility among Ruminators and Nonruminators," *Cognitive Therapy and Research* 24, no. 6 (2000): 699–711.
6. Y. Millgram et al., "Sad as a Matter of Choice? Emotion-Regulation Goals in Depression," Psychological Science 2015: 1–13.
7. M. F. Mason et al., "Wandering Minds: The Default Network and Stimulus-Independent Thought," Science 315, no. 5810 (2007): 393–95.
8. D. H. Weissman et al., "The Neural Bases of Momentary Lapses in Attention," *Nature Neuroscience* 9, no. 7 (2006): 971–78.
9. D. A. Gusnard et al., "Medial Prefrontal Cortex and Self-Referential Mental Activity: Relation to a Default Mode of Brain Function," *Proceedings of the National Academy of Sciences* 98, no. 7 (2001): 4259–264.
10. S. Whitfield-Gabrieli et al., "Associations and Dissociations between Default and Self-Reference Networks in the Human Brain," *NeuroImage* 55, no. 1 (2011):

225–32.

11. J. A. Brewer et al., "Meditation Experience Is Associated with Differences in Default Mode Network Activity and Connectivity," *Proceedings of the National Academy of Sciences* 108, no. 50 (2011): 20254–59.

6. 사랑이라는 롤러코스터

1. A. Aron et al., "Reward, Motivation, and Emotion Systems Associated with Early-Stage Intense Romantic Love," Journal of Neurophysiology 94, no. 1 (2005): 327–37.
2. H. Fisher, "The Brain in Love," February 2008, TED, https://www.ted.com/talks/helen_fisher_studies_the_brain_in_love?language=en#t-159085.
3. A. Bartels and S. Zeki, "The Neural Correlates of Maternal and Romantic Love," *NeuroImage* 21, no. 3 (2004): 1155–66.
4. K. A. Garrison et al., "BOLD Signal and Functional Connectivity Associated with Loving Kindness Meditation," *Brain and Behavior* 4, no. 3 (2014): 337–47.

2부 | 기쁨의 새로운 원천을 찾아서

7. 흥분에서 기쁨으로

1. J. D. Ireland, trans., *Dvayatanupassana Sutta: The Noble One's Happiness* (1995), available from Access to Insight: Readings in Theravaḍa Buddhism, www.accesstoinsight.org/tipitaka/kn/snp/snp.3.12.irel.html.
2. *Magandiya Sutta: To Magandiya* (*MN* 75), in *The Middle Length Discourses of the Buddha: A Translation of the Majjhima Nikāya*, trans. B. Ñāṇamoli and B. Bodhi (Boston: Wisdom Publications, 1995).
3. B. Bodhi, ed., *In the Buddha's Words: An Anthology of Discourses from the Pali Canon* (Somerville, Mass.: Wisdom Publications, 2005), 192–93.
4. G. Harrison, *In the Lap of the Buddha* (Boston: Shambhala, 2013).

5. Bodhi, *In the Buddha's Words*.
6. *Magandiya Sutta*.
7. B. F. Skinner and J. Hayes, *Walden Two* (New York: Macmillan, 1976 [1948]).
8. Hafiz, "And Applaud," from the Penguin publication *I Heard God Laughing: Poems of Hope and Joy*, trans. Daniel Ladinsky (New York: Penguin, 2006), 5. Copyright © 1996 and 2006 by Daniel Ladinsky and used with his permission.
9. *Anapanasati Sutta: Mindfulness of Breathing* (MN 118). 2010.
10. Equanimity can be operationally defined as a mental calmness, composure, and evenness of temper, especially in a difficult situation.
11. M. Oliver, "Sometimes," in *Red Bird: Poems* (Boston: Beacon, 2008), 35.

8. 관용의 선물

1. J. Mahler, "Who Spewed That Abuse? Anonymous Yik Yak App Isn't Telling," *New York Times*, March 8, 2015.
2. B. Ñāṇamoli and B. Bodhi, trans., *The Middle Length Discourses of the Buddha: A Translation of the Majjhima Nikāya* (Boston: Wisdom Publications, 1995).
3. J. Davis, "Acting Wide Awake: Attention and the Ethics of Emotion" (PhD diss., City University of New York, 2014).
4. H. A. Chapman et al., "In Bad Taste: Evidence for the Oral Origins of Moral Disgust," *Science* 323, no. 5918 (2009): 1222–26.
5. U. Kirk, J. Downar, and P. R. Montague, "Interoception Drives Increased Rational Decision-Making in Meditators Playing the Ultimatum Game," *Frontiers in Neuroscience* 5 (2011).
6. A. G. Sanfey et al., "The Neural Basis of Economic Decision-Making in the Ultimatum Game," *Science* 300, no. 5626 (2003): 1755–58.
7. S. Batchelor, After Buddhism: Rethinking the Dharma for a Secular Age (New Haven, Conn.: Yale University Press, 2015), 242.
8. T. Bhikkhu, "No Strings Attached," in *Head and Heart Together: Essays on the Buddhist Path* (2010), 12.

9. 몰입

1. M. Csíkszentmihályi, *Beyond Boredom and Anxiety: Experiencing Flow in Work and Play* (San Francisco: Jossey-Bass, 1975).
2. M. Csíkszentmihályi, "Go with the Flow," interview by J. Geirland, *Wired*, September 1996, www.wired.com/1996/09/czik.
3. J. Nakamura and M. Csíkszentmihályi, "Flow Theory and Research," in *The Oxford Handbook of Positive Psychology*, 2nd ed., ed. S. J. Lopez and C. R. Snyder, 195–206 (New York: Oxford University Press, 2009).
4. D. Potter, "Dean Potter: The Modern Day Adventure Samurai," interview by Jimmy Chin, Jimmy Chin's Blog, May 12, 2014. "BASE" is an acronym for "building, antenna, span, earth."
5. P. Jackson and H. Delehanty, *Eleven Rings: The Soul of Success* (New York: Penguin, 2013), 23.
6. Sujiva, "Five Jhana Factors of Concentration/Absorption," 2012, BuddhaNet, www.buddhanet.net/mettab3.htm.
7. M. Csíkszentmihályi, *Finding Flow: The Psychology of Engagement with Everyday Life* (New York: Basic Books, 1997), 129.
8. C. J. Limb and A. R. Braun, "Neural Substrates of Spontaneous Musical Performance: An fMRI Study of Jazz Improvisation," *PLoS One* 3, no. 2 (2008): e1679; S. Liu et al., "Neural Correlates of Lyrical Improvisation: An fMRI Study of Freestyle Rap," Scientific Reports 2 (2012): 834; G. F. Donnay et al., "Neural Substrates of Interactive Musical Improvisation: An fMRI Study of 'Trading Fours' in Jazz," *PLoS One* 9, no. 2 (2014): e88665.
9. T. S. Eliot, "Burnt Norton," in *Four Quartets*. In the United States: excerpts from "Burnt Norton" from Four Quartets by T. S. Eliot. Copyright 1936 by Houghton Mifflin Harcourt Publishing Company; Copyright © renewed 1964 by T. S. Eliot. Reprinted by permission of Houghton Mifflin Harcourt Publishing Company. All rights reserved. In the UK and the rest of the world: published by Faber and Faber Ltd., reprinted with permission.
10. M. Steinfeld and J. Brewer, "The Psychological Benefits from Reconceptualizing Music-Making as Mindfulness Practice," *Medical Problems of Performing Artists*

30, no. 2 (2015): 84–89.

11. S. Kotler, *The Rise of Superman: Decoding the Science of Ultimate Human Performance* (Boston: New Harvest, 2014), 57.

10. 회복력 훈련

1. Lao Tzu, *Tao Te Ching*, trans. Stephen Mitchell (New York: Harper Perennial, 1992), chap. 59.
2. S. Del Canale et al., "The Relationship between Physician Empathy and Disease Complications: An Empirical Study of Primary Care Physicians and Their Diabetic Patients in Parma, Italy," *Academic Medicine* 87, no. 9 (2012): 1243–49; D. P. Rakel et al., "Practitioner Empathy and the Duration of the Common Cold," *Family Medicine* 41, no. 7 (2009): 494–501.
3. M. S. Krasner et al., "Association of an Educational Program in Mindful Communication with Burnout, Empathy, and Attitudes among Primary Care Physicians," JAMA 302, no. 12 (2009): 1284–93.
4. T. Gyatso (Dalai Lama XIV), The Compassionate Life (Somerville, Mass.: Wisdom Publications, 2003), 21.
5. Krasner et al., "Educational Program in Mindful Communication."
6. The quotation was published in the *Bankers Magazine* in 1964 and has also been attributed to Will Rogers.
7. B. Thanissaro, trans., *Dhammacakkappavattana Sutta: Setting the Wheel of Dhamma in Motion* (1993); available from Access to Insight: Readings in Theravada Buddhism, www.accesstoinsight.org/tipitaka/sn/sn56/sn56.011.than.html.
8. S. Batchelor, *After Buddhism: Rethinking the Dharma for a Secular Age* (New Haven, Conn.: Yale University Press, 2015), 27; emphasis in the original.
9. Ibid., 125.
10. T. S. Eliot, "Little Gidding," in *Four Quartets*. In the United States: excerpts from "Little Gidding" from Four Quartets by T. S. Eliot. Copyright 1942 by T. S. Eliot; Copyright © renewed 1970 by Esme Valerie Eliot. Reprinted by permission of Houghton Mifflin Harcourt Publishing Company. All rights reserved. In the UK

and the rest of the world: published by Faber and Faber Ltd., reprinted with permission.

나오며

1. A. D. Kramer, J. E. Guillory, and J. T. Hancock, "Experimental Evidence of Massive-Scale Emotional Contagion through Social Networks," *Proceedings of the National Academy of Sciences* 111, no. 24 (2014): 8788–90.
2. M. Moss, "The Extraordinary Science of Addictive Junk Food," *New York Times Magazine*, February 20, 2013.
3. S. Martino et al., "Informal Discussions in Substance Abuse Treatment Sessions," *Journal of Substance Abuse Treatment* 36, no. 4 (2009): 366–75.
4. K. M. Carroll et al., "Computer-Assisted Delivery of Cognitive-Behavioral Therapy for Addiction: A Randomized Trial of CBT4CBT," *American Journal of Psychiatry* 165, no. 7 (2008): 881–88.

부록

1. A. Buddhaghosa, *The Path of Purification: Visuddhimagga* (Kandy, Sri Lanka: Buddhist Publication Society, 1991).
2. N. T. Van Dam et al., "Development and Validation of the Behavioral Tendencies Questionnaire," *PLoS One* 10, no. 11 (2015): e0140867.

추천의 글

1. James Randerson, "How Many Neurons Make a Human Brain?" Guardian, February 28, 2012, https://www.theguardian.com/science/blog/2012/feb/28/howmany-neurons-human-brain; Bradley Voytek, "Are There Really as Many Neurons in the Human Brain as Stars in the Milky Way?" Scitable, May 20, 2013, www.nature.com/scitable/blog/brain-metrics/are_there_really_as_many.
2. 내가 이 글을 쓰는 사이 과학 전문 학술지 《네이처》에 실린 논문에 따르면, 대뇌피질

에는 과거에 우리가 알지 못했던 식별 가능한 독자적인 영역이 97개나 더 있다는 사실이 밝혀졌다. 기존에 알려진 영역은 82개였다.

3. Norman A. S. Farb, Zindel V. Segal, Helen Mayberg, et al., "Attending to the Present: Mindfulness Meditation Reveals Distinct Neural Modes of Self-Reference," *Social Cognitive and Affective Neuroscience* 2, no. 4 (2007): 313 – 22. doi:10.1093/scan/nsm030.

4. 석가모니의 모국어인 팔리어로 '열반'을 뜻하는 nibbāna를 직역하면 '불이 꺼진다'는 의미의 '소화extinguished'가 된다.

그림 출처

그림 1 ⓒ Judson Brewer, 2014.

그림 2 칼라카닛자Kalakannija의 〈생의 순환The Wheel of Life〉에 제시된 표를 바탕으로 재가공함 ⓒ Wikimedia Commons.

그림 3 ⓒ Judson Brewer, 2014.

그림 4 저자가 직접 촬영한 사진 ⓒ Judson Brewer.

그림 7 J. A. Brewer et al., "Meditation Experience Is Associated with Differences in Default Mode Network Activity and Connectivity," Proceedings of the National Academy of Sciences 108, no. 50 (2011): 20254–59.

그림 8 J. A. Brewer and K. A. Garrison, "The Posterior Cingulate Cortex as a Plausible Mechanistic Target of Meditation: Findings from Neuroimaging," Annals of the New York Academy of Sciences 1307, no. 1 (2014): 19–27.

그림 9 ⓒ Laboratory archives of Judson Brewer.

그림 10 ⓒ Laboratory archives of Judson Brewer.

그림 11 J. A. Brewer and K. A. Garrison, "The Posterior Cingulate Cortex as a Plausible Mechanistic Target of Meditation: Findings from Neuroimaging," Annals of the New York Academy of Sciences 1307, no. 1 (2014): 19–27.

그림 13 J. A. Brewer, J. H. Davis, and J. Goldstein, "Why Is It So Hard to Pay Attention, or Is It? Mindfulness, the Factors of Awakening, and Reward-Based Learning," Mindfulness 4, no. 1 (2013): 75–80. Copyright Springer Science+Business Media, New York, 2012.

그림 14 ⓒ Laboratory archives of Judson Brewer.

찾아보기

옮긴이 안진이
서울대학교 미술대학 서양화과 대학원에서 미술 이론을 전공했고, 현재 전문 번역가로 활동하고 있다. 《패션 일러스트의 거장들》《헤르만 헤르츠버거의 건축 수업》《타임 푸어》《마음 가면》《포스트자본주의》《일상 속의 성차별》《호기심의 두 얼굴》 등 다양한 분야의 책들을 우리말로 옮겼다.

크레이빙 마인드

초판 1쇄 발행 2018년 2월 8일

지은이 | 저드슨 브루어
옮긴이 | 안진이
발행인 | 김형보
편집 | 박민지, 강태영
마케팅 | 이연실, 김사룡

발행처 | 도서출판 어크로스
출판신고 | 2010년 8월 30일 제 313-2010-290호
주소 | 서울시 마포구 월드컵로14길 29 영화빌딩 2층
전화 | 070-8724-0876(편집) 070-8724-5877(영업) 팩스 | 02-6085-7676
e-mail | across@acrossbook.com

ISBN 979-11-6056-040-4 03180

이 도서의 국립중앙도서관 출판시도서목록(CIP)은 e-CIP홈페이지(http://www.nl.go.kr/ecip)에서 이용하실 수 있습니다. (CIP제어번호 : CIP2018002464)

만든 사람들
편집 | 박민지
교정교열 | 홍상희
디자인 | 정은경디자인